Heidi Möller
Brigitte Hausinger (Hrsg.)

Quo vadis Beratungs-wissenschaft?

VS VERLAG FÜR SOZIALWISSENSCHAFTEN

Bibliografische Information der Deutschen Nationalbibliothek
Die Deutsche Nationalbibliothek verzeichnet diese Publikation in der
Deutschen Nationalbibliografie; detaillierte bibliografische Daten sind im Internet über
<http://dnb.d-nb.de> abrufbar.

1. Auflage 2009

Alle Rechte vorbehalten
© VS Verlag für Sozialwissenschaften | GWV Fachverlage GmbH, Wiesbaden 2009

Lektorat: Kea S. Brahms

VS Verlag für Sozialwissenschaften ist Teil der Fachverlagsgruppe
Springer Science+Business Media.
www.vs-verlag.de

Umschlaggestaltung: KünkelLopka Medienentwicklung, Heidelberg
Druck und buchbinderische Verarbeitung: Krips b.v., Meppel
Gedruckt auf säurefreiem und chlorfrei gebleichtem Papier
Printed in the Netherlands

ISBN 978-3-531-16745-9

Inhalt

Quo vadis Beratungswissenschaft?
Heidi Möller 7

Beratung als Wissenschaft, als Profession oder Kunst?
Manfred Moldaschl 19

Beratung – (k)eine Wissenschaft?
Karin Lackner 43

Beratungswissenschaft – eine systemtheoretische Skizze
Andreas Bergknapp 63

Beratung als Förderung von Selbstorganisationsprozessen – auf dem Weg zu
einer allgemeinen Theorie der Beratung jenseits von ‚Schulen' und ‚Formaten'
Christiane Schiersmann und Heinz-Ulrich Thiel 73

Beratung – ihre mikropolitische Einbindung und ihre Dynamik aus
organisationspsychologischer Sicht
Lutz von Rosenstiel 105

Strategisches Verhalten in der Berater-Klienten-Interaktion
Simone Kauffeld, Eva Jonas, Henrike Schneider 119

Ziele, Anforderungen und Institutionalisierung des Forschungsfeldes
Consulting Research
Volker Nissen, Michael Mohe, Thomas Deelmann 141

Guter Beratung eine stärkere Position verschaffen
Jörg Fellermann und Bernhard Lemaire 169

Umrisse einer Beratungswissenschaft
Brigitte Hausinger 177

Autoren 185

Quo vadis Beratungswissenschaft?

Heidi Möller

Die Zeit ist reif, sich mit der Fundierung von Beratungswissenschaft(en?) auseinanderzusetzen. Die Vokabel taucht zunehmend im Zusammenhang mit der Einrichtung von Studiengängen der Beratungswissenschaft auf – vor allem an Fachhochschulen. In unterschiedlichen Publikationen finden wir den Begriff vor, ohne dass sich die scientific community selbst vergewissert hat, um was es sich bei diesem Gegenstand denn nun eigentlich handelt. Die Beratung von Einzelpersonen, Arbeitsteams, Projekten und Organisationen expandiert stark. Zur Unterstützung, Begleitung und Bewältigung der zahlreichen Veränderungsprozesse treten diverse Beratungsangebote auf den Plan. Diese lassen sich grob in zwei unterschiedliche Zugänge unterteilen: lebensweltliche versus arbeitsweltliche Beratung. Beide speisen sich wiederum aus verschiedenen Disziplinen: Wirtschaftswissenschaft, Psychologie, Soziologie, Pädagogik, Politikwissenschaft, Philosophie und Theologie. Zudem wird Beratung heute als Bestandteil nahezu jeder Dienstleistung gesehen. Anlass genug, sich der Frage der Fundierung einer möglichen Beratungswissenschaft zu stellen und die Frage aufzuwerfen, ob wir denn wissen, wovon wir sprechen? Im 1. Kasseler Beratungswissenschaftlichen Symposion[1] gingen wir u.a. folgenden Fragen nach:

- Braucht es tatsächlich die Fundierung einer eigenständigen homogenen Disziplin Beratungswissenschaft?
- Falls eine Beratungswissenschaft nötig und möglich ist, kann oder sollte diese gegenstandsangemessen nur eine transdisziplinäre eventuell auch projektförmige Wissenschaft sein?
- Wo stehen die unterschiedlichen Disziplinen in ihrer jeweiligen Konzept-, Praxis- und Theorieentwicklung?

---

[1] Diese Veranstaltung wurde von der Universität Kassel Arbeitsbereich Theorie und Methodik der Beratung und Deutschen Gesellschaft für Supervision (DGSv) organisiert sowie von weiteren 18 Berufs- und Fachverbänden und wissenschaftlichen Gesellschaften unterstützt.

- Erarbeiten wir parallel nahezu das Gleiche oder worin unterscheiden wir uns?
- Einen uns Grundannahmen und theoretische Zugänge?
- Wie viel müssen Berater/innen notwendigerweise in den disziplinären Nachbarwissenschaften „wildern"?
- Welche Referenztheorien sind für uns alle unabdingbar?
- Wie gestaltet sich ein modernes „Berater/innenportfolio"?

Das vorliegende Buch stellt sowohl eine Darstellung als auch Weiterentwicklung der auf dem Symposion zusammengetragenen Statements dar. Es macht den aktuellen Stand in der Entwicklung der Wissenschaft Beratung deutlich.

Landläufig wird kolportiert, dass der Beratungsbedarf steigt. Es gibt kaum jemanden, der diesem Allgemeinplatz widersprechen würde. Hausinger (2008) weist darauf hin, dass heute im Grunde jedes Arbeits- und Berufsfeld den Faktor Beratung beinhaltet. Im Grunde, so führt sie aus, kann man sagen, dass jeder zwischenmenschliche Kontakt immer wieder Episoden beraterischen Tuns enthält: das Verhandeln der jeweiligen Beziehungsprobleme mit der besten Freundin, Stammtischgespräche zur Frage, wie führen wir unseren Chef, die Frage einer neu berufenen Professorin an die Kollegin: Wo geht man denn hier zum Frisör und wo ist der leckerste Italiener? uvm. Die Gründe, warum dieser Beratungsbedarf so kontinuierlich ansteigt, sind im Grunde geteiltes Wissen der BeraterInnenzunft. Die „üblichen Verdächtigen", wie Kühl (2008) die Determinanten erhöhten Beratungsbedarfs nennt, lauten u.a.:

- die Komplexität der Organisationen steigt immens an,
- die Entscheidungsanforderungen erscheinen schier unbewältigbar,
- die Trennung zwischen Eigentum und Führung von Unternehmen,
- die Tempoverschärfung,
- der technologische Fortschritt,
- die Entgrenzung der Arbeitswelt und schließlich
- die Globalisierung mit den mit ihr einhergehenden Anforderungen und Krisen.

Nestmann (2004) kennzeichnet die sich wandelnden gesellschaftlichen Rahmenbedingungen sogar so, dass es bei der Bedarfsanalyse gar nicht mehr um Beratung ginge, sondern um Betreuung. Wir können sagen, dass Organisationen, Teams und Institutionen nicht mehr so recht funktionieren wollen, denn es ist vielleicht ein bisschen zu viel an Balance-Arbeit zu leisten. Die Dimensionen, die es in unser aller Leben zu balancieren gilt, könnten allein dieses Buch füllen: Es geht um Kopf und Bauch, es geht von Außen und Innen, es geht von global und lokal, über alt und jung, Männer und Frauen, Work und Life usw. Das heißt, wir haben es Tag für Tag mit vielerlei Widersprüchen, Dilemmata und Differenzierungen in der postmodernen Arbeitswelt zu tun, die die Mitglieder von Organisationen zu balancieren haben. Selbstreflexion gilt da als ein möglicher Ausweg zur Aufrechterhaltung organisationalen Funktionierens, zur Wiederherstellung von geschädigten Organisationen oder aber auch zu deren Wachstum. Jetzt gilt die Selbstreflexion nahezu als unwidersprochen, aber eine Selbstreflexion ohne Handlungsorientierung ist jedenfalls im Beratungsgeschäft relativ unsinnig.

Beratung hat weitere Funktionen zu erfüllen, im Wesentlichen soll eine kompensatorische Leistung erbracht werden. Die kompensatorische Funktion der Beratung wird von Lammers (2008) folgendermaßen recht anschaulich beschrieben:

▪ da wo Chaos ist, soll die Beratung für Ordnung sorgen,
▪ da wo es lieblos zugeht, für Zuwendung sorgen,
▪ da wo Überlastung ist, für Entlastung sorgen,
▪ da wo Ratlosigkeit herrscht, Lösungen bereit stellen.

Wenn wir uns diesem Aufgabenprofil der Beratung nähern, das für lebensweltbezogene Beratung ebenso gilt wie für die arbeitsweltbezogenen Beratungsansätze, kann uns BeraterInnen schon etwas „schwummerig" werden. Es lastet viel Verantwortung auf den doch manchmal recht zarten BeraterInnenschultern. Vor dem Hintergrund dessen, dass die professionellen Standards und die methodische Absicherung von vielem, was wir in der Beratung tun, noch deutlich zu wünschen übrig lässt, wird es uns sicher nicht leichter ums Herz. Von Seiten der unterschiedlichen Berufsverbände – aber selbstredend auch von der BeraterInnenfront selbst – wird der Ruf nach der Beratungsforschung (als Erlösungsgedanke?) laut. Aber was für eine Forschung wird da gemeint sein? Es dürfte klar sein, dass nur allzu oft eine Forschung eingeklagt wird, die den Namen Legitimationsforschung verdient, eine Forschung gespickt mit Eigeninteressen, die den Nutzen von Beratung nachweisen kann. Fast wöchentlich kommt jemand mit einem Promotionsanliegen dieser Couleur zu mir: „Ich habe da etwas Wunderbares entwickelt, ein ganz neues Führungskräfteentwicklungsprogramm, und das habe ich durchgeführt und anschließend Interviews mit den Führungskräften gemacht und wollte nun die Wirksamkeit nachweisen." Jetzt kann ich natürlich sagen: „Ach wie doof sind diese Promovenden, wissen sie denn nicht, dass wis-

senschaftliche Forschung prinzipiell ergebnisoffen verläuft?" Diese Replik trifft
aber nicht den Kern der notwendigen Argumentation. Die Anliegen der BeraterInnen, die sich wissenschaftlich legitimieren wollen, brauchen nicht nur den
Titel, um ihre Honorare zu erhöhen, nein, sie handeln systemlogisch, es ist quasi
natürlich, dass solche Anliegen auftauchen. Die Beratungsforschung steht am
Anfang. Scherf (2008) versucht in einem Teil seiner Dissertation eine – wie er
auch selber sagt – grob holzschnittartige Struktur der unterschiedlichen Beratungsliteratur vorzunehmen. Er unterscheidet vier unterschiedliche Gruppen von
Beratungsliteratur. Er erwähnt zunächst einmal die Kategorie „Beiträge aus Bera-
terhand": „In diese Gruppe fallen praktische Ratgeber, Texte von der Praxis für
die Praxis, sowie Fallbeschreibungen, die schablonenartig den Ablauf von Beratungsprozessen anhand bekannter Projektphasen darstellen und den Erfolg der
geleisteten Arbeit besonders betonen. Den Autoren der Beiträge geht es nicht um
wissenschaftliche Reflexion, sondern um das Vermarkten der eigenen Person
oder Firma" (S.12). Diese Darstellungen erinnern manches Mal nahezu an Wun-
derheilung, stellen aber den Löwenanteil der Veröffentlichungen über Organisationsberatung. Scherf argumentiert, dass damit die BeraterInnen die Hoheit über
die Beratungsliteratur haben. Diese selbstverständliche Logik der BeraterInnen,
die Selbstmarketing betreiben und dafür sorgen müssen, dass ihr Erfolg betont
wird, produziert natürlich eine ganz spezielle Form von Literatur, aber diese
wird auch massenhaft gekauft! Die zweite Gruppe von Literatur im Bereich der
Beratung ist die Darstellung eines speziellen Beratungsansatzes bzw. einer Beratungstheorie: Literatur, die bestimmte Methoden und Theorietraditionen auf-
zeigt. Es wird dargestellt, wie disziplinäres Wissen aus der Soziologie oder der
Psychologie in die Beratung von Organisationen einfließt. Der Versuch, disziplinäres Wissen in die Beratung zu transferieren, arbeitet ebenso mit deutlichem
Legitimations- bzw. Verwendungsinteresse, dessen Unmittelbarkeit zumindest
zu hinterfragen ist. Als dritte Kategorie beschreibt er Texte, die den Versuch unternehmen, eben genau diese Lücke zwischen theoriegeleiteter Beratungsforschung und der Praxis zu schließen. Beratung wird aus der Perspektive von BeraterInnen oder KundInnen beschrieben und die BeraterInnen-KundInnen Beziehung thematisiert, die Bewegungsgesetze des Beratungsmarktes ergründet, die
interne bzw. externe Verortung von BeraterInnen beschrieben uvm. Die vierte
Kategorie der Beratungspublikationen schließlich ist die der empirischen Untersuchungen zu Beratungsverläufen, die immer noch zahlenmäßig am kleinsten ist,
soll heißen, dass uns immer noch viel zu an wenig Daten und Material vorliegt.
Aber auch dieses Phänomen hat triftige, strukturelle Gründe. Auf der einen Seite
mag dieser Umstand der Tatsache geschuldet sein, dass die Beratungsforschung

noch am Anfang steht. Wir finden sehr viel Einzelforschung vor, kaum gibt es Verbünde, Forschungsgruppen, die koordiniert miteinander arbeiten. Dieser Umstand ist insofern besonders erstaunlich, als dass wir Berater und Beraterinnen doch ständig darüber sprechen, welch transformative Funktionen die Arbeit in Gruppen hat. In unserer eigenen Forschung finden wir mehr das AlleingängerInnentum vor. Vielleicht hat das 1. Kasseler Beratungswissenschaftliche Symposion zur Veränderung etwas beigetragen, vielleicht ist auch diese Publikation der Auftakt, genau an dieser Stellschraube etwas zu drehen.

Wir finden also auf der einen Seite vor „Eindeutigkeit strotzende Beratungskonzepte" (Scherf 2008, 11) vor und auf der anderen Seite einen deutlichen Mangel an Beratungsforschung. Auch dies ist systemlogisch. Folgen wir Baecker (1998), dann sind die Forschung und die Beratung zunächst einmal geschlossene autonome Systeme und sind grundverschieden voneinander. Ein Blick auf die jeweiligen Ziele und dahinter liegenden Werte der beiden Systeme mag dies illustrieren: Eine Beratung muss immer zum Ziel haben, ein System handlungsfähig zu machen oder zu halten. Wissenschaft hingegen darf sich durchaus eine gewisse Zeit lang im Stadium des Nichtwissens, des Verstörtseins, des Unangenehmseins, des Kritisierens aufhalten. Wir haben im System der BeraterInnen dafür zu sorgen, dass die Systeme, die uns buchen, in ihrer Handlungsfähigkeit gestützt werden – auch wenn wir zwischenzeitlich die Organisation, wie es insbesondere in der systemischen Beratung als Prinzip gilt, verstören und irritieren. Letztlich geht es aber darum, Unsicherheit zu absorbieren und dazu greifen BeraterInnen gerne auch auf recht einfache Modelle zurück. Können wir uns als WissenschaftlerInnen erlauben, die Komplexitätsgrade immer weiter zu erhöhen, stoßen wir als BeraterInnen eben an diese Komplexitätsgrenzen: die Sinnerfassungskapazitäten der Organisationsmitglieder (und auch der BeraterInnen). Verdienen wir im Beratungsgeschäft unser Geld mit dem double dealing (Unsicherheit absorbieren und durch neue Modelle ersetzen), so fließen die im Vergleich spärlichen Forschungsgelder, wenn es sich nicht um Auftragsforschung handelt, eher durch Komplexitätserhöhung, also weitere Differenzierung. Auch deshalb gibt es Kommunikationsbarrieren zwischen den Beratungsmenschen und den WissenschaftlerInnen, weil WissenschaftlerInnen auch an dieser Stelle andere Ziele verfolgen, wie z. B. ihre eigene Reputation zu erhöhen und das machen sie natürlich am besten dadurch, dass sie die Komplexität deutlich erhöhen und nicht reduzieren.

Wir haben es zunächst einmal mit voneinander wirklich distinkten Systemen, Wissenssystemen zu tun, die so einfach nicht ineinander zu überführen sind: ExpertInnenwissen und das Wissenschaftssystem. Die Generierung von

Wissen ist nicht unabhängig von der Konstruktion der Realität durch den Bera-
terInnenalltag und deren Ausbildungsinstitutionen auf der einen Seite und den
Universitäten als Forschungsbetrieb auf der anderen Seite. Es ist nun wirklich
nicht der Fall, dass BeraterInnen auf das in Universitäten produzierte Wissen
zurückgreifen (wollen), denn: „Die Ablehnungswahrscheinlichkeit jeden Wissens
erklärt sich daraus, dass damit sowohl die Realitätssicht des sozialen Systems, in
dem das Wissen kommuniziert wird, als auch das System selbst, das sich diese
und nicht eine andere Realität konstruiert, auf dem Spiel steht" (Baecker 1998, S.
15). Die Frage nun, welches Wissen BeraterInnen in ihrer Praxis nutzen und welches sie wissentlich oder unwissentlich vernachlässigen, wäre eine eigene aufwendige, aber lohnende Forschungsfrage. „Experten wissen und Berater beraten
aufgrund ihrer Fähigkeit eines hochselektiven Umgangs mit wissenschaftlichem
Wissen" (Baecker 1998, S. 17). Dadurch entsteht die viel beklagte Loskopplung
der beratenden Profession von der Wissenschaft. „Das Wissen einer Profession
stammt aus den Erfahrungen beim Einsatz eines Formates", schreibt Buer 2007, S.
288 und schlägt eine Theorie-Praxis-Schleife vor, die nicht im eigentlichen Sinn
Wissenschaft meint. Und wenn Wissenschaft, dann besteht er auf „inquiry versus
research", denn in seinen Augen ist „Verwissenschaftlichung ist die Unterord-
nung unter eine Wissenschaftsdisziplin" (Buer 2007, S. 288). Dies Herr-Knecht-
Verhältnis muss es m.E. nicht notwendiger Weise geben, auch wenn neues Wissen auch immer eine Zumutung darstellt und es leichter ist, Wissen abzulehnen,
als Wissen zu verarbeiten (vgl. Baecker 1998).

   Diese zwei geschlossenen autonomen Systeme brauchen, so würde ich es
nennen, punktuelle Öffnungsmöglichkeiten. Ein solches Symposion, wie wir es
miteinander gestalteten, ist eine solche Möglichkeit, diese beiden Systeme miteinander in Kommunikation zu bringen. Einen Dialograum für Wissen von Expert-
Innen und WissenschaftlerInnen zu gestalten, bedeutet aber auch, sich im Sinne
der aufrechterhaltenen gegenseitigen Erwartungen enttäuschungsbereit zu halten. Es kann auch um schmerzhafte Prozesse gehen, wenn z.B. von lieb geworde-
nen Referenztheorien Abschied genommen werden muss. Nur können wir uns
diesen gegenseitigen Annäherungsprozess nicht ersparen. Es gibt, so räumen
Repräsentanten beider Wissenssysteme ein, immer noch ein Defizit, genau zu
wissen, was eigentlich in dieser Beratungsinteraktion in Dyaden, Teams und
Großgruppen wirklich geschieht? Auch dies ist wiederum systemlogisch, liegt an
„der Natur der Sache". Beratung ist eine diskrete Dienstleistung, ein „closed job",
in dem viel Vertrauensarbeit geleistet wird und da stört Forschung oft genug. Der
Diskursraum des Symposions wurde von drei unterschiedlichen Gruppen gestaltet. Zunächst Mal von den Beratern und Beraterinnen, die auch von Zeit zu Zeit

Wissenschaft betreiben wollen. Zum zweiten gibt es WissenschaftlerInnen, die beraten wollen. Und es gibt eine dritte Gruppe derjenigen, die versuchen mit Mühe und Not beidem gerecht zu werden – ein weiterer Balanceakt. Dieser kumuliert in den Personen, die sich selbst BeratungswissenschaftlerInnen nennen. Die Motivation, im Feld der Beratungswissenschaft zu forschen, bekommt einen heftigen Dämpfer, wenn man sieht, dass Beratung sowieso gekauft wird. Nissen 2007 beziffert die Summen im Bereich der Unternehmensberatung mit einem Umsatz von ca. 12,3 Mrd. Euro. Dabei scheint es den meisten Unternehmen vollkommen gleichgültig, ob die jeweiligen Beratungsansätze wissenschaftlich fundiert sind oder nicht. Und das liegt auch daran, wie Alvesson 2007 oder Kühl 2008 es anschaulich beschreiben, dass Beratung viele latente Funktionen für die Organisation erfüllt, für deren Zweckdienlichkeit es vollkommen „wurscht" ist, ob das, was angeboten wird, wissenschaftlich fundiert ist oder nicht. Ein ebenso schwieriges Problem für uns WissenschaftlerInnen ist den methodologischen Herausforderungen der Beratungsforschung (vgl. Möller 1996, Märtens & Möller 1998, Kühl 2008) gerecht zu werden. Ein Blick auf die Psychotherapieforschung, wo wir es in der Regel mit zwei Personen zu tun haben ohne die Komplexität der Organisation zu beachten, mag veranschaulichen, wie erschlagend sich die Komplexität z.B. von Wirkungsforschung im Bereich der Beratung darstellt.

Wenn wir den Blick auf die Entwicklung der letzten Jahre richten, war ein Leitthema der Publikationen der Beratungsszene die Abgrenzung einzelner Formate. Es erschien wichtig und notwendig zu beschreiben: diese Form der Beratung ist Supervision und nicht Coaching und Coaching ist genau jenes und dies grenzt sich nun wieder in folgenden Aspekten von der Mediation ab ... Es ist viel Energie aufgewendet worden, Beratungsformate voneinander zu differenzieren. Diese Tendenz scheint ein Ende zu haben und die scientific community besinnt sich mehr auf den gemeinsamen Nenner der Beratungsformate und damit beginnt so etwas wie die Beratungsforschung. Aus Kundensicht war der Abgrenzungsdisput der ExpertInnen sowieso recht überflüssig. Ihnen war und ist es recht gleichgültig, wie die Ware heißt, die sie kaufen, Hauptsache, der Beratungsansatz löst das unter den Nagel brennende Problem oder erfüllt eben die oben erwähnten latenten Funktionen. Aktuell scheint die Bewegung eher die eines Zusammenkommens und Verschmelzens einzelner Formate zu sein, wie wir es aus der Diskussion der fließenden Übergänge zwischen Experten- und Prozessberatung (vgl. Königswieser 2006) schon etwas länger kennen. So beschreibt Rappe-Giesecke (2008) in ihrem neuen Buch „Karriereberatung" z.B. das „Sowohl-als-auch" von Beratung und Instruktion, das in verschiedenen Beratungsfeldern indiziert ist. Selbst die im Grunde immer recht künstliche Trennung zwischen lebensweltlicher Beratung auf der einen Seite und arbeitsweltlicher Beratung auf der anderen Seite kann so pauschal nicht aufrechterhalten bleiben. Fließende Übergänge in den Beratungsformaten und Beratungsmethoden sind es, die den aktuellen Diskurs bestimmen. Diese Übergänge sind es, die vielleicht auch gerade die interessantesten Aspekte beinhalten. Für die Beratungswissenschaft heißt das, wieder ein vermeintliches Stück Sicherheit in dem sowieso komplexen Unterfangen aufzugeben. Obacht ist geboten, dass diese transformierte Komplexität uns nicht neuen Schwindel bereitet und wir im Rettungsversuch – als notwendige Reaktion zu verstehen – beginnen willkürlich zu werden, nach dem Motto „anything goes" oder aber mit flachen Versatzstücken zu arbeiten.

Die Beratungswissenschaft gehört keiner Fakultät, zu keinem Fachbereich. Diese Tatsache wird dem Gegenstand der Beratung gerecht, stellt aber zugleich auch die Schwierigkeit dar, wenn es darum geht, eine ihr gemäße Forschung innerhalb traditionell aufgestellten Universitäten zu etablieren. Wir können, wenn wir von Beratungswissenschaft sprechen, im Grunde von einer projektförmigen Wissenschaft sprechen, die sich im Werden befindet. Und diese braucht innovative Formen der Wissensgenerierung. Eine Form der Wissensgenerierung dieser neuen, eben nicht disziplinär zu denkenden Beratungswissenschaft ist die, Dialogräume für deren RepräsentantInnen zu schaffen. Das 1. Kasseler Beratungswissenschaftliche Symposion, das die Grundsteinlegung zu diesem Buch war, verfolgte die Idee WissenschaftlerInnen, PraktikerInnen, BeraterInnen, aber auch die „Inbetweens" nämlich die Semi-WissenschaftlerInnen oder die Semi-BeraterInnen an diesem Ort der Universität Kassel miteinander ins Gespräch bringen. Wir taten es in dem Wissen, dass schnell über interdisziplinären Diskurs gesprochen wird und dieser dann in der Praxis oft genug sehr schwierig ist (vgl. Hanschitz, Schmidt & Schwarz 2009). Interdisziplinarität ist die Arbeitsform der Zukunft und dennoch braucht es Zeit, bis PhilosophInnen, SoziologInnen, BetriebswirtInnen, PsychologInnen usw. überhaupt erst einmal ihre jeweiligen Sprachspiele miteinander synchronisieren. In diesem Buch versuchen wir, die für die Beratungswissenschaft notwendige Verschränkung von Theorie und Praxis zu stiften. Auch das ist wieder ein Anspruch, der schnell proklamiert wird und oftmals schwer genug getan ist. Denn wir verfügen auf der einen Seite über ein hohes Maß an Empirie, wenn wir auf den Beratungsmarkt schauen. Er ist bestückt mit Menschen, die eine Menge an Erfahrungswissen in sich tragen. Davon ist bestimmt 80% implizites Wissen (Polanyi 1966), eben ein Wissen, das durch Lehrbücher weder lehr- noch lernbar ist. Dieses Wissen gilt für die Beratungswissenschaften immer wieder, systematisch zu erheben, zu reflektieren und zugänglich zu machen. Aber ist das allein schon Wissenschaft? Manche Bereiche der Beratungswissenschaft sind einfacher zu skizzieren:

- Es ist unsere Aufgabenstellung, die BeraterInnenpersönlichkeit in ihrer Entwicklung zu verfolgen, uns Fragen zu stellen, wie Beratung lehr- und lernbar ist.
- Wir sind zuständig für Fragen der Qualitätssicherung in organisationalen und personenbezogenen Dienstleistungen.
- Unsere Aufgabe ist es nach adäquaten Antworten auf Anliegen postmoderner Arbeitswelten zu suchen.
- Es ist unsere Aufgabe zu schauen, wie wir die BeraterInnen-KundInnen-Systeme optimieren können.

Ebenso wie in den BeraterInnenausbildungen wie in der Beratungspraxis ist viel auf der Ebene der Methodik sehr gut gelungen. Die Frage nach der Meta-Theorie, nach einer allgemeinen Theorie der Beratung, ist hingegen nicht beantwortet. Die Community ist sich selbst nicht schlüssig, ob sie ein solches geschlossenes Theoriegebäude eigentlich braucht. Dieser und vielen anderen oben aufgeworfenen Fragen werden wir in diesem Buch vertieft nachgehen. Das tun wir in Bewusstheit dessen, dass alle Berater und Beraterinnen eben von ihrem Wissen auch leben. Damit sei eine weitere Schwierigkeit in der Etablierung der Beratungswissenschaft genannt, nämlich, dass Berater und Beraterinnen sich nur bedingt für Transparenz interessieren. Freud hat dieses Spannungsfeld einmal umschrieben: „Wollen wir den Lumpenden alles verraten?"

Alles wird hier sicher nicht verraten, aber es kommen die unterschiedlichsten Disziplinen, die alle im Beratungsgeschäft tätig sind zu Wort: die Betriebswirtschaft, die Politikwissenschaft, die Volkswirtschaft, die Psychologie, die Soziologie, die Theologie, die Pädagogik. Alle AutorInnen arbeiten parallel an ähnlichen Fragen mit jeweils anderen Perspektiven und mit anderen Schwerpunkten. Ziel unseres miteinander Schreibens in diesem Buch soll sein, Synergien auszuloten, Selbstverständnisse in Dialoge zu überführen und insofern unseren Teil als Herausgeberinnen zum Werden, zum Entstehen und zum Entwickeln dieser doch noch recht jungen Wissenschaft Beratung beizutragen. Beratungsprozesse sind endlose Kommunikationsprozesse. Unendliche, geschickt arrangierte Kommunikationsprozesse und auch die Beratungswissenschaft muss dementsprechend kommunikativ aufgesetzt werden. Die Beratungswissenschaft, so behaupten wir, ist eine interaktiv hervorzubringende: unter der Beteiligung all der Disziplinen der PraktikerInnen und WissenschaftlerInnen und SemipraktikerInnen, die konzeptuell mit dem Thema denkend, schreibend und handelnd beschäftigt sind. Wie dies aussehen und auf welchen Ebenen dies erfolgen kann, beschreiben die AutorInnen, die aus recht unterschiedlichen Fachrichtungen kommen, mit facettenreichen Akzentuierungen.

Manfred Moldaschl geht der Frage nach, ob Beratung als Wissenschaft, als Profession oder als Kunst zu denken sei. Dahinter steckt die Überlegung, ob eine Verwissenschaftlichung von Beratung überhaupt möglich ist. *Karin Lackner* skizziert differente Dimensionen und vorherrschende Modelle der Verwissenschaftlichung, die verschiedenen Rationalismen und Leitbildern folgen und sie zeichnet Ideen von möglichen Fundierungen. *Andreas Bergknapp* zeigt die Komplexität des Begriffs Beratungswissenschaft vor dem Hintergrund der Systemtheorie auf. Zudem verortet er sie in das System Wissenschaft und Wirtschaft, um die Komplexität zu reduzieren. Mit dem Fokus auf Beratung als Förderung von Selbstorganisationsprozessen entwerfen *Christiane Schiersmann* und *Heinz-Ulrich Thiel* einen Weg zu einer allgemeinen Theorie der Beratung jenseits von ‚Schulen' und ‚Formaten'. *Lutz von Rosenstiel* bietet für die Professionalisierung von Beratung wie auch für die Beratungswissenschaft den Bereich der Mikropolitik in Organisationen an, da Mikropolitik in zahlreichen Beratungsprozessen vermutet werden darf. Wie Mikropolitik untersucht und erforscht werden kann, schildert der Beitrag von *Simone Kauffeld, Eva Jonas* und *Henrike Schneider*. Sie beleuchten welchen Einfluss strategisches Verhalten des Beraters auf die Qualität der Beratung hat. Die Beratungsforschung ist in den letzten Jahren durch eine Reihe von Arbeiten verschiedener Disziplinen vorangebracht worden. *Volker Nissen, Michael Mohe* und *Thomas Deelmann* erhellen in ihrem Beitrag den Kontext von Unternehmensberatung und Consulting Research (als Teilgebiet sozialwissenschaftlicher Beratungsforschung). Sie stellen Anliegen, Ziele, Anforderungen und Institutionalisierung dieses Forschungsfeldes vor. Die letzten beiden Beiträge gehen nochmals dem Sinn einer Beratungswissenschaft nach. Während *Jörg Fellermann* und *Bernhard Lemaire* für einen beratungswissenschaftlichen Diskurs plädieren, liefert *Brigitte Hausinger* einige Argumente, die für eine Etablierung einer Beratungswissenschaft sprechen.

Wir hoffen, dass wir mit diesem Buch ein gedeihliches Treibhaus für Innovations- und Grundlegungsprozesse geschaffen haben. Jetzt sind Sie zuständig dafür, wie das Projekt Beratungswissenschaft in ihrem Kopf weitergeht. Wir wünschen Ihnen eine Lektüre voller Dialektik, Ambivalenz, Paradoxie und Widersprüchlichkeit in diesem Inkubator der Ideen. Wir haben keine KundInnen eingeladen zu schreiben, wir haben keine internationalen AutorInnen angesprochen, sondern betrachten dieses Buch als ein Stück der Selbstvergewisserung der deutschsprachigen Beratungsgemeinschaft.

Literatur

Alvesson, Mats & Kärreman, Dan (2007): Unraveling HRM: Identity, Ceremony, and Consulting in a Management consulting Firm. Organization Science, Vol. 18, No. 4, 711-723.

Baecker, Dirk (1998): Zum Problem des Wissens in Organisationen. Organisationsentwicklung, 3, 4-21.

Buer, Ferdinand (2007): Zehn Jahre Format und Verfahren in der Beziehungsarbeit, Organisationsberatung, Supervision, Coaching (14J.), 3,283-300.

Hanschitz, Rudolph-Christian; Schmidt, Esther & Schwarz, Guido (2009): Transdisziplinarität in Forschung und Praxis. Chancen und Risiken partizipativer Prozesse. Wiesbaden: VS Verlag für Sozialwissenschaften.

Hausinger, Brigitte (2008): Beratungswissenschaft – Skizzierung von Schwierigkeiten und Möglichkeiten. Supervision, 4, 22-25.

Königswieser, Roswitha (Hrsg.) (2006): Komplementärberatung. Das Zusammenspiel von Fach- und Prozess-Know-how. Stuttgart: Klett-Cotta.

Kühl, Stefan (2008): Coaching und Supervision. Zur personenorientierten Beratung in Organisationen. Wiesbaden: VS Verlag für Sozialwissenschaften.

Lammers, Willem (2008): Beratung zwischen Geld und Geist. Supervision, 4, 32-35.

Möller, Heidi (1996): Prolegomina für eine subjektorientierte Supervisionsforschung. Organisationsberatung, Supervision und Clinical Management, 4, 371-382.

Märtens, Michael & Möller, Heidi (1998): Zur Problematik der Supervisionsforschung Forschung ohne Zukunft? Supervision als homöopathische Inszenierung. Organisationsberatung, Supervision, Clinical Management, 3, 205-221.

Nestmann, Frank (2004): Handbuch der Beratung, Bd. II. Tübingen: DGVT-Verlag

Nissen, Volker. (2007) Consulting Research. Unternehmensberatung aus wissenschaftlicher Perspektive. Wiesbaden: Deutscher Universitätsverlag/GWV Fachverlage.

Polanyi, M. (1966): The Tacit Dimension, NY: Anchor Books

Rappe-Giesecke, Kornelia. (2008). Karriereberatung. Bergisch-Gladbach: EHP.

Scherf, Michael (2008): Strukturen der Organisationsberatungsinteraktion. Objektiv Hermeneutische Untersuchung zur Professionalisierungsbedürftigkeit der Organisationsberatung. Unveröff. Dissertation, Kassel.

Voß, G.G. & Pongratz, H.J. (1998): Der Arbeitskraftunternehmer. Eine neue Grundform der Ware Arbeitskraft? Kölner Zeitschrift für Soziologie und Sozialpsychologie 50 (1) 131-168.

Beratung als Wissenschaft, als Profession oder Kunst?

Manfred Moldaschl

Das Thema Beratung hat enorme Konjunktur. Nach dem psychosozialen Bereich ist Organisations- und Managementberatung oder einfach Unternehmensberatung zu einem kaum mehr überschaubaren Gegenstand wuchernder Schriftproduktion geworden. Da liegt es nahe, einem generellen Zug der Modernisierung zu folgen, den Parsons und Luhmann ‚funktionale Differenzierung' genannt hatten, und nun der Ausdifferenzierung der wissenschaftlichen Disziplinen eine weitere hinzuzufügen: Beratungswissenschaft. Brauchen wir die? Braucht das jemand? Wem und was würde sie nützen? Kann sie auch schaden? Diesen Fragen will ich hier nachgehen, allerdings weder erschöpfend noch allein diesen. Mich beschäftigt seit längerem eine andere Frage, die man natürlich auch „beratungswissenschaftlich" stellen könnte: Was ist Beratung für eine Praxis? Ist sie überhaupt der Verwissenschaftlichung zugänglich, oder entzieht sie sich ihr als typisch fallzentrierte Praxis? Kann man überhaupt von *einer* Praxis sprechen? Gibt es so viele Gemeinsamkeiten in der Partnerberatung, der Unternehmens- und Steuerberatung, der Politik- und der Landwirtschaftsberatung, der Ernährungs- und der Anlageberatung, der Bau- und der Bibliotheksberatung? So viele und grundsätzliche Fragen werde ich nicht beantworten können. Es mag aber schon helfen, die eine oder andere konkreter zu stellen.

1   Beratung als Wissenschaft? Über wissenschaftliche Gartenzäune ...

> Es geht nicht darum, Wissenschaft und Nicht-Wissenschaft sauber
> voneinander zu trennen.
> Es geht darum, die Aufklärung über Wissenschaft zum Bestandteil
> des Wissenserwerbs zu machen.
> *Wolf Lepenies*

Was spräche für eine Beratungswissenschaft? Das beste Argument wäre für mich die Idee einer Kompensation der extrem einseitigen Logik wissenschaftlicher Arbeitsteilung. Sie ist in etwa vergleichbar mit dem Prinzip der funktionalen Arbeitsteilung im Taylorismus. Die Welt wird in Scheiben geschnitten, und für jede Scheibe ist eine andere Abteilung zuständig. Abteilungen hassen es bekanntlich, miteinander zu kooperieren, sie reproduzieren und optimieren lieber sich selbst. Der schon erwähnte Luhmann bezeichnete das als Selbstreferenzialität, sah darin allerdings kein ‚Privileg' der Wissenschaft, sondern ein konstitutives Prinzip sämtlicher sozialer Systeme. Für manche ist das eine angenehme Perspektive, erspart sie ihnen doch die Frage nach den Interessen und der Macht und den Kämpfen und den Niederlagen, die zum aktuellen Status geführt haben. Die wissenschaftlichen Disziplinen haben sich jedenfalls keineswegs durchweg *problemorientiert* entwickelt, als Instanzen einer mehr oder weniger ganzheitlichen theoretisch-empirischen Behandlung bestimmter Praxisprobleme. Natürlich kann keine Wissenschaft die Welt „ganzheitlich" erfassen – alle dieser Utopie folgenden Versuche endeten in irgendeinem holistischen Reduktionismus.

Womit befasst sich etwa die Psychologie? Sie sei die „Wissenschaft vom Verhalten und Erleben des Menschen", heißt es in jedem Lehrbuch. Nun, diesen Gegenstand haben auch die Literatur, die Soziologie und andere Sozialwissenschaften, auch die Philosophie. Und was ist mit dem Handeln? Gehört das zum Verhalten? Was ist mit Kompetenz? Davon war in den Lehrbüchern der Psychologie jahrzehntelang entweder gar nicht oder nur in Fußnoten die Rede. Der „Gegenstand" ist also extrem weit und unbestimmt, die Weltscheibe riesig. Die Psychologie konstituiert sich daher als Fach viel eher über die Art ihrer (meist radikal individualistischen) Theorien und Fragestellungen sowie ihren methodologischen Naturalismus. Der Normalfall der Existenz und der Reproduktion einer „Disziplin" ist eben meist nicht der holistische Reduktionismus, sondern etwas, was Reinhard Lempp, emeritierter Tübinger Ordinarius für Psychiatrie, in einem Vortrag über *„Die autistische Gesellschaft"* so umrissen hat:

> „Die vier Symptome des Autismus sind: Beziehungsstörungen, Objektfixierung, Wiederholzwänge (fixe Rituale, Angst vor dem Neuen), und Sprachstörungen. Nicht wenige meiner Kollegen kann man als ‚Normalvarianten' davon ansehen: Sie sind sehr selbstbezogen, befassen sich immer mit demselben engen Gegenstand, haben ausgeprägte Marotten, und sprechen eine Sprache, die kaum jemand versteht." (dazu sinngemäß, in anderem Wortlaut Lempp 1996).

Könnte Beratungswissenschaft ein Beispiel sein für ein *gegenstandsorientiertes*, nicht akademisch-disziplinäres Wissenschaftsverständnis? Ein solches leitet seine Fragestellungen an den Gegenstand nicht primär aus den theoretischen und begrifflichen Traditionen und Konventionen[2] des akademischen Faches ab, sondern fragt umgekehrt, was nötig ist, um einen bestimmten Gegenstand der sozialen Praxis zu verstehen, und welche Disziplinen hierzu hilfreiche Beiträge leisten. An einigen angelsächsischen Universitäten liefern business schools und management science Beispiele dafür, dass dies möglich ist. In anderen Forschungsfeldern lassen sich Versuche, eine „Gesundheitswissenschaft", „life science" oder eine „Bodenwissenschaft" zu etablieren, als Ausdruck des Bestrebens interpretieren, über die oft unbefriedigende Praxis interdisziplinärer Kooperation hinaus zu einer integrativen Form *transdisziplinärer* Wissensproduktion zu gelangen.[3] Dies muss nicht grundsätzlich alternativ zu einer disziplinären Verfassung gesehen werden, aber doch zumindest in der Perspektive gleichgewichtiger Komplementarität. Nehmen wir den Zaun als Metapher: Ein Zaun zur Einhegung der wilden Probleme kann nicht nur aus Latten bestehen – die würden umfallen. Es braucht auch die Querbalken, die dem Ganzen Halt durch verbindende Verstrebung bieten. „Interdisziplinarität" ist nur der recht hilflose Versuch, die einzelnen Latten nachträglich, nach ihrer vereinzelnden Aufstellung, wenigstens zum Austausch ihrer Koordinaten zu bringen.

---

[2] Dass z.B. soziale Deutungsmuster und soziotechnische Leitbilder weitgehend eine Forschungs- und Wissensdomäne der Soziologie sind, lässt sich nur historisch bzw. soziologisch als Konvention erklären, nicht aber logisch auf die Gegenstandsdefinition der beiden Fächer zurückführen.

[3] Natürlich ist ein Bodenwissenschaftler kein „kompletter" Chemiker, Geologe, Bakteriologe etc.; er wird von vornherein ausgebildet als jemand, der die *Zusammenhänge* im Boden verstehen kann. Eine solche Vision formulieren auch Norbert Groeben und Brigitte Scheele (1977) im Klappentext zu ihren „Argumente(n) für eine Psychologie des reflexiven Subjekts". Sie wenden sich an „alle Psychologen, Pädagogen, Soziologen, ... die an einer neuen Phase empirischer Sozialwissenschaft interessiert sind, in der das ‚Gegenstandsverständnis' nicht vom Wissenschaftsbegriff her restringiert wird."

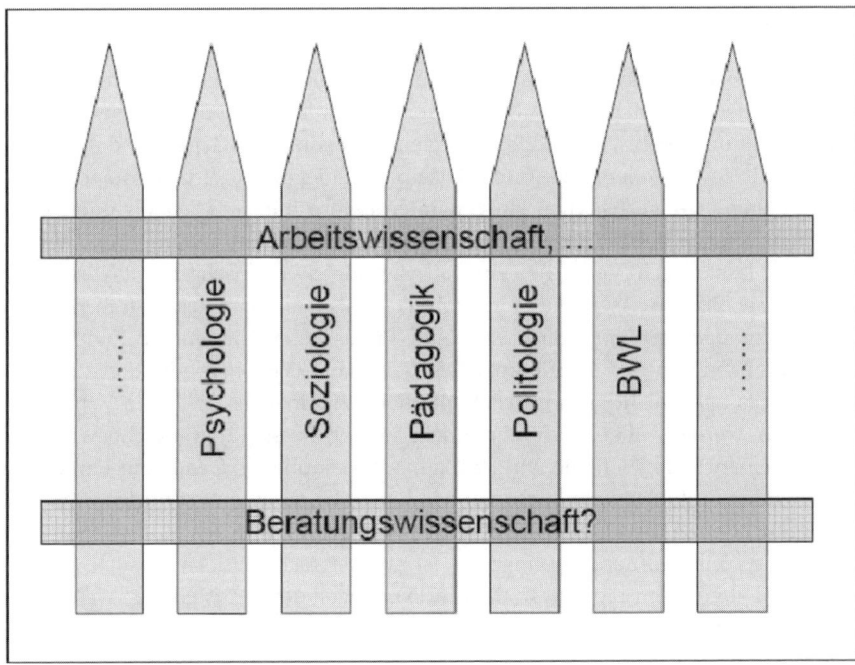

Abbildung 1:   Beratungswissenschaft als Querstrebe?

Letztlich hilft aber auch eine Gegenstandsorientierung nicht gegen die funktionale Differenzierung der Wissenschaft, die mit angetrieben wird von der Kumulation des Wissens bei nicht mitwachsenden menschlichen Köpfen. Gemessen an dem, was zu wissen ist, passt in den einzelnen relativ immer weniger hinein. Weitere Wissensteilung ist daher unvermeidlich, ob nun in Form von Latten oder Streben. Die Frage ist, ob die Beratungswissenschaft eine sinnvolle Strebe wäre. „Braucht es eine eigenständige, homogene Disziplin Beratungswissenschaft?" So die Frage der Herausgeberinnen. Hätte sie denn einen hinreichend abgrenzbaren „homogenen" Gegenstand, etwa die Beratungssituation? Sind Steuerberatung und psychosoziale Beratung und Politikberatung in irgendeinem Sinn homogene Situationen? Oder Menschen: Drogenabhängige, Investoren, Konsumenten? „Soziale Systeme": Dyaden, Gruppen, Familien, Organisationen, Regierungen, die Weltgemeinschaft? Hätte sie wenigstens ein hinreichend ähnliches *Problem*: die Intervention in soziale Systeme? Hier könnten allenfalls Systemtheoretiker zustimmen, wenngleich auch sie zugeben würden: Staaten funktionieren anders als Nikotinabhängige oder zerrüttete Familien, Unternehmen anders als Selbsterfahrungsgruppen. Der Anlageberater will meist nicht in ein soziales Systeme intervenieren, und die individualpsychologisch ausgerichteten Psychotherapeuten im Unterschied zu den „systemischen" ebenso wenig. Eher droht das allgegenwärtige Risiko des *verdinglichenden Denkens*: Die Konstruktion imaginärer Gemeinsamkeit durch einen superinklusiven Begriff.

Blieben noch die Methoden: Beratungswissenschaft als Methodologie. Aber wovon: des Wissenstransfers? Der Selbstaufklärung? Der Irritation? Das immerhin hätte noch keine Disziplin geschafft: sich allein oder vorrangig über ihre Methoden zu definieren. Nicht einmal die Mathematik.

Und schließlich: Warum eine *Disziplin*, noch dazu eine homogene? Eine Disziplin darf nicht „homogen" sein – man soll sich in ihr streiten. Wie kämen wir sonst zu neuem Wissen? Theorie hingegen soll konsistent sein, also keinen Eklektizismus inkompatibler Annahmenfundstücke pflegen. Aus den oben genannten Gründen ginge es aus meiner Sicht eher darum, an eine Forderung Immanuel Wallersteins (1995) anzuschließen: Die Disziplinen bzw. „die Sozialwissenschaft kaputtdenken", um Freiräume für ihre Rekonstruktion jenseits der Pfadabhängigkeiten disziplinären Denkens zu gewinnen. Mein persönliches Partisanenprinzip gegen die disziplinäre Formatierung der wissenschaftlichen Identitäten geht über die oben skizzierte Gegenstands- und Problemorientierung noch ein Schrittchen hinaus. Ich nenne es *eiserne Disziplinlosigkeit*.

Als Fragen zur Tagung hatten die VeranstalterInnen ferner die folgenden gestellt: „Falls eine Beratungswissenschaft (a) nötig und möglich ist, kann oder sollte diese (b) gegenstandsangemessen nur eine transdisziplinäre eventuell auch (c) projektförmige Wissenschaft sein?" Einige weitere Antworten hatte ich bereits angedeutet: Es tut *Wissenschaften* gut, wenn sie gegenstandsorientiert konstituiert sind. Die Gegenstandsorientierung ist eine Alternative zur Idee der Transdisziplinarität. Letztere versteht sich als integrative *Forschung* (Mittelstraß 2003) mit disziplinär sozialisierten Wissenschaftlern (mit allen damit verbundenen Schwierigkeiten, von denen Mittelstraß einige beschreibt). Gegenstandsorientierte Wissenschaft setzt bereits an der integrativen Ausbildung der Kompetenzen und Identitäten an. Aber was hieße „gegenstands*angemessen*"? In der Regel ist das innerhalb der Disziplinen heftig umstritten. In der Psychologie beispielsweise streiten sich jene, welche die individuelle Kognition für den Gegenstand der Disziplin halten (Kognitivisten), mit denen, die das kurios finden und danach fragen, wie kulturelle Überlieferungen (z.B. Sprache, Denk- und Lebensweisen), soziale Einbindungen (Sozialisation) und materielle Praktiken die Genese individueller und kollektiver Psyche so rahmen, dass die Individuation nur als evolutionäre Interaktion der Subjekte mit/in dieser Rahmung verstanden werden kann (Kulturhistoriker).[4] Und in den ganzen Sozialwissenschaften streiten sich Rational Choice-Vertreter mit anderen, die die Welt nicht als emergentes Resultat einzelner Rationalentscheidungen verstehen mögen. Hier wird man sich nicht über den Gegenstand einigen können. Gegenstandsangemessen kann und soll eine Theorie sein; eine Disziplin könnte es nur, wenn sie „homogen" wäre und von nur einer Theorie beherrscht wäre. Sollen wir uns *danach* sehnen?

Mein Fazit aus dem Gesagten ist, dass man besser nicht das imaginäre Vereinheitlichte anstrebt, sondern vom Guten des Bestehenden auszugehen. Und das ist die realexistierende *Beratungsforschung*, oder breiter, die Interventionsforschung in ihrer paradigmatischen, theoretischen und methodischen Pluralität.[5] Das garantiert die Möglichkeit des Diskurses. Und es beantwortet auch die Frage nach der Projektförmigkeit. Eine „projektförmige Wissenschaft" ist schwer anders vorstellbar als eine, die nur ab und zu existiert. Forschung hingegen ist per se projektförmig: es ist ihre Existenzweise.

2   Beratung als Profession?

Jede Profession hat ihre eigene Blindenschrift

Das mit den Disziplinen hat natürlich noch eine andere Bewandtnis. Verwissenschaftlichung war in der Geschichte der Moderne immer auch ein Modus der *Professionalisierung*, also der Legitimation von Expertenwissen durch Kanonisierung und akademische Beglaubigung. Der Beruf des Quacksalbers wurde erst durch die akademische Ausbildung, das damit erworbene staatlich anerkannte Zertifikat und den damit geschützten Marktzugang zur medizinischen Profession, der Bader zum angesehenen Arzt. Das haben viele beratende und therapeuti-

---

[4] Schon in den 1940er Jahren vertrat George Politzer (1947: 120) diese Position mit folgenden Worten: „Die Psychologie ist nicht im Besitz des Wissens über das menschliche Wesen; und zwar deshalb, weil dieses Wesen einfach nicht psychologischer Natur ist." Was den Menschen als Gattungswesen ausmacht, ist die praktisch unbeschränkte Fähigkeit der Gattung, Erfahrung zu akkumulieren, sie zu vergegenständlichen (z.B. in Sprache, Schrift, Werkzeug, Technologie, also Institutionen), über unzählige Generationen und Epochen hinweg.
[5] Aktionsforschung, Organisationsentwicklung, Organizational Learning, Innovationsforschung (Innovationsbarrieren, Widerstände), Unternehmenstheorie (Capabilities, Inertia), Arbeitsforschung (Humanisierungsforschung), Developmental Work Research, Sozialpsychologie (sozialer Wandel durch Minoritäten), Therapieforschung, Evaluierungsforschung u.a.

sche Berufspraxen nicht geschafft.[6] Jeder Scharlatan kann sich heute „Therapeut" oder „Unternehmensberater" nennen, weshalb anstelle des Zertifikats nur die durch Praxishandeln verdiente (oder durch geschickte Werbung erkaufte) Reputation Vorteile beim Marktzugang schafft und den Preis des Angebots legitimiert. Daher richten sich verständlicherweise die Hoffnungen in vielen noch nicht anerkannten Beratungsfeldern auf eine Institutionalisierung und Professionalisierung – verbunden mit Zielen der Standardisierung und Qualitätssicherung (vgl. dazu Nissen 2007) – durch Verwissenschaftlichung ihrer Praxis.

Welche Segmente der Beratung können nun als Profession gelten, welche nicht? Sollten alle es anstreben? Zur ersten Frage. Der *Professionssoziologie* zufolge kennzeichnen folgende Merkmale die Profession(en) (vgl. Abbott 1988; Freidson 2001):

- Institutionalisierung als wissenschaftliche Disziplin oder „professional purity"
- Anwendung der Standards dieser Disziplin in der Praxis
- Verfügung über eine ‚Technologie' und Qualitätsstandards
- Rechtlicher Schutz des Professionszugangs, der formalen Abschlüsse und Qualifikationsnachweise und damit der Märkte
- Professioneller „Habitus"

Da ich hier nicht jedes Beratungsfeld eigens behandeln kann und zugleich allzu pauschale Aussagen über die verschiedenen Beratungsfelder vermeiden will, werde ich mich nachfolgend auf die Organisations-, Management- und Unternehmensberatung konzentrieren. Was diese angeht, so entstehen zumindest im deutschsprachigen Raum erst seit wenigen Jahren Institutionalisierungen in Form einiger *Consulting-Studiengänge* auf universitärem Niveau.[7] Ansonsten erfolgt die

---

[6] Nur einigen Schulen der *Psychotherapie* ist das gelungen, die mit dem Psychotherapeutengesetz 1999 den Medizinern formaljuristisch gleichgestellt wurden (vgl. Heisig, Littek 2003). Die psychologischen Psychotherapeuten erhalten nun zwar eine Approbation und können als Niedergelassene Mitglied in der Kassenärztlichen Vereinigung (KV) werden, und können darüber Zugang zu den Krankenkassen erhalten, doch es steht es den Krankenkassen in allen anderen Fällen noch immer frei, bestimmte Beratungs- und Therapieangebote als „wissenschaftlich geprüft" und damit als abrechenbar anzuerkennen. Für die *Organisationsentwicklung* zeichnet Kühl (2001) den Verlauf und einige Gründe gescheiterter Bemühungen um eine Professionalisierung nach (für die Supervision 2008).

[7] Als jahrzehntelange Wanderer zwischen Wissenschaft und Beratung resümieren die emeritierten Professoren Gordon und Ronald Lippitt (2006, S. 6) in diesem Falle für die USA, die Wissenschaft selbst behindere maßgeblich die Professionalisierung der Beratung: „Das Fachdenken an den

Ausbildung meist in Kursform durch einzelne Beratungsinstitute, in Form von Supervision und Coaching, und natürlich on the job, durch Inskaltewasserwerfen (Einsatz junger unerfahrener Berater, „Kinder in Nadelstreifen", Trees 2003). Ebenfalls seit einigen Jahren gibt es eigene Zeitschriften zur Unternehmensberatung (zur OE bereits viel länger). Ansonsten hat eine große Zahl der BeraterInnen klassische akademische Abschlüsse aus allen möglichen Disziplinen, nur eben als SoziologInnen, PsychologInnen oder IngenieurInnen, MathematikerInnen, Natur- und GeisteswissenschaftlerInnen oder was auch immer, ohne spezielle Befähigungsnachweis für beraterische Tätigkeiten. Dem Professionalisierungsstreben steht entgegen, dass viele beraterische Handlungsfelder bereits von Professionen besetzt sind und es sehr schwierig ist, ein *besonderes* professionelles Beratungswissen zu definieren, auf das Vertreter dieser Professionen nicht schon Anspruch erheben. Das erschwert auch Argumentationen, die einen rechtlichen Schutz des Professionszugangs begründen wollen. Zudem ist in Kontexten der Unternehmensberatung oft die Kooperation mit anderen Wissensarbeitern erforderlich, was wiederum der Herausbildung eines identitätsstiftenden gemeinsamen Wissensbestandes nicht eben förderlich ist.

Demzufolge kann auch weder von einer Berufsethik gesprochen werden, die ähnlich dem Eid des Hippokrates ein Minimum an normativen Verpflichtungen auferlegt,[8] noch von einer *Anwendung der Qualitätsstandards* einer beraterischen Disziplin in der Praxis der Unternehmensberatung; auch wenn die Angehörigen bestimmter Disziplinen natürlich auf ihre jeweils eigenen zurückgreifen können. Es gibt keine übergeordneten Instanzen, die dies regelmäßig prüfen, die Interventionsmethoden supervidieren, evaluieren und im Falle der Verletzung von Standards Sanktionen verhängen würden. Wer das beiderseitige Desinteresse von Beratern und Nachfragern am Thema *Evaluierung* kennt, und die ernüchternde Literatur zur Frage, an welchen Kriterien die Qualität und Effizienz von Beratung festzumachen wäre, wird hier kein Land sehen (vgl. etwa Ernst 2002, Kieser/Ernst 2004). Immerhin aber können die *Berufsverbände*, die freiwillige Mitgliedschaft in der Regel an Selbstverpflichtungen gegenüber ihren Mindeststandards binden,

---

Universitäten, die Spezialisierung der Disziplinen, und die mangelnde Lehrplanabstimmung zwischen den universitären und den beruflichen Bildungseinrichtungen."

[8] Er wird heute von Ärzten ohnehin nicht mehr geleistet und hat auch keine Rechtswirkung. Wenn Studierende in meinen Lehrveranstaltungen zu Themen der Intervention und Beratung auf diesen Eid zu sprechen kommen, schreiben sie gerne „hypokratisch", womit sie die Sache im gegebenen Kontext unbeabsichtigt recht nahe kommen.

Mitglieder im Falle eines verbandsschädigenden Verhaltens auch ausschließen.[9] Eine sehr „lose Kopplung". Große Beratungsunternehmen, die sich qua ihrer Reputation keine Vorteile von einer Mitgliedschaft in Beraterverbänden versprechen, setzen bewusst ihre eigenen Standards, auch im Interesse der „Normalisierung" ihrer Beschäftigten.

Ferner gibt es keine notwendigen Praxis-Theorie-Schleifen, der Rückgriff auf wissenschaftliches Wissen ist eher sporadisch, teils auch nur legitimatorisch. Diese Abgrenzung zu etablierten Professionen muss man freilich relativieren: Kann man etwa hoffen, dass eine Person, die innerhalb des BWL-Studiums Marketingwissenschaft studierte und z.b. einen entsprechend gewidmeten Master-Titel trägt, in ihrer Praxis regelmäßig auf Theorie rekurriert? Wer glaubt sowas? Den professionellen *habitus* schließlich schützt, garantiert oder vermittelt keine akademische und keine staatliche Instanz. Insofern gehört das *impression management* (ein von Irving Goffman geprägter Begriff) zu den wichtigsten Vermarktungskompetenzen der BeraterInnen.[10]

Resümiert man diese Argumente, so hätte es aus professionspolitischer Sicht also durchaus Vorteile, wenn verschiedene Teile der Beratungspraxis eine gemeinsame Disziplin und Profession bilden würden. Nochmals Grund also zu fragen, ob es ungeachtet obiger Einwände gegen eine „Beratungswissenschaft" sinnvoll sein könnte, dieses Ziel weiter zu verfolgen.

Nun, auch dagegen gibt es Einwände – den möglichen Vorteilen stehen mögliche Nachteile gegenüber. Die eine Kehrseite der Standardisierung ist, dass sie Professionen zu hochgradig *regulierten* Berufen machen, mit dem Staat und nicht dem Berufsverband als zentralem Regulierer; in Deutschland natürlich besonders. Das bezieht sich auf Konditionen der Zulassung, Werbeverbot, Niederlassungsfreiheit, Mehrbesitzverbot, Festlegung von zugelassenen oder eben nicht zugelassenen Dienstleistungsangeboten, und so fort. Mit dieser „Freiheit" von professioneller Regulierung fuhr die deutsche (Organisations)Beraterbranche in den letzten 20 Jahren nicht schlecht – nicht einmal bei den Honoraren wäre

---

[9] Oder die Firmen selbst übernehmen das. Die großen internationalen Unternehmensberatungen halten sich gerne von den Berufsverbänden fern und sichern ihre eigenen Standards mittels Weiterbildung (bes. Vermittlung von best-practice tool sets) sowie in Form normierender Sozialisation (Rekrutierung gleich nach Uni-Abschluss oder schon im Studium via Praktika, Novizen-Begleitung durch Experten, learning-by-doing in den Beratungsprojekten, Briefings und Weiterbildung).

[10] Meine persönliche Erfahrung ist, dass gerade solche Personen, deren professionelle Kompetenz eher zweifelhaft ist, auf impression management bzw. auf Expertenhabitus besonderen Wert legen, oder in diesem Fach besonders talentiert sind; vermutlich ein Selektionseffekt: wer unfähig *und* unscheinbar ist, fällt als Beobachtungsobjekt schon früh aus.

(wie in anderen Beratungsfeldern) eine Durchsetzbarkeit höherer Vergütungen zu erwarten. Bei den Unternehmensberatern profitieren kleine Unternehmen offenkundig von den „Schmerzkanälen", die die Branchengrößen hinterlassen, also von den Preisstandards, den die transnationalen Unternehmen der So-ist-es-richtig-Beratung setzen.

Zum anderen geht es um die allseits bekannten Risiken und Nebenwirkungen der *Verwissenschaftlichung*, die bislang doch als zentrale Voraussetzung und als genuiner Modus der Professionalisierung galt. Begreift man Beratung als eine typische *fallzentrierte Praxis*, die sich einer Verwissenschaftlichung im üblichen Sinn tendenziell verschließt oder sich ihr zumindest nicht problemlos ergibt, dann erscheinen die möglichen Kosten hoch. Als eine Form der Problemlösung durch externe Experten in einem Dienstleistungsverhältnis besteht das prinzipielle Potential der Beratung darin, Probleme Anderer lösen zu helfen, für die es keine allseits bekannte Standardlösung gibt. Das erfordert ein Sicheinlassen der beratenden Person auf die Anderen, auf den spezifischen Fall in seinem spezifischen Kontext. Es erfordert eine Distanzierung von Mustervorlagen der Gestaltung, die er oder sie von früheren Erfahrungen oder aus seiner Herkunftsdisziplin mitgebracht haben mag. Insofern impliziert der Handlungstyp Beratung also ein *kreatives* Vorgehen, sowohl bei der Diagnose und Interpretation von Problemursachen als auch bei der Kombination möglicher Lösungsoptionen. Das ist durchaus vereinbar mit dem in Deutschland verbreiteten Verständnis von Professionellen als Freiberuflern (Medizinern, Anwälten u.ä.), deren Praxis durch direkten und individuellen Kundenkontakt geprägt ist.

Das freilich ist, wie gesagt, *eine* Auffassung von Professionalität und Beratungsexpertise, die zu anderen, weiter verbreiteten in scharfem Kontrast steht. Grob vereinfachend kann man die herrschenden Ideen, was die eigentliche Kompetenz und Arbeitsweise von Professionellen ausmacht – damit befasst sich die Expertiseforschung – zwei Paradigmen zuordnen: einem kognitivistischen und einem praxistheoretischen bzw. praxeologischen Paradigma (Tabelle 1).[11]

---

[11] Was Thomas Kuhn (1967) *Paradigma* nennt, das System der nicht unbedingt bewusstseinspflichtigen Prämissen des Denkens, stellt gewissermaßen die generative Grammatik zur Verfügung, auf deren Grundlage die Einzelwissenschaften ihre Theorien sowie ihre Lehr- und Forschungsprogramme entwickeln. Das hier *praxistheoretisch* genannte Paradigma sollte keinesfalls mit einem handlungstheoretischen verwechselt werden. Praxistheoretische Ansätze betonen sehr viel stärker die Einbettung individuellen Handelns in materielle Strukturen und soziale Praktiken; sie betonen, dass Handeln stets institutionell gerahmt ist.

Kognitivismus	Praxistheorie/Action Science
Knowledge („deklarativ" & „prozedural")	Aktion, Knowing
„Knowing-that"	*„Knowing-how"* (Ryle)
Wissen als mentale Repräsentation: *explizit*, intellektuell, transferierbar Listen von Eigenschaften, Modelle	Wissen als Erfahrung: *implizit* (Polanyi), inkorporiert Schemata, Prototypen, „Gestalt"
Gedächtnis als Speicher der Repräsentationen	Gedächtnis als Konstrukt zur Beschreibung von Handlung im Zeitverlauf
Unterscheidung zwischen „knowledge" und „action"	Unterscheidung tendenziell aufgegeben: „knowing-in-action" (D. Schön)
Unterscheidung von intelligentem Handeln und konditioniertem Verhalten	Verhalten sui generis ebenfalls intelligent
intelligentes Handeln als Anwendung von Theorie (Wissen, Hypothesen, Pläne; Entscheidungsbäume, Deduktion)	intelligentes Handeln als Reflexion auf Praxis (Praxis geht der Theorie voraus) „reflective practicioner" (D. Schön)
Expertise „distanziert-rational"	Expertise intuitiv-teilnehmend (Dreyfus & Dreyfus)
Lernmodus: *deklarativ* dekontextualisiert, Beschreibung depersonalisierte Lernmedien	Lernmodus: *situiert* (Lave, Wenger) *fallbasiert* Bekanntschaft, Meister-Schüler-Beziehung
Reflexionsmodus: *dezentriert*	Reflexionsmodus: *rezentriert* (Raeithel)
Technische Unterstützung von Expertise entlang der Computermetapher (*isomorph*)	Technische Unterstützung von Expertise: *kontrastiv* (Volpert)

Tabelle 1: Das rationalistische und das praxeologische Verständnis von Expertise (in Anlehnung an Neuweg 1999)

Beratung als Tätigkeit hat im rationalistischen bzw. kognitivistischen Paradigma die Aufgabe eines Transfers von Wissen. Sie hat das Potential, geprüftes, objektiviertes und damit *besseres* Wissen in eine beschränkte, lediglich durch subjektive Erfahrung geprägte Praxis zu transferieren. Die *Gewissheit*, die sie damit schaffen soll, kann aus neuester Forschung stammen, als Ergebnis einer wissenschaftlichen Isolation von „Erfolgsfaktoren" in Form von Gesetzesaussagen – oder aus erfolgreichen Organisationen, deren jeweilige Praktiken zu „Ursachen" des beobachteten Erfolgs erklärt werden (im psychosozialen Feld wären das Fälle gelungener Intervention). Der Berater ist hier also entweder Lieferant von anderswo entstandener *best practice,* oder deren Produzent. Zwar muss das gewisse Wissen auf den konkreten Fall immer angepasst werden wie ein Konfektionsanzug an den etwas übergewichtigen Endverbraucher, aber am prinzipiellen Wert des Schnittmusters gibt es keinen Zweifel.

Dieses Leitbild gibt es auf mehreren Ebenen. Auf der der Beratungspraxis korrespondiert es mit dem Mainstream der Strategie- und Fachberatung; auf der Ebene der Einzelwissenschaften mit den verschiedenen Rationalismen, also etwa in der Psychologie dem Kognitivismus, in den Wirtschaftswissenschaften dem Rational-Choice-Ansatz. Diese Gemeinsamkeit verweist wiederum auf die „tiefer" liegende oder allgemeinere Ebene der vorherrschenden Erkenntnismodelle (Wissenschaftstheorie, Erkenntnistheorie).

In der Unternehmenspraxis war Taylorismus der Phänotyp dieses Leitbildes. Das mit der Industrialisierung neu entstandene Tätigkeitsfeld der *Betriebsführung* war zunächst reines Handwerk, idiosynkratische Leitungspraxis mit allenfalls traditionsbestimmtem Hintergrund (wie man mit Lakaien umgeht). Die Unvollkommenheit und Zufälligkeit dieser erfahrungsbasierten Praxis wollte Taylor dem Zeitgeist gemäß ersetzen durch ein wissenschaftliches Wissen, das sich auf nichts anderes stützt als auf Experimente und systematische Beobachtung. Diese wiederum hatten die Destillation von Gesetzmäßigkeiten zum Ziel, wie es später von Hempel und Oppenheim als generelles Schema wissenschaftlicher Erkenntnis postuliert wurde. Gesetzmäßigkeiten der Organisation und solchen des menschlichen Wollens und Handelns. Diesem Leitbild zufolge galt Wissenschaft als Inkarnation von Rationalität und objektiver Welterkenntnis, deren Ergebnisse überhaupt nur als legitim anerkannt wurden, wenn sie auf eine *entsubjektivierte* Weise gewonnen wurden: Standardisierung, Reproduzierbarkeit, Generalisierung von Aussagen durch Neutralisierung des Kontexts, Logik und Widerspruchsfreiheit. *Erfahrungswissenschaft,* also empirische Wissenschaft in Abgrenzung zur Spekulation, war dann paradoxerweise nur mehr eine solche, die gerade nicht auf einer mehr oder weniger ganzheitlichen subjektiven *Erfahrung* im situativen Kontext beruhte. Im Gegenteil.

Wie die historische Erfahrung zeigt, entspricht dem Paradigma der linken Spalte auch das *klassische Leitbild der Verwissenschaftlichung*. Wollte eine gesellschaftliche Praxis Anerkennung finden als akademische Disziplin, so musste sie sich eben über die Distanzierung von ihrer Praxis inszenieren, in Gestalt dessen, was als akademisch gilt: verallgemeinerte Aussagen in Gesetzesform, die jederzeit und überall von jedem überprüft werden können. Die wissenschaftlichen Disziplinen hatten sich diesem Leitbild über Jahrhunderte weitgehend unterworfen. Die Medizin um den Preis ihrer technischen Enthumanisierung als „Schulmedizin", die akademische Psychologie um den Preis ihres weitgehenden Verlusts an Praxisrelevanz, ähnlich wie die Volkswirtschaftslehre in ihrer dominanten neoklassischen Fassung. Am Beispiel der Psychologie lässt sich beobachten, wie massiv die Zweifel an der Wissenschaftlichkeit dieser Disziplin dazu beigetragen haben, dass sich ihr Paradigmenkern am naturwissenschaftlichen *Stil* der Beschreibung von Psyche und menschlichem Wesen orientierte. Diese Selbstbeschreibung wiederum legitimierte ihre Institutionalisierungs- und Ressourcenforderungen an die Akademien und die Gesellschaft (wobei man ihre Etablierung freilich auch ganz interessen- und subjektfrei als Ergebnis funktionaler Differenzierung deuten könnte).

Das Schöne an diesem Modus der Verwissenschaftlichung ist (wenigstens für ihn selbst), dass seine Ergebnisse gerade *nicht* an der Praxis gemessen werden. Die notorischen Misserfolge der neoklassischen VWL, deren Scheitern die Weltfinanzkrise des Jahres 2008 einmal öffentlich sichtbar machte, waren zuvor nicht nur kein Hinderungsgrund für ihren weltweiten Siegeszug durch die Wirtschaftsfakultäten der Universitäten und die Wirtschaftsredaktionen, sondern vielmehr dessen Erfolgsbedingung. Abgehobenheit, Unverständlichkeit, mathematisch präzise Formulierung blasser Gedanken und Modelle,[12] an die sich die Realität nur wegen der ihr eigenen Unvollkommenheit nicht hielt. Auf nichts passt Luhmanns Beschreibung der Selbstbezüglichkeit sozialer Systeme besser als auf die Wissenschaft. Daher wird die Leistungsfähigkeit der VWL auch nicht an der Differenz etwa zwischen prognostiziertem und eingetretenem Wachstum gemessen, sondern an der Zahl ihrer Publikationen in high rated journals, deren Rating wiederum von ihrer nachgewiesenen Wirklichkeitsferne abhängt.[13] Keine Besonderheit der VWL.

---

[12] „Nicht lebendige Menschen mit ihrer reichen Subjektivität betreten diese Modelle, sondern Karikaturen von ihnen, der ‚Arbeiter', der ‚ökonomische Mensch', der ‚Wissenschaftler'.." (Feyerabend 1984, S. 11).

[13] Was bereits in den 1960er Jahren, als es noch mehr Alternativen gab, den weltbekannte Pädagogen, Berater und „Entdecker" des Peter-Prinzips Laurence J. Peter zum bekannten Bonmot veran-

Würden sich die Bestrebungen zur Etablierung einer „Beratungswissenschaft" ebenfalls an diesem Leitbild orientieren, wäre wiederum dieser obligatorische Preis zu zahlen. Natürlich gibt es auch andere Leitbilder der Verwissenschaftlichung, auch in den genannten Disziplinen. Gerade in der psychosozialen Beratung und selbst in der Organisationsberatung orientiert sich ein gewichtiger Teil der Akteure an interpretativen, humanistischen und systemischen Ansätzen der Beratung, die auch eher dem autopoietischen, konstruktivistischen, in manchen Fällen auch praxistheoretischen Paradigma der Verwissenschaftlichung zugehören.[14] Ferner hat die „reflexive Modernisierung" (Beck, Giddens) den Expertenstatus ohnehin brüchig werden lassen – die Öffentlichkeit hat sich daran gewöhnt, dass es zu fast jeder Aussage eine beglaubigende Expertise gibt (man muss als Auftraggeber daher nicht „schmieren", nur auswählen). Es ist damit also nicht ausgemacht, wer bei der *Institutionalisierung* die Oberhand behalten würde. Da allerdings die zuletzt genannten Alternativen noch immer neben dem Mainstream existieren, in mehr oder weniger prekären, um Anerkennung ringenden Nischen, hätte eine Verwissenschaftlichung klassischen Typs die besseren Chancen:[15] Fundamentalismus als beruhigende Alternative zur Vermehrung von

---

lasste: „An economist is an expert who will know tomorrow why the things he predicted yesterday didn't happen today."

[14] vgl. als Beitrag zur Analyse der Kompetenz von Beratern aus der Sicht der psychologischen Expertiseforschung Bredl (2008). Allerdings handelt es sich hier um eine Perspektive, die zwischen einer pragmatistischen und einer kognitivistischen bzw. rationalistischen Position schwankt, und dabei nicht wesentlich über die Aufzählung von Fach-, Methoden- und Sozialkompetenzen hinauskommt, ergänzt durch die Unterscheidung von deklarativem und prozeduralem Wissen. Hauptfolgerung: der wichtigste Teil der Beraterexpertise ist die Erfahrung, und in der Verfügung darüber unterscheiden sich Experten von Novizen.

[15] Im Editorial zu Heft 1/2009 des Journal für Psychologie schreibt Hans-Jürgen Seel: „Wir [sind] wieder einmal auf das Problem der zwei Kulturen aufmerksam gemacht worden ...: Die Kultur der professionellen (psychologischen) Beratungspraxis und die Kultur der Wissenschaft, die sich von Anfang an mehr oder weniger ohne vertieften Bezug zueinander entwickelt haben und sich in den letzten Jahren (Jahrzehnten) zum Teil noch weiter „auseinandergelebt" haben: Wer derzeit praktisch als BeraterIn arbeitet, wendet sich in der Regel nach einigen Versuchen, Hilfestellungen von der Wissenschaft zu erhalten, von ihr ab, weil sie/er kaum Verwertbares bekommt, oder ihre Nützlichkeit nicht zu erkennen vermag. Oft genug werden auch Versuche z.B. von Praktikern, sich in den wissenschaftlichen Diskurs zu begeben, unreflektiert an den dort praktizierten Standards der jeweils gerade aktuellen Fachdiskurse gemessen und erfahren dann eine häufig als kränkend empfundene Abweisung. Umgekehrt ist das Interesse der Wissenschaft an Beratung und deren Praxis längst nicht so groß, wie es das Thema verdient hätte. Wissenschaftliche Annäherungen an die Praxis orientieren sich in der Regel an dem, was in den wissenschaftlichen Diskursen im „Elfenbeinturm" als Praxis definiert bzw. konstruiert wird. Dies wird dann in hochspezialisierte Detailprobleme zerlegt und einer Lösung zugeführt, die – besonders, wenn sie als

Unsicherheit durch Wissen. Im günstigsten Fall dürfte man immerhin mit einer Ausdifferenzierung akademischer „Schulen" rechnen.

3 Beratung als Kunst?

> Kunst ist das einzige, was Menschen übrig bleibt, die der Wissenschaft
> nicht das letzte Wort überlassen wollen.
>
> *Marcel Duchamp*

Damit komme ich nun zu einem dritten möglichen Leitbild der Beratungstätigkeit als Beruf, wenn schon nicht als Profession, und das führt uns seltsamerweise auf das erste Leitbild, Wissenschaft, zurück. Doch statt nun buchhalterbrav ein Curriculum der praxeologischer Beratungswissenschaft und Lehre zu skizzieren, möchte ich einen Schatz heben, der ein solches Bemühen inspirieren könnte – aber auch den grimmigen Entschluss, das nicht zu tun. Es ist das Werk von Paul Feyerabend, der von seinen rationalistischen Gegnern dank des wissenschafts-theoretischen Desinteresses von 97% der Studierenden erfolgreich zum methodo-logischen Clown des „anything goes" herabgewürdigt werden konnte. Wie über einen Pawlowschen Reflex verbinden auch die meisten Wissenschaftler kaum mehr mit ihm als diesen Spruch. Also zitiere ich ihn hier am besten gleich vollständig, und deute damit zugleich den Kern der folgenden Argumentation an.

> „Wer sich dem reichen, von der Geschichte gelieferten Material zuwendet und es nicht darauf abgesehen hat, es zu verdünnen, um seine niederen Instinkte zu befriedigen, nämlich die Sucht nach geistiger Sicherheit in Form von Klarheit, Präzision, „Objektivität", „Wahrheit", der wird einsehen, dass es nur *einen* Grundsatz gibt, der sich unter *allen* Umständen und in *allen* Stadien der menschlichen Entwicklung vertreten lässt. Es ist der Grundsatz: *Anything goes.*" Paul Feyerabend, Wider den Methoden-zwang (1970/1984, S. 61, Hervorh. im Original).

Er sagt hier also nicht, dass alles beliebig sei und damit egal, sondern daß es keine Handlungsregel gibt, die unabhängig von allen denkbaren Kontexten, also

---

statistische, d.h. Wahrscheinlichkeitsaussage formuliert wird – für die Praxis des Einzelfalls bekanntlich wenig hilfreich ist. ... Nichtsdestotrotz wird auch in der Praktiker Community die „Wissenschaftlichkeit" als ein Qualitätskriterium hoch gehalten, häufig aber mehr aus legitimato-rischen Gründen als aus Gründen der realen Nützlichkeit, weil das Etikett „Wissenschaftlichkeit" sowohl fachpolitisch als auch auf dem Markt einen hohen Wert hat."

universell Gültigkeit beanspruchen könnte – wie es die kritisch rationalistische Methodologie es unterstellt. *Wissenschaft als Kunst* heißt eines seiner Bücher, die allesamt als sokratische Bettlektüre für freie Geister taugen. Er beruft sich dabei u.a. auf Ernst Mach (die Wissenschaft sei „kein Advokatenkunststück", das wie Advokatenhandwerk gelehrt werden könne) und auf Michael Polanyi (1964), der ihr Wesen ebenfalls in der *Regelabweichung* sieht – wie in der Kunst. Natürlich ist dieser Titel – wie die meisten seiner Schriften – eine Provokation. Gilt doch Wissenschaft als Gegenteil von Kunst, wenn auch auf vergleichbarem Anspruchsniveau des Tuns. Feyerabend jedoch arbeitet anhand seiner wissenschaftshistorischen Studien eklatante Widersprüche zwischen der Praxis und der Selbstbeschreibung von Wissenschaft heraus.

> „Weder bilden die Wissenschaften die begriffliche Einheit, die man ihnen oft auferlegt und aus der man ihre große Autorität im Staate herleitet, noch ist die Vielfalt der Praktiken, aus denen sich das Gebiet der Wissenschaften zusammensetzt, so scharf getrennt, wie es die Idee einer wesentlichen Verschiedenheit der Wissenschaften und der Künste nahelegen würde. … künstlerische Verfahren kommen überall in den Wissenschaften vor und besonders dort, wo neue und überraschende Entdeckungen gemacht werden … Alle Fächer waren zuerst ‚Künste' (*technai* bei den Griechen, das heißt, sie unterschieden sich in ihren Ergebnissen (die Kunst der Navigation war verschieden von der Kunst des Heilens und diese wiederum von der Kunst der guten Rede), nicht aber in den Methoden – man sammelte Erfahrungen, ordnete sie so gut wie möglich und gab sie an die Schüler weiter. … Man konnte sie nicht vom Prozeß des Lernens und der Praxis, der sie angehörten, trennen und ‚objektivieren'" (1984, S. 8).

Die modernen Wissenschaften (und schon Platon) hätten demgegenüber darauf bestanden, daß die Erkenntnispraxis bestimmten „allgemeinen Regeln" folgen müsse.[16] In dem Maße, in dem sich eine objektivistische Methodologie als Maßstab durchgesetzt habe, hätten die Vertreter der Wissenschaften all die subjektiven und kreativen Momente ihres Tuns als *außerhalb* der „eigentlichen" Wissenschaft liegend ausgeblendet. Im nomologischen Wissenschaftsverständnis misstraut man dem Subjekt, in der Praxis ebenso wie in der Wissenschaft (vgl. Boehme, Engelhardt 1979) und begründet damit alle Bestrebungen, das Subjektive als „spekulative" Kategorie ebenso wie als Dimension des Forschungsprozesses aus

---

[16] Umgekehrt strebten auch die Künste nach Akademisierung. Bereits 1563 gründet Giorgio Vasari die erste Kunstakademie, die Accademia del Disegno. „Es dauert nicht lange, und man beginnt sich über die Steifheit der akademischen Malerei zu beklagen" (Feyerabend 1984, S. 23).

der Wissenschaft zu verbannen. Dazu gehört auch der objektivistische Schreibstil („es muss zum Schluss gekommen werden").

> „Wissenschaftler und wissenschaftlich eingestellte Individuen geben vielleicht zu, daß es in ihrem Leben viele Fragezeichen gibt, aber sie weigern sich, diese Sicht auf ihren Lieblingsspielplatz auszudehnen, eben die Wissenschaften" (1984, S. 159).

Alle im Gewand von Wissenschaft auftretende „Objektivität" sei hingegen gemacht, interessenfreie Erkenntnis eine Fiktion. Man kann Feyerabends Argumente als Plädoyer für ein praxeologisches, pragmatistisches Leitbild des Treibens von Wissenschaft lesen. Er geht aber weiter. Kern seiner Argumentation war zunächst (in den 1960er Jahren) die Forderung nach einem Theorie- und Methodenpluralismus, der sich dem jeweils herrschenden Verständnis dessen widersetzt, was „wissenschaftlich" sei. Man könnte sagen: er plädierte für das Zulassen *anderer* Leitbilder der Verwissenschaftlichung. Später hat sich seine radikale Kritik am Rationalismus, insbesondere dem „kritischen" Karl Poppers („Ayatollah Popper"), nochmals radikalisiert. In seinen Arbeiten ab den 1970er Jahren stellt er den Überlegenheitsanspruch des wissenschaftlichen Wissens insgesamt in Frage und lässt es nur noch als *einen* Wissenstyp neben anderen bestehen.[17] Bestimmte Knechtungen des Denkens, Kanalisierungen der Erfahrungen seien unvermeidliche Folgen jeglicher Verwissenschaftlichung, weshalb er für eine Wiederanerkennung der *Alternativen zu ihr* plädiert: Intuition, Handwerk, Schamanentum, Kunst. Seine Argumentation erscheint wie eine Vorlage für das, was Michel Foucault einige Jahre zuvor über die Humanwissenschaften schrieb:

> „Diese Wissenschaften, an denen sich unsere ‚Menschlichkeit' seit über einem Jahrhundert begeistert, haben ihren Mutterboden und ihr Muster in der kleinlichen und boshaften Gründlichkeit der Disziplinen und ihrer Nachforschungen" (Foucault, Überwachen und Strafen 1976, S. 290). „Alle Psychologien, -grafien, -metrien, -analysen, -hygienen, -techniken und -therapien gehen von dieser historischen Wende der Individualisierungsprozeduren aus" (ebd., S. 249).

Die Humanwissenschaften hätten stets, auch in ihren humanistischen Varianten, die wissenschaftsbasierte *Vereinbarung von Effizienz und Emanzipation* versprochen – ungeachtet der möglicherweise ganz anderen Funktionen, Motive und Effekte,

---

[17] Ihr Wahrheitsanspruch sei „totalitär" (Feyerabend 1984: 106). „Es gibt ... keinen klar formulierbaren Unterschied zwischen Mythen und wissenschaftlichen Theorien. Die Wissenschaft ist eine der vielen Lebensformen, die die Menschen entwickelt haben, und nicht unbedingt die beste. Sie ist laut, frech, teuer und fällt auf" (Feyerabend 1975, S. 385).

die sie in Bezug auf die von ihnen „verteidigten" Individuen oder gesellschaftlichen Gruppen hatten. Wie könnte man dabei nicht auch an Beratung, an „Besserung" durch Organisationsentwicklung denken? Während Foucault hier das wissenschaftliche Erfahrungsammeln per se als utilitaristische Herrschaftstechnik portraitiert, die sich nicht erst in spezifischer Anwendung der Produktion gehorsamer Individuen schuldig macht, beharrt Feyerabend auf einem befreienden, demokratischen Potential des Wissens. „Menschen kann man beherrschen durch emotionalen Druck oder mit Hilfe von Argumenten, oder man kann versuchen, ihre Freiheit zu vermehren und damit ihre Beherrschbarkeit und Vorhersagbarkeit zu vermindern" (1984, S. 42). Demgemäß sieht er seinen Auftrag darin, die Menschen von der Wissenschaftsgläubigkeit zu befreien, vom Glauben an die Überlegenheit der dürren Abstraktionen und „wissenschaftlichen Karikaturen", von der Einschüchterbarkeit durch „Denkbeamte" mit „kirchenlateinischen Worthülsen". Dieses eigentlich klassische Aufklärungsmotiv (hier aber wie in der kritischen Theorie als Aufklärung über Aufklärung) verrät auch der Untertitel seiner zunächst auf Englisch erschienenen Schrift „Wider den Methodenzwang": *Outline of an anarchistic Theory of Knowledge* (1970). In der deutschen Fassung schreibt er dazu:

> „Ich habe nicht die Absicht, eine Menge allgemeiner Regeln durch eine andere zu ersetzen, meine Absicht ist vielmehr, den Leser davon zu überzeugen, daß alle Methodologien, auch die einleuchtendsten, ihre Grenzen haben. ... Der Anarchismus ist ein Heilmittel für strenge Denker, die es mit ihrer Strenge zu weit getrieben haben" (1975, S. 31f).

Mit der Programmatik „Wissenschaft als Kunst" geht es Feyerabend also nicht nur darum, wissenschaftlicher Erkenntnis den Anspruch auf Allgemeingültigkeit bzw. universelle Wahrheit abzusprechen (was ihn mit heutigen Konstruktivismen eint), sondern gegen die normative Anämie der Popper-Schule Wissenschaft *als soziale Praxis* zu beschreiben. Als eine *Tätigkeit*, in der *Subjektivität und Erfahrung* der Forschenden, ihre *Intuition* und *Kreativität* eine maßgebliche Rolle spielen. Wie in der künstlerischen Tätigkeit eben, wo sich niemand mit der Anerkennung dieser Tatsache schwer tut.

Wie im oben skizzierten praxeologischen Paradigma wäre für Feyerabend gute Beratungspraxis eine „Meisterschaft" in dem Kunst-handwerklichen Sinne, dass sie von „theoretisch" oder sonst wie beglaubigten Regeln abweicht, um sich dem Reichtum der Welt zu öffnen. Die Kunst des Eingehens und Sicheinlassens auf den Fall erwiese sich dabei allerdings nicht im Fehlen oder im bloßen ignorieren von Regeln (sowie anderem „Wissen"), sondern in der souveränen Verfügung über solche Wissensbestände bei gleichzeitiger ("sokratischer") Distanz ihnen gegenüber. Dies mit Bezug auf die immer kontextuelle Herkunft des Wissens, und auf das Neue, Besondere, Einzigartige des aktuellen Falles. Und mit einer "Achtung vor den Einzelmenschen" (1984, S. 13).

4 Was nun?

Nachdem alle meine Überschriften Fragezeichen trugen, könnte doch wenigstens das letzte "Fazit" lauten, mit einem impliziten Ausrufezeichen! Ich weiß aber nicht, was "die Berater" und ihre Ausbilder *generell* tun sollten. Auch wenn ich gelegentlich selbst in beiden Rollen tätig bin. Bleiben wir bei Feyerabend: Es entspräche eher seiner Denkweise, das Für und Wider von Verwissenschaftlichung und Professionalisierung zusammenzutragen, zu kommentieren und dem Rezipienten die Einordnung zu überlassen: Die Reflexivität des Erzeugens und Verbrauchens wissenschaftlichen Wissens mehren, aufklären über Aufklärung, mehr Freiheit anstreben – mit der Nebenfolge größerer Ungewissheit.

Bezogen auf das Verhältnis von Selbstbeschreibung und (realer) Praxis erscheint mir das, was Feyerabend für die Wissenschaft feststellt, ebenfalls uneingeschränkt auf die Beratungswelt übertragbar. Die Praktiken unterscheiden sich teils drastisch von den Selbstbeschreibungen und Selbstwahrnehmungen (dazu etwa Moldaschl 2001). Lippitt und Lippitt erklären zwar, "kaum eine Tätigkeit erfordert so viel kritische Selbstreflexion wie die Beratung" (2006, im Klappentext), aber deshalb ist sie ja noch lange nicht *da*. So wenig wie Zehntausende Euronen da sind, wenn oder weil ich ein neues Auto brauche.

Ist Feyerabends Forderung nach Anerkennung der *Perspektivität* heute überhaupt noch relevant, nach der "konstruktivistischen Wende", dem Diskurs der Postmoderne, der Etablierung der Ethnomethodologie, der zunehmenden Verbreitung verschiedener Systemtheorien, der "complexity science"?[18] Nun, relevant sicherlich, schließlich hatte Feyerabend Anteil daran; aber nicht mehr *so*

---

[18] Die Betonung liegt auf "verschieden". Die etwa von Organisationsentwicklern gern adoptierte "Management-Kybernetik" Stafford Beers beispielsweise ist eine (vorkonstruktivistische) Systemtheorie 1. Ordnung, die "Gesetze der Kybernetik" auf Management übertragen will. Der St. Galler Ansatz leitet aus ihr seine Gewissheit über "richtiges Management" ab. Die mathematische Chaostheorie oder die "Komplexitätstheorie" des Santa Fe Institute (Murray Gell-Mann u.a.) beziehen sich vorrangig auf naturwissenschaftliche Phänomene und kommen ohne die doppelte Kontingenz aus, die sich bei interpretierenden Handelnden ergibt und die in der soziologischen Systemtheorie Talcott Parsons und Niklas Luhmanns so prominent ist.

dringlich und nicht mehr *so* provokativ. Ein Fortschritt, der weitergehen darf – und der ohnehin nie abgesichert ist. Perspektivität ist stets bedroht, unter die Räder machtvoller Zweckrationalität zu geraten, wie ein sensibles Ökosystem. Die Herkunft des Wissens wird vergessen (oder vergessen gemacht), die Möglichkeit des Andershandelns weicht der Routine (oder der Macht), die Betonung von Kontingenz dem Anspruch zahlender Kunden auf Gewissheit, die Selbsterkenntnis dem Selbstbild, und so fort.

So weit zu wissenschaftstheoretischen Begründungsressourcen. Was ist mit den professionspolitischen? Trage ich nicht Eulen nach Athen, wenn ich einer nach Professionalisierung strebenden Praxis mit dem Leitbild der Kunst eben das nahelege, was sie selbst als „Legitimationsproblem" betrachtet? Was die Kundschaft gerade nicht von ihr erwartet? Schließlich ist das „Gerüchle", das sie umgibt, eher das einer selbstgewissen Wissenschaftsferne, die sie sich auch teuer bezahlen lässt. Verspricht sie doch eine andere Art von Gewissheit als die akademische: praktisch bewährte Lösungen, die der Praktiker auch verstehen und anwenden kann. Eulen nach Athen? Zur Hälfte ja: Wer Berater wurde oder werden will, strebt in der Regel weg vom geregelten Büroalltag, will „sich entfalten" oder zumindest kreativer tätig sein als im Großraumbüro – wenn er oder sie nicht einfach nach einem effektiveren Quereinstieg in die Casino-Etagen sucht. Die andere Hälfte aber (eine sehr optimistische Schätzung) wird man mit der Deutung der *technai* als Kunst nicht begeistern können. Wer Beratung versteht als Anwendung von „tools" oder „tool-sets", als Lieferung unbestechlicher Organisationsdiagnosen, als „Transfer von Wissen" bzw. als ingenieurmäßige Wissensdienstleistung, der wird allemal den rationalistischen Wissenschafts- und Professionsidealen zugetan bleiben. Zumal jenseits der ganzen Ideenebene *Beratung* schlicht auch *ein Geschäft* ist, und das kann profitabler betrieben werden, wenn nicht besondere, sondern standardisierte Ideen und Lösungen verkauft werden. Es erleichtert auch den Einsatz juveniler Nadelstreifen.

Die einen *braucht* man also nicht, die anderen *kann* man nicht überzeugen. So bleibt, den einen wenigstens das eine oder andere zusätzliche Argument zu bieten, oder auch nur eine Bestätigung ihrer Position. Also ungefähr das, was auch das Kabarett leistet. Nur viel weniger unterhaltsam. So passend das als Schluss wäre, abgerundet mit einem Bekenntnis der Lippitts zur Beratung als Kunst, legt uns grade dieses doch noch eine letzte Wendung nahe:

„Beratung ist eine herausfordernde, furchteinflößende und lohnende Tätigkeit, die einen bescheiden macht. Sie ist zwar keine Wissenschaft, aber als angewandte Kunst verlangt sie das ständige Wachstum derjenigen, die beratend tätig sind" (Lippitt, Lippitt 2006, S. 2).

Sie argumentieren in ihrem Buch ganz aus der humanistischen Perspektive, in der Beratung zum Wachstum der Beratenen beitragen soll: „Die allgemeinste Bezeichnung für diesen Prozess des Helfens ist Beratung" (ebd., S. 1). Abgesehen davon, dass das Beraten offenkundig nicht jeden bescheiden macht, so wenig wie die Kunst: das Obige könnte auch über die Wissenschaft gesagt werden – herausfordernd, furchteinflößend, ständig eigene Grenzen aufzeigend, ständiges Wachstum erfordernd. Ein wesentlicher Unterschied zwischen Beratungspraxis und Wissenschaft ist aber, dass letztere komplett im objektivistischen Modus betrieben werden kann, jenseits persönlicher Interaktion, jenseits von Begegnung und Verstehen, ohne in ihrem eigenen System zu scheitern.. Als Fragebogenwissenschaft beispielsweise, die Korrelationskoeffizienten produziert, welche sich der sozialen Praxis (wiederum ohne Begegnung, in Ver-Öffentlichungen) als „Aufklärung" über die in ihr wirkenden Kausalitäten präsentieren lassen. Selbst qualitative Forschung kann in diesem klassischen Subjekt-Objekt-Modus verharren. Ohne zu Scheitern kann das der Beratungspraxis auf Dauer kaum gelingen.

Gegen die Sympathie allerdings, mit der wir dem von Lewin inspirierten Lippittschen Selbstverständnis des „Helfens" und der Empathie spontan begegnen, hat uns Foucault mit einem Distanzierungsreflex geimpft. Das Prinzip des Helfens hat als Verfahren zur Normierung der Menschen („Normalisierung" in seiner Diktion) das mittelalterliche Prinzip des Überwachens und Strafens abgelöst. Doch alles im Dienste des Nutzens. Auch dem Hartz IV-Empfänger wird durch die Sozialreform vor allem „geholfen", wieder im Arbeitsmarkt Fuß zu fassen – und sei es für einen Euro.

Feyerabend wäre wohl gegenüber dem Motiv des Helfens ebenso skeptisch gewesen wie gegenüber der „objektiven und undemokratischen Auffassung von der Natur unserer Erkenntnis" (1984, S. 13) in den Wissenschaften. Im Buch *Erkenntnis für freie Menschen* (1980) folgert er, es sei kurzsichtig anzunehmen, man könne ‚Lösungen' für Menschen haben, an deren Leben man nicht teilnimmt und deren Probleme man nicht kennt. Die *Reflexivität*, die er damit von der Wissenschaft fordert, die Aufmerksamkeit für die Differenz von erklärtem Motiv (espoused theory) und erfüllter Funktion (hidden agenda), von Intention und Nebenfolge, scheint doch auch für die Selbstanwendung in der Beratungstätigkeit geeignet.

Literatur

Abbott, A. (1988): The System of Professions. Chicago, University of Chicago Press.

Böhme, G.; Engelhardt, M.v. (Hrsg.)(1979): Entfremdete Wissenschaft. Frankfurt/M.: Suhrkamp.

Bredl, K. (2008): Kompetenz von Beratern. Analyse des Kompetenzerwerbs bei Unternehmensberatern im Kontext der Expertiseforschung. Saarbrücken: Verlag Dr. Müller.

Ernst, B.; Kieser, A. (2004). Wissen Manager, was Beratung ihnen bringt? In: M. Nippa, D. Schneiderbauer (Hrsg.): Erfolgsmechanismen der Top-Management-Beratung. Heidelberg: Physika, S. 39-61.

Ernst, B. (2002): Die Evaluation von Beratungsleistungen. Prozesse der Wahrnehmung und Bewertung, Wiesbaden: DUV.

Feyerabend, P. (1970): Against method: Outline of an anarchistic theory of knowledge. In: M. Radner; S. Winokur (eds.): Minnesota Studies in the Philosophy of Science, Vol. IV: Minneapolis, MN: University of Minneapolis Press, S. 17-130.

Feyerabend, P. (1980): Erkenntnis für freie Menschen Frankfurt/M.: Suhrkamp.

Feyerabend, P. (1984): Wissenschaft als Kunst. Frankfurt/M.: Suhrkamp.

Foucault, M. (1976): Überwachen und Strafen. Frankfurt/M.: Suhrkamp.

Freidson, E. (2001): Professionalism – The third Logic: On the Practice of Knowledge. Chicago, London: University of Chicago Press.

Groeben, N.; Scheele, B. (1977): Argumente für eine Psychologie des reflexiven Subjekts. Paradigmenwechsel vom behavioralen zum epistemologischen Menschenbild. Darmstadt: Steinkopff.

Heisig, U.; Littek, W. (2003): Der schwierige Weg zur Profession. In: Psychotherapeutenjournal, H. 1, S. 7-19.

Kühl, S. (2001): Professionalität ohne Profession. Das Ende des Traums von der Organisationsentwicklung als eigenständiger Profession und die Konsequenzen für die soziologische Beratungsdiskussion. In: Degele, N. u.a. (Hrsg.): Soziologische Beratungsforschung. Opladen: Leske + Budrich, S. 209-238.

Kühl, S. (2008): Die Professionalisierung der Professionalisierer? Das Scharlatanerieproblem im Coaching und der Supervision und die Konflikte um die Professionsbildung. In: Organisationsberatung, Supervision, Coaching, 15 (3), S. 260-294.

Kuhn, T.S. (1967): Die Struktur wissenschaftlicher Revolutionen. Frankfurt/M.: Suhrkamp.

Lempp, R. (1996): Die autistische Gesellschaft. Geht die Verantwortlichkeit für andere verloren? München: Kösel.

Lippitt, G.; Lippitt, R. (1999). Beratung als Prozess (4. Aufl.). Leonberg: Rosenberger.

Mittelstraß, J. (2003): Transdisziplinarität – wissenschaftliche Zukunft und institutionelle Wirklichkeit. Frankfurt/M.: Suhrkamp.

Moldaschl, M.; Schultz-Wild, R. (Hrsg.) (1994): Arbeitsorientierte Rationalisierung. Frankfurt, New York: Campus.

Moldaschl, M. (2001): Reflexive Beratung. Eine Alternative zu strategischen und systemischen Ansätzen. In: N. Degele u.a. (Hrsg.): Soziologische Beratungsforschung. Opladen: Leske + Budrich, S. 133-157.

Neuweg, H.G. (1999): Könnerschaft und implizites Wissen. Münster: Waxmann.

Nissen, V. (Hrsg.) (2007): Consulting Research. Unternehmensberatung aus wissenschaftlicher Perspektive. Wiesbaden: Gabler Verlag.

Polanyi, M. (1964): Science, Faith and Society. Chicago, Mass.: Univ of Chicago Press.

Politzer, G. (1947): La crise de la psychologie contemporaine. Paris: Editions Sociales.

Seel, H.-J. (2009): Editorial. Journal für Psychologie 17 (1), S. 1.

Trees, S. (2003). Wer braucht noch Berater? Frankfurter Allgemeine, Hochschulanzeiger, 66, S. 54-55.

Wallerstein, I. (1995). Die Sozialwissenschaft ‚kaputtdenken'. Die Grenzen der Paradigmen des 19. Jahrhunderts. Weinheim: Beltz Athenäum.

Beratung – (k)eine Wissenschaft?

Karin Lackner

Bei einer Internetrecherche im Juni 2009 erschien in der Suchmaschine „google" unter dem Begriff „Beratungswissenschaft" das im Herbst 2008 an der Universität Kassel stattgefunden habende 1. Symposium für Beratungswissenschaft als einer der wenigen Einträge, die auf eine wissenschaftliche Fundierung der Beratung und Beratungsforschung hinweisen. Die meisten anderen Einträge bezogen sich auf Aus- und Weiterbildungsprogramme und -angebote zu Beratung aller Art.

Interessanterweise fand sich auch ein Eintrag der Süddeutschen Rinderzucht- und Besamungsorganisationen e.V. AG untern dem Suchbegriff „Beratungswissenschaft", dem ich aber aufgrund der mangelnden Nähe zu dem hier zu diskutierenden Thema nicht weiter nachgegangen bin.

Es liegt demnach die Vermutung nahe, dass es die Beratungswissenschaft noch nicht geschafft hat, sich im akademischen Feld der Wissenschaften zu etablieren und festzuschreiben. Wohl aber gibt es Lehrstühle mit einschlägiger Denomination und akademisch verankerte Aus- und Weiterbildungsprogramme. Insofern könnte man behaupten, das Fach Beratungswissenschaft ist akademisch verankert und besetzt, muss sich aber den Platz in der Wissenschaftslandschaft erst erobern.

Landläufig war und ist Beratung als Teilbereich unterschiedlicher Disziplinen, wie z.B. der Sozialen Arbeit, der Psychologie, der Wirtschaftswissenschaft, der Medizin, der Rechtswissenschaft, um nur einige zu nennen, bekannt und etabliert. Sie hat sich als eigenständiges Fach aus den ehemaligen Zusammenhängen herausgelöst (obwohl sie gleichzeitig in den Ursprungsdisziplinen erhalten blieb). Ob sie sich in der akademischen Welt traditionellerweise als Disziplin verankern wird oder ob ein anderer wissenschaftstheoretischer und wissenschaftsorganisatorischer Weg eingeschlagen wird, ist eine noch nicht beantwortete Frage. Mit Sicherheit kann aber jetzt schon angemerkt werden, dass es sich in dem gegenständlichen Fall nicht um eine der bereits etablierten abgegrenzten Disziplinen handelt. Beratungswissenschaft würde man in der Diktion von Arno Bammé (2006) eher als Sekundärwissenschaft bezeichnen, die mit anderen Wissenskulturen Hybridgemeinschaften eingeht. Gerade die Nichteinordenbarkeit der Beratungswissenschaft in einen traditionellen Kanon von Disziplinen und Fakultäten macht die Beratungswissenschaft zu einem Vorreiter für eine Wissenschaft der Zukunft, die sich sowohl zur Gesellschaft als auch zu anderen Disziplinen hin geöffnet haben wird.

Bei der schon genannten Recherche und in meiner Rolle als aufmerksame Zuhörerin am 1. Beratungswissenschaftlichen Symposium ist mir weiterhin aufgefallen, dass es wesentlich einfacher zu sein scheint, über Beratungsforschung zu schreiben und zu sprechen, als über Beratung als Wissenschaft. Die Forschungsfelder der Beratung sind vielfältig. Methoden, Interventionen, Settings, Designs werden entwickelt und beforscht, die Wirkung derselben ebenso. Evaluation ist ebenfalls immer ein brauchbarer Forschungsgegenstand; er bietet sich sowohl für qualitative als auch quantitative Zugänge an. Auch in dem Modus „Fallstudie" lässt sich viel forschen, sei es ein Beratungsprojekt, ein therapeutisches Verfahren, eine interessante Symptomatik. Großer Beliebtheit erfreut sich auch das Thema Ethik in der Beratung. Die Palette reicht von philosophischen Entwürfen bis hin zur Definition von konkreten Qualitätskriterien für Beratung. Ich habe noch im Ohr, mit welchem Eifer sich einige TeilnehmerInnen beim schon genannten Symposium dafür eingesetzt hatten, nun endlich die wirklichen BeraterInnen von den ScharlatanerInnen unterscheiden zu können. Demzufolge sind auch Ausbildungsstandards und Professionalisierungsfragen Thema beratungswissenschaftlicher Forschung. Beratungsformate haben sich in den letzten Jahren ebenfalls als forschungstauglich herausgestellt. Der ehrgeizige Versuch Beratungsformate voneinander zu differenzieren (besonders beliebt die Differenz von Coaching und Supervision) hat immerhin dazu geführt, diese Trennungen wieder zu hinterfragen. Im weiteren Sinn könnte es im Rahmen einer Beratungsforschung auch darum gehen, nach den sozialen Systemen zu fragen. Wer ist mein Klient? Ein Individuum? Eine Familie? Eine Gruppe? Eine Organisation?

Wenn Forschung die „Erzeugung objektiv neuen Wissens" (Bammé, 2008, S. 8) ist, gibt es genug Themen in der Beratungswissenschaft, die ergiebige Forschungsfragen generieren.

Nun könnte sich eine Beratungswissenschaft auch mit der Erzeugung wissenschaftlichen Wissens oder, wie es auch heißt, mit der Erkenntnisproduktion beschäftigen. Nicht nur was die disziplinären Zugänge betrifft, sondern auch was die dahinter liegenden theoretischen Modelle angeht, ist die Beratungswissenschaft hybrid. In der Praxis haben sich entlang theoretischer Konzepte Schulen etabliert, die gemäß ihres theoretischen Hintergrundes Aus- und Weiterbildungsprogramme entwickeln und diese mehr oder weniger erfolgreich am Markt anbieten. Eine akademisch verankerte Beratungswissenschaft wäre aber gerade nicht an bestimmte Schulen und einer damit verbundenen Corporate Identity gebunden. Ganz im Gegenteil. Erst unter Beibehaltung der Vielfalt könnte sie eine Metatheorie der Beratung entwickeln.

1 Beratung als Produkt wissenschaftlicher Erkenntnis

Um welches Produkt handelt es sich im Falle von wissenschaftlicher Erkenntnis? Und wie ist es um die Produktionsstätte Universität bestellt? Ich möchte mich dieser Frage systemdenkend annähern. Wie war und ist Wissenschaft in der jeweiligen Gesellschaft verankert? Wie hat sich im Laufe der Geschichte der letzten 150 Jahre das Verhältnis des Systems Wissenschaft und seiner relevanten Umwelten geändert und welche Auswirkungen haben diese Veränderungen auf eine Wissenschaftslandschaft des beginnenden 21. Jahrhunderts? Ich orientiere mich für diesen Exkurs an zwei Quellen:

1. An einem historischen Aufriss, einem Ausschnitt aus der Wissenschaftsgeschichte, der sich an eine Schrift von Arno Bammé: Science Wars (2004) anlehnt. Bammé gelingt es, entlang von Skandal-, Fälschungs- und Betrugsgeschichten in der Wissenschaftswelt aufzuzeigen, dass diese menschlichen Verfehlungen auch ein Ergebnis der Eigenlogik des Systems Wissenschaft und einer zunehmenden Selbstverkomplizierung dieses Systems sind.
2. An einem Denkmodell, das ich gemeinsam mit KollegInnen in mehreren Forschungsprojekten im Rahmen der Motiv- und Produktforschung angewandt habe. Grundidee dieses Forschungszugangs ist, Produkte als Antworten oder Synthesen von Grundwidersprüchen zu erkennen. Diese Grundwidersprüche, in den jeweiligen Produkten „aufgehoben" (Schwarz, 2005), treten in den dazugehörigen Organisationen als Konflikte auf. Je nachdem, aus welcher Perspektive des Widerspruchs das Produkt betrachtet wird, zeigt sich eine andere Dimension und Bedeutung des Produkts. Legt man nun diese Folie über das Produkt Wissenschaft, so zeigen sich drei Dimensionen:

-   Wissenschaft als „Real" Science, die sich an den Normen, Werten und Richtlinien der jeweiligen Scientific Community orientiert und definiert.
-   Wissenschaft als anwendungsorientierte Forschung, die sich an den Fragestellungen externer Auftraggeber orientiert.

- Wissenschaft als Intervention in ein soziales System, die sich an den jeweiligen Antworten auf diese Intervention orientiert und damit Reflexionsräume schafft.

In der Literatur werden die Dimensionen von Wissenschaft mit unterschiedlichen Begriffen belegt und beschrieben. Weingart (1976, S. 205-234) konzipierte ein Drei-Stufen-Schema der europäischen Wissenschaftsentwicklung. Die erste Phase zeichnet sich durch eine tendenzielle Autonomisierung der Wissenschaft aus. Die zweite Phase nennt er „Verwissenschaftlichung gesellschaftlicher Praxis". Das „Reflexivwerden gesellschaftlicher Praxis" leitet die dritte Phase der gesellschaftlichen Organisation von Wissenschaft ein. Ein vergleichbares Phasenmodell beschreibt Böhme (1978). Gibbons (1994) nennt zwei Dimensionen wissenschaftlichen Tuns. Im „Mode 1" werden Problemdefinitionen und Problemlösungen innerhalb des akademischen Kontexts ermittelt. Im „Mode 2" findet die Wissensproduktion im Kontext der Anwendung statt (zit. nach Bammé, 2004). Eine der Schwierigkeiten, mit der sich speziell die Beratungswissenschaft konfrontiert sieht, ist, dass alle drei Dimensionen von Wissenschaft in ihr vorkommen. Sie soll sich als „Real Science" in der wissenschaftlichen Community etablieren, sie braucht das anwendungsorientierte Praxisfeld und sie ist reflexiv. Die Unterscheidungen finden sich in dem Selbstverständnis von Wissenschaft, welches sich wiederum in methodischen Herangehensweisen äußert, in dem Verhältnis der Wissenschaft zur Praxis, in der Rolle der Forschenden, in der akademischen Lehre oder ganz allgemein gesagt, im akademischen Alltag. Jede Dimension ist für sich betrachtet berechtigt, gemeinsam jedoch ergeben diese Dimensionen ein Bündel an Widersprüchen, mit deren Bewältigung die Organisation von Wissenschaft herausgefordert ist. Diese drei Dimensionen der Wissenschaft sind nicht gleichzeitig, sondern nacheinander entstanden. Die Wissenschaft des 19. Jahrhunderts präsentierte sich als eigenständiges Subsystem damaliger Gesellschaft mit dichten Systemgrenzen und wenig Interaktion zu den relevanten Umwelten. Die fortschreitende Durchlässigkeit dieser dicht geschlossenen Systemgrenzen hat die Komplexität des Systems erweitert und bereichert. Ein Umstand, der eine zunehmende Unübersichtlichkeit im System selbst verursachte und im Sinne der systemeigenen Logik bewältigt wurde: Zu den schon vorhandenen Disziplinen gesellten sich andere, große Bereiche wurden in kleinere, überschaubarere Einheiten und Disziplinen aufgeteilt. Spezialisierungen waren die logische Antwort auf eine sich autopoietisch vermehrende Unübersichtlichkeit.

Ich möchte nun im Folgenden diese drei Bereiche des akademischen Tuns kurz skizzieren und im Anschluss daran der Frage nachgehen, wie sich eine akademische Verankerung von Beratung als Wissenschaft in diesem Bild darstellen lässt.

1.1 Wissenschaft als „Real Science" (Ziman, 2002, zit. in Bammé, 2004, S. 18)

Die erste Welt, der erste Bereich in der akademischen Landschaft ist historisch gesehen der älteste. „Die traditionelle akademische Wissenschaft dominierte als ein relativ autonomes System der Gesellschaft die Erzeugung wissenschaftlichen Wissens zwischen 1850 und 1950" (Bammé, 2003, S. 7). Forschung diente (und sie tut es auch heute noch) der Produktion von Wissen und Erkenntnissen, welche sich deutlich von dem Alltagswissen nichtwissenschaftlich tätiger Menschen unterscheidet. Wissensproduktion ist dem Zwecke der Erkenntnis und der Weiterentwicklung von Wissen gewidmet und fragt nicht nach dem Nutzen oder Schaden einer solchen Erkenntnis. Das System könnte man in einer systemtheoretischen Sprache als hoch selbstreferenziell bezeichnen. In einer „Scientific Community" gut aufgehoben, arbeiten ForscherInnen innerhalb ihrer Disziplin weltweit an ähnlichen Fragen. Jede Antwort, jedes Puzzelsteinchen an Erkenntnis wirft neue Fragen auf und garantiert eine unendliche Möglichkeit der Weiterentwicklung. Die Forschung stellt sich ihre Fragen selbst und ist sich selbst genug. „Es kommt zu einer tendenziellen Autonomisierung dessen, was wir als Wissenschaft bezeichnen" (Bammé, 2003, S. 8). Peter Heintel (2003) spricht in diesem Fall von einer „Adäquatsillusion" (S. 49). Die Wissenschaft produziert selbst die Fakten, aus denen sich neue Forschungsfragen ergeben, die dann wiederum Ausgangshypothesen für weitere Forschungsprojekte sind. Auf diese Weise produziert sich Wissen aus sich selbst heraus. „Denn durch die Erkenntnis bleibt die Wirklichkeit ja eben nicht sie selbst, sondern verändert sich genau durch das, was Wissenschaft ist. Daher wird in der Adäquatstheorie Wissenschaft ein „unendlicher, grenzenloser Prozess" (Heintel, 2003, S. 49).

Unberührt von gesellschaftspolitischen Entwicklungen, ungestört von Einwirkungen diverser Systemumwelten und Außenwelten entwickelt dieser Wissenschaftsbereich seine eigenen sozialen Gesetzmäßigkeiten und Systemlogiken. Hier haben sich international und verlässlich Standards etabliert. Sie betreffen

Publikationen, Anträge und Genehmigungen von Forschungsgelder, Kongressrituale u.a.m.

Dieser akademischen Systemlogik folgend haben sich Fachdisziplinen entwickelt, etabliert und voneinander abgegrenzt. „Jedes Fach hat und kultiviert seinen eigenen Immanentismus und greift nur insofern weiter aus, als man zu immer neuen Subdifferenzierungen kommt. (...) Ausbau spezifischer Diktionen, Sprachspiele und Denkschablonen erschweren die Kommunikation der Fächer untereinander" (Krainz, 2009, S. 10). Jede Disziplin entwickelt und etabliert ihre eigenen Begriffe, *termini technici*, ihre eigene Diktion, die dann bei den jeweils anderen Disziplinen Verständnisschwierigkeiten auslösen. Weil man aber als WissenschaftlerInnen zu den „Verstehenden" gehört, reagiert man mit Widerstand, Abkehr und Rückzug.

Ganz allgemein, jenseits der disziplinären Differenzen, machen sich akademische Kommunikationsgewohnheiten besonders in jenen Situationen bemerkbar, in denen das System Universität mit einer fremden Systemumwelt konfrontiert wird.[19]

1.2 Anwendungsorientierte Wissenschaft

Wissenschaftliche Erkenntnisse werden in die Praxis übertragen. Erkenntnisse orientieren sich nicht mehr nur an der Lust des Entdeckens, sondern an ihrer Brauchbarkeit für die Praxis. Leicht nachzuvollziehen ist dieser Schritt in den technischen Wissenschaften, wo ein akademisch erzeugtes Wissen bei der Produktion von Maschinen von Nutzen ist. Es öffnet sich ein Kooperationsfeld mit nicht akademisch verankerten Bereichen, das einerseits der Welt der Wissenschaft dienlich ist, andererseits der Welt „draußen" nützt. Unternehmen bedienen sich der Wissenschaft, indem sie Aufträge an akademische Einrichtungen erteilen. Forschung entsteht nicht mehr nur aus sich selbst heraus, sondern wird beauftragt. Ein Forschungsprojekt wird ins Leben gerufen, organisiert und vom Auftraggeber bezahlt. Für die Universität als Trägerinstitution schlägt sich nicht nur ein finanzieller Overhead zu Buche, auch Ruhm, Ehre und ein guter Ruf sind

---

[19] Als Beraterin wurde ich vor einiger Zeit engagiert, einen Strategieprozess mit den leitenden Funktionären einer Universität zu moderieren. Wortmeldungen wurden nach dem Modus „Vorlesung" gehandhabt. Aus der Sicht der Moderation, das Gesamtprogramm im Blickwinkel habend, fand ich: „Das dauert zu lange, ist zu kompliziert, verschleiert die Kernthematik." Es bedurfte mehrerer ziemlich massiver Interventionen, um ein einigermaßen „normales" Gesprächs und Kommunikationsmuster herzustellen.

auf der Ertragsseite zu vermerken. „Die Universität mag vielleicht keinen „Markt" haben, aber sie hat eine Welt außerhalb ihrer selbst" (Krainz, 2009, S. 10) und auf diesen kann sie sich als Auftragnehmerin beziehen. Die Grundmuster wissenschaftlichen Arbeitens, wissenschaftliche Denk- und Deutungsmuster wie „in Frage stellen", „Probleme definieren", „Alternativen suchen", „Problemlösungen anstreben bzw. optimieren" werden ansatzweise in den gesellschaftlichen Alltag übernommen (Bammé 2003).

1.3 Reflexive Wissenschaft

Vor allem in den Sozialwissenschaften, die ja zu den historisch gesehen jüngeren Wissenschaftsdisziplinen gehören, lassen sich Forschungsprozesse von dem Forschungsgegenstand nicht mehr abkoppeln. Im ersten Bereich hat eine wissenschaftlich produzierte Erkenntnis Auswirkungen auf die nachfolgenden Forschungsfragen der Disziplin und verbleibt mehr oder weniger in der Scientific Community. Im zweiten Bereich liefert die Forschung Ergebnisse an die Praxis, die diese Ergebnisse möglichst nutzbringend verwertet. Im dritten Bereich lässt sich die Trennung von forschendem Subjekt und dem beforschten Objekt nicht aufrecht erhalten.[20] Wissenschaft und Praxis gehen ineinander auf. Die gesellschaftliche Praxis wird reflexiv. Die Wissenschaft verlässt ihre muralen und disziplinären Grenzen, geht völlig neue und ungewohnte Verhältnisse und Beziehungen mit den Forschungs-„Objekten" ein und verlässt den Raum disziplinärer Immanenz (vgl. Heintel, 2009).

„Der jüngste größere Schritt in der Entwicklung der Wissenschaften war die Entstehung der Sozialwissenschaften, charakteristischerweise etwas unspezifisch im Plural formuliert. Innerhalb derselben ist die Frage nach der Nützlichkeit für andere, das heißt für Leute außerhalb des Wissenschaftssystems, die letzte größere Irritation. Und hier sind wir bei der Idee der Transdisziplinarität gelandet" (Krainz, 2009, S. 11).

---

[20] Bammé (2003) greift in diesem Zusammenhang auf ein oft zitiertes Beispiel von Böhme (1978) aus den Naturwissenschaften zurück: „Die Gültigkeit des Satzes, dass die chemische Substanz DDT insektizide Wirkung hat, ist durch wiederholbares Experiment gesichert. (...) Gerade diese Wiederholung macht nun aber diesen Satz, dass DDT ein Insektizid sei, unwahr, denn durch sie führt DDT zur Selektion resistenter Insektenstämme" (zit. in Bammé, 2003, S. 11). Gerade weil die Forschung so erfolgreich war, das Experiment so genau die methodischen Voraussetzungen erfüllt hat (nämlich die der Wiederholbarkeit), hat das Produkt DDT in der Wirklichkeit der Welt des Lebendigen eine Wirkung erzeugt, die nicht vorhersagbar war.

Besonders deutlich wird dieser Effekt im sozialen Bereich. Jede Forschung im sozialen Bereich ist ein Eingriff in das soziale System und bewirkt „etwas". Ohne zu beobachten, zu hinterfragen, worum es sich bei diesem „Etwas" handelt, werden wir es kaum ergründen können. Und selbst das Ergründen bewirkt ein „Etwas", das es zu ergründen gibt, usw. Der Forscher findet keine unbeeinflusste Situation vor, wie sie denn gewesen wäre, hätte es kein Forschungsvorhaben gegeben. Schon die Aktionsforschung der 70er Jahre ging davon aus, Betroffene, also Beforschte, zu Mitforschern zu machen, Forschung an die Interessen und Probleme der Probanden anzuknüpfen.

Ähnlich beschrieben wird der Forschungsprozess in diesem dritten Bereich der Wissenschaft unter der Überschrift „Interventionsforschung". „Sie akzeptiert die grundsätzliche Vernunftkompetenz derer, die in einem Problemzusammenhang leben. Anders gesagt: Sie rekonstruiert die autonome Bedeutung von Lebenswelten. Transdisziplinarität aber auch Transsektorialität und Transprofessionalität versammeln Wissenschaften und „Laien" um ein Problem" (Heintel, 2003, S. 47).

Das hat für diesen Bereich in der Wissenschaftslandschaft weit reichende Folgen: Die Wirklichkeit einer sozialen Situation orientiert sich selten an einer einzigen Disziplin. Probleme sind meist nur im Kontext unterschiedlicher disziplinärer Sichtweisen darstellbar. „Die Einzeldisziplinen mussten gemeinsam rund um gesellschaftliche Probleme organisiert werden, in einen Verständigungsprozess eintreten" (Heintel, 2009, S. 27).

Das Medium der Forschung ist die Interaktion und diese muss gesteuert werden. Die Interaktion selbst unterliegt den jeweiligen Interpretationen der am Forschungsprozess beteiligten Personen – und das schließt die ForscherIn mit ein. Das Forschungsergebnis ist schlussendlich das Produkt eines gemeinsamen Kommunikations- und Lernprozesses und Ausgangspunkt für eine neue Situation. Ergebnisse haben mehr den Charakter von Momentaufnahmen und erweisen sich als „flüchtig". Das generierte Wissen ist nicht statisch, sondern verändert sich in Abhängigkeit von sozialen Situationen und Handlungen.

Die Forschungsorganisation kann nur projektorientiert gedacht werden. Es bilden sich Organisationseinheiten, die für eine bestimmte Zeit zu einer bestimmten Intervention interdisziplinär besetzt zusammenkommen und gemeinsam mit den zu Beforschenden ein Forschungssystem bilden.

Von den wissenschaftlich tätigen Personen wird mehr verlangt als methodische und theoretische Kompetenz. Sie müssen Interaktions- und Kommunikationsprozesse steuern und konsensuale Lösungen entwickeln können. „Dazu ist es praktisch notwendig, Personen in ein gemeinsames Kommunikationssystem zu bringen, die normalerweise nichts miteinander zu tun haben. (...) Die Idee des interdisziplinären wäre, dass man einen Gegenstandsbereich oder eine Problemstellung definiert, die nun aus verschiedenen Perspektiven – den Disziplinen – beschrieben wird. Transdisziplinär wird das Unterfangen erst, wenn diejenigen mitzumischen beginnen, die mit dem Problem als Nichtwissenschaftler zu tun haben (als unmittelbar und mittelbar Betroffene, als *stakeholder*)" (Krainz, 2009, S. 11). Die Frage, wem das Ergebnis eines Reflexionsprozesses gehört, stellt sich spätestens dann, wenn der Forscher mit dem Problem konfrontiert wird, wie und wo er seine Ergebnisse publizieren wird. Reflexionsprozesse im sozialen Feld unterliegen mitunter einer Diskretionsvereinbarung und können nicht immer öffentlich gemacht werden.

Forschungsprozesse in diesem Bereich sind ergebnisunsicher. Was letztendlich heraus kommen wird, wann der Prozess als beendet erklärt wird, ist nicht vorhersehbar. Der Prozess orientiert sich nicht an den Gesetzmäßigkeiten der Logik. Wahrheit ist das Ergebnis eines Prozesses, oder anders gesagt: „Wahrheit ist damit nicht mehr Sache der Erkenntnis allein, sondern der Entscheidung" (Fischer, zit. in Heintel, 2003, S. 48), oder anders gesagt, die Wissenschaft muss bereit sein, Wahrheit auch als Ergebnis eines Entscheidungsprozesses anzuerkennen.

Laut Hanschitz gewinnt die Transdisziplinarität zunehmend an Bedeutung in Forschung und Praxis, „was zur Folge hat, dass sich die Anwendungsfelder multiplizieren. Anlass sind gesellschaftliche Problemstellungen, die weder durch die Wissenschaft, noch durch die Praxis alleine bearbeitbar gemacht und gelöst werden können, sondern erst durch deren Zusammenwirken" (Hanschitz 2009, S. 15).

2   Beratungswissenschaft als Widerspruch

Manche Autoren sehen diese drei Bereiche des akademischen Tuns als historisch aufeinander folgende Entwicklungsprozesse. Bammé weist darauf hin, dass zwar die Wissenschaft der Zukunft eine andere sein wird, jedoch werden sich die Bereiche „Real Science" und Anwendungsorientierte Wissenschaft nicht wegreflektieren und auch nicht wegtheoretisieren lassen.

Selbst wenn sich diese drei Wissenschaftswelten historisch entwickelt haben, so sieht die heutige Situation des Akademischen nicht wie ein Ablösungsprozess aus. Eher erscheint es mir, dass sich diese drei Welten nebeneinander etabliert haben (wobei das Wort „etabliert" für den dritten Bereich noch mit Vorsicht zu gebrauchen ist). Wenn es aber so ist, dass diese drei Bereiche akademischen Tuns nebeneinander existieren, dann treten an den Berührungspunkten Unvereinbarkeiten auf, die sich dann auf der Ebene der akademischen Organisation oder Institution als Konflikte wieder finden.

Jeder der drei Bereiche würde meines Erachtens an den Auswirkungen seiner Eigenlogik scheitern und „Nebenwirkungen" erzeugen. Nur die Integration aller drei Ebenen ergibt ein Entwicklungsmodell für eine Wissenschaft der Zukunft.

2.1 Auswirkungen und Folgeerscheinungen einer Wissenschaft im Modus „Real Science"

Betrachtet man die Entwicklungsszenarien für eine Wissenschaft, gäbe es nur den Bereich 1, den der klassischen akademischen Welt, so könnte man folgende Phänomene und Szenarien beschreiben:

Ein in sich geschlossenes Subsystem würde abgekoppelt von dem Rest der Welt in einer privilegierten Form existieren und wachsen (vgl. Bammé, 2003). Wissen würde sich vervielfachen. Dabei wird durch den Forschungsprozess entstehendes Wissen gleichermaßen ausgeklammert, sobald es nicht in den gesteckten empirischen Rahmen der Forschungsfrage passt: „Bohr beschreibt mit dem Begriff der Komplementarität eine Situation in der Physik, bei der ein bestimmter Erkenntnisstandpunkt einen bestimmten Erkenntnistyp zulässt, einen anderen notwendig ausschließt. Die Erkenntnissituation, d.h. die experimentelle Situation lässt es dann systematisch nicht zu, dass bestimmte Erfahrungen gemacht werden können" (Böhme, 1980, S. 56).

Um den Anforderungen der Scientific Community gerecht zu werden, muss publiziert werden. Karrieren in dieser Welt hängen an einer möglichst großen Zahl von Veröffentlichungen in den „richtigen", das heißt in den von der Scientific Community akzeptierten Fachzeitschriften. Der Forschungsgegenstand wird in kleine Portionen aufgespalten, Ergebnisse werden in Form von Teilergebnissen publiziert. Die Fragestellungen werden kleiner dimensioniert, Teilaspekte des Forschungsgegenstandes herausgelöst. Dadurch wird das Ganze, der Kontext diminuiert, Übersicht geht verloren. Die Landschaft wird unübersichtlich. Komplexität wird reduziert, indem man sich auf seinen kleinen Schrebergarten konzentriert. Die Vielfalt macht eine Einschätzung und Bewertung unmöglich. Zudem ist die wissenschaftliche Karriere darauf aufgebaut, „dass man individuell etwas vorzuzeigen hat" (Krainz, 2009, S. 13). Der steigende Konkurrenzdruck unter den Wissenschaftlern verführt zu Datenmanipulationen und Fehleinschätzungen der Qualität einer wissenschaftlichen Arbeit. Das eigene System bleibt blind gegenüber seiner Fehlentwicklungen. Folgewirkungen und Begleiterscheinungen von Wissenschaft, wenn sie nur und ausschließlich in dieser Dimension expandiert, sind:

- Konkurrenz innerhalb der Scientific Community: Lehrstühle sind rar, nur wenige finden ihren Platz an den Hierarchiespitzen von Universitäten oder Akademien der Wissenschaften oder ähnlichen akademischen Institutionen. Auszeichnungen für wissenschaftliche Leistungen unterliegen einem vorgeschalteten Auswahlverfahren, nur wenigen ist es gegönnt in den Genuss solcher Gratifikationen zu kommen. Gemessen wird man an seinen Forschungsleistungen, an der Anzahl der einschlägigen Publikationen in einschlägigen Fachzeitschriften. Im Vorfeld rangelt man sich mit anderen um Forschungsgelder, usw.
- Kooperation ist eher seriell, unter dem eigenen Namen reiht man Teilergebnisse aneinander. Auch wenn Forschung gemeinsam in sogenannten Forschungs-Werkstätten beginnt, am Ende zählt der eigene Name. Aus dieser Systemlogik heraus ist es verständlich, dass Forschungsergebnisse öffentlich gemacht werden müssen, sie dienen dem Ansehen und der Reputation der forschenden Personen und dem Erkenntnisgewinn aller.
- Akademische Lehre ist stark an den Forschungsgegenstand gebunden. Die aus den Forschungsprozessen entstandenen Erkenntnisse werden an Studierende vermittelt.

Dadurch wird auch sichergestellt, dass die Lehre der Entwicklung der Forschung in den jeweiligen Disziplinen folgt. „Andererseits wird über die Definition von Lehrstühlen zugleich die Disziplinenstruktur an den Universitäten formell institutionalisiert, wodurch wiederum die Kontinuität der Forschung gewährleistet wird" (Bammé, 2003, S. 9).

Bammé beschreibt in diesem Zusammenhang fünf Symptome eines kranken Systems:

1. „Der irrwitzige Wettlauf um Forschungsgelder, die Forschungsfinanzierung sei heute wichtiger als die Forschung selbst. Leistungsdruck und Konkurrenzorientierung nehmen zu.

2. Der Publikationsdruck habe zu „gemolkenen" Daten geführt, das heißt, einzelne Forschungsergebnisse werden über mehrere Publikationen verteilt veröffentlicht. Quantität zähle mehr als Qualität.

3. Die Aufstiegsrituale und Absturzgefahren für den Nachwuchs seien erheblich angewachsen. Die Alternative laute „Lehrstuhl oder Sozialhilfe". Starre Stellenpyramiden ermöglichen kaum Aufstiegschancen ohne den Untergang der Kollegen.

4. Wissenschaft entwickelt sich immer mehr zum Show- und Medienbetrieb. Artikel, Vorträge und Auftritte müssen „flashy" sein, das heißt, einschlagen wie der Blitz.

5. Die weitere Ausdifferenzierung der Disziplinen führe zu einer kaum noch zu bewältigenden Unübersichtlichkeit des Wissens. Das System drohe selbstreferentiell zu werden. Die internen Schutzmechanismen seien längst kollabiert" (Bammé, 2006, S. 16).

2.2 Auswirkungen und Folgeerscheinungen einer Wissenschaft im Modus „Anwendungsorientierte Wissenschaft"

Wie sieht eine Anwendungsorientierte Wissenschaft aus, würde sie sich nur in diesem Segment weiter entwickeln:

Die Forschung würde sich von den Universitäten weg bewegen, bzw. wenn die Wissenschaft an den Universitäten bleibt, so würden diese zu Handlangern von ökonomischen und politischen Interessen, ohne diese zu reflektieren. Das Gerangel um Forschungsaufträge und Forschungsgelder würde angeheizt, die Forschungsfragen würden nicht mehr gestellt, um Erkenntnisse zu generieren, sondern um den größtmöglichen Nutzen für den Auftraggeber zu gewährleisten. Geforscht wird nur solange, bis das gewünschte Ergebnis erzielt wurde. Weitere Gedanken sind in diesem Bereich nicht angebracht. Die Universität von heute unterstützt diesen Bereich, wenn man bedenkt, dass es bei Berufungsverhandlungen von Vorteil ist, wenn man solches Drittmittelgeld mitbringt. Mangelnde finanzielle Unterstützung durch die Universität selbst und durch unabhängige Forschungsfonds lassen manchen WissenschaftlerInnen keine andere Wahl, als sich von Auftraggebern abhängig zu machen. Diese Form von Wissenschaft würde die Scientific Community überflüssig machen, publiziert wird nur mehr, was nicht geistiges Eigentum der Auftraggeber ist. Für die Öffentlichkeit sind Forschungsergebnisse zumindest für 5-10 Jahre gesperrt und nicht zugänglich. Die Wissenschaft würde „verinseln" und sich den Regulativen des Marktes unterwerfen. Eine unabhängige Qualitätskontrolle gibt es nicht mehr. Genauso wenig wie eine weltweite Vernetzung von Einzelergebnissen. Das, was Wissenschaft auch beschreibt, nämlich dass jedes Forschungsvorhaben auf den Ergebnissen der anderen aufbaut, findet nicht mehr statt. Unter Umständen wird gleichzeitig an denselben Themen gearbeitet, ohne dass man voneinander erfährt.

Diese Systemerweiterung (Wissenschaft und Forschung findet nicht mehr nur an Universitäten und Akademien statt, sondern in nicht zum Wissenschaftssystem gehörenden Institutionen und Organisationen) bleibt nicht ohne Folgen. Der Bildungsweg ins Studium ist längst nicht mehr einer privilegierten Gruppen von Personen vorbehalten. Steigende AbsolventInnenzahlen „akademisieren" die Gesellschaft. Neben akademisch gebildeten ArbeitnehmerInnen, produziert die Universität auch zunehmend mehr WissenschaftlerInnen als an Universitäten Platz finden. Diese suchen ihre Betätigungsfelder anderswo. Wissenschaft findet auch außerhalb der Universitäten statt. Wirtschafts- und Produktionsunternehmen etablieren eigene Forschungseinrichtungen und machen ihre Forschung selbst. Die akademische Institution sieht sich durch diese Entwicklung plötzlich in Konkurrenz zu privaten Forschungseinrichtungen, die oftmals über wesentlich höhere Mittel verfügen als die Universitäten selbst.

Private, auf Gewinn ausgerichtete Organisationen, sind an einer optimalen Positionierung am Markt interessiert, die beispielsweise dadurch erreicht werden kann, dass man sowohl schneller mit einem neuen Produkt aufwarten, als auch dass man den Alleinstellungsanspruch auf eine Innovation für sich in Anspruch nehmen kann. Erkenntnisse müssen demzufolge möglichst geheim gehalten werden, technische Entwicklungen werden in Form von Patenten gesperrt und anderen nicht zugänglich gemacht. Forschungsfragen knüpfen nicht mehr nur an den Erkenntnissen von Forschungsergebnissen an, sondern orientieren sich an der Nachfrage der Auftraggeber.

2.3 Auswirkungen und Folgeerscheinungen einer Wissenschaft im Modus 3 „Reflexive Wissenschaft"

Wie würde unsere Wissenschaftswelt aussehen, gäbe es nur eine Reflexive Wissenschaft?

Forschung ist nicht an Disziplinen und den aus ihnen entstandenen Organisationseinheiten gebunden. Egal, ob man auf einer theoretischen Ebene alles in Frage stellt, jeden Gedanken bezweifelt, jedes Modell dekonstruiert, bis sich die Wissenschaft in einem Stadium der „intellektuellen Anarchie" (Bammé, 2003,

S. 29) befindet, oder ob man in der praxisbezogenen Sozialwissenschaft so sehr mit der Praxis verwoben ist, dass aufgrund von Befangenheiten kein Ergebnis mehr erarbeitet werden kann – die Wissenschaft ist entweder vom Alltag nicht mehr zu unterscheiden oder sie hat sich von dem realen Geschehen abgekoppelt und quasi selbstverliebt in die Bedeutungslosigkeit hineinmanövriert. Alles ist oder wird relativ, kann so oder anders gesehen werden, Befindlichkeiten, Vermutungen und Interpretationen stehen im Vordergrund. Forschungsergebnisse beziehen sich nur mehr auf den Einzelfall und können nicht verallgemeinert werden.

3 Wechselwirkungen

Betrachtet man den ganz normalen Alltag des wissenschaftlichen Arbeitens, die wissenschaftlichen Praxis, so sind Verirrungen in die im Punkt 2 beschriebenen „Sackgassen" der drei Wissenschaftswelten eher selten. In der wissenschaftlichen Praxis sind die drei Bereiche meist integriert oder zumindest berücksichtigt.

Sowohl der Bereich der „Real Science" als auch der Bereich „Anwendungsorientierte Wissenschaft" brauchen den dritten Bereich, damit sie der Eigenlogik ihres Systems nicht erliegen.

Angenommen ein Forschungsprojekt spannt sich um die Frage „Führung in Krisenzeiten" auf, so können unterschiedliche Disziplinen zu unterschiedlichen Ergebnissen kommen. PsychologInnen werden z.B. die individuellen Reaktionsmuster auf Krisen und deren Auswirkungen im Führungsverhalten der untersuchten ProbandInnen ermitteln und messen. Sie sehen die Forschungsfrage durch die Brille ihrer Disziplin und den dort präferierten Fokus. GruppendynamikerInnen konzentrieren sich auf Strukturen, Teams und Kommunikationsmuster, das Individuum tritt als Forschungsgegenstand in den Hintergrund. Betriebswirte nähern sich aus der Kosten-Nutzenfrage dem Thema an. Die erzielten Forschungsergebnisse liefern drei Sichtweisen auf ein Problem, die, jede Sichtweise für sich genommen, zwar wichtige Aspekte des Themas herausgearbeitet haben, der Komplexität jedoch nicht gerecht werden. Der Forschungsgegenstand ist problemorientiert, nicht disziplinenorientiert. Eine Disziplin reicht nicht aus, um dem Problem gerecht zu werden. Erst die Integration und „Zusammenschau" der unterschiedlichen Aspekte und Sichtweisen ergibt eine befriedigende Antwort auf die eingangs gestellte Frage.

Hier hilft Reflexion, die Kunst, über sich selbst nachzudenken, Reflexion, um die Widersprüche an den Schnittstellen zu erkennen und konsensuale Lösungen zu entwickeln. Das Dilemma, dass nämlich eine in sich geschlossene Disziplinenwissenschaft nur mehr bedingt Antworten auf die Probleme der Welt geben kann, ist nur durch die Organisation von Kommunikation zu lösen. Es macht keinen Sinn, den „vielseitigen Alleskönner" (Bammé, 2003, S. 28) herauszubilden, der dann in Wirklichkeit nichts wirklich beherrscht, „sondern einen Menschen mit bestimmten Kompetenzen (gemeint sind die aus einer Disziplin heraus erworbenen Kompetenzen. Anm. der Verfasserin), der zum Beispiel in einer interdisziplinär zusammen gesetzten Projektgruppe einerseits seine Sicht der Dinge den anderen Mitgliedern der Projektgruppe problembezogen und verständlich vermitteln und andererseits die Problemsicht der anderen nachvollziehen kann und konstruktiv aufzunehmen bereit ist" (Bammé, 2003, S. 28). Krainz meint, „man könnte ja die eigene Disziplin gewissermaßen als kognitive Operationsbasis verstehen, von der aus man Exkursionen in die Wirklichkeit unternimmt, vielleicht im Sinne von Standbein und Spielbein" (Krainz, 2009, S. 14).

Der Bereich der Anwendungsorientierten Wissenschaft und der Bereich der Reflexiven Wissenschaft neigen beide dazu, entweder zu nahe am zahlenden Kunden oder zu nahe am beforschten System zu sein. Im Fall der Anwendungsorientierung gelten die Normen und Regulative des Auftraggeber und/oder des Marktes. Im Fall des Reflexiven gelten die Normen und Regulative, die sich das Forschungssystem selbst erarbeitet und etabliert hat. Nicht immer stimmen diese mit den Anforderungen einer Scientific Community überein. Damit die Ergebnisse aber in einer Welt der Wissenschaft anerkannt werden, müssen sie bestimmten methodischen und theoretischen Anforderungen gerecht werden. Diese wiederum liefert der Bereich der „Real Science".

Der Bereich „Real Science" und der Bereich der Reflexiven Wissenschaft neigen dazu, sich von der Wirklichkeit des Alltags zu entfernen und müssen daher durch den Bereich der Anwendungsorientierten Wissenschaft „geerdet" werden. In der „Real Science" verliert sich die Wissenschaft in sich selbst. Hier kann man detailreich und in Endlosschleifen publizieren. Im Bereich der Reflexiven Wissenschaft verliert sich die Wissenschaft in der Praxis. Hier kann man endlos reflektieren, ohne je zu einem Ergebnis zu gelangen. Beide Bereiche brauchen den Anstoß aus der Anwendungsorientierten Wissenschaft, um zu Ergebnissen zu kommen, die für irgendetwas nützlich sein könnten und das müssen nicht nur die Interessen einer Wirtschaft oder Politik sein.

Resümierend kann daher gesagt werden: Wenn man sich auf die gemeinsame
Existenz aller drei Bereiche der Wissenschaft einlässt, so handelt man sich an den
Berührungspunkten der jeweiligen Bereiche Schwierigkeiten und Widersprüche
ein.

4   Beratungswissenschaft als Metawissenschaft

Versuchen wir nun, diese drei einander widersprechenden und gleichzeitig voneinander abhängigen Bereiche der Wissenschaft auf die Beratungswissenschaft
anzuwenden. Wie würde sie sich in den drei Bereichen darstellen lassen:

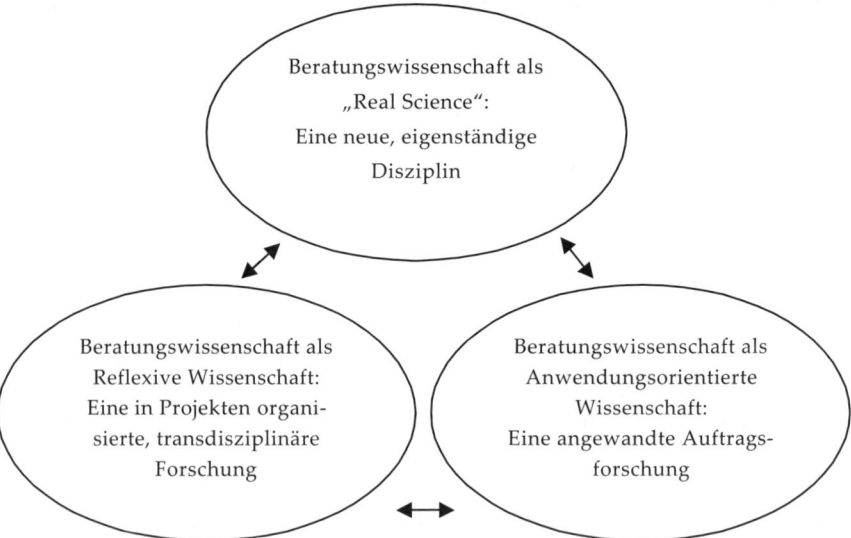

Es wäre schon ein Widerspruch in sich, wenn Beratung als Disziplin an einer
Universität implementiert werden soll. Denn das würde zumindest den Bereich
der Reflexiven Wissenschaft, wo die Wissenschaft gerade nicht in Disziplinen
organisiert ist, ausschließen. Etabliert sich Beratung als Wissenschaftsdisziplin,
hat sie sich selbst dort festgeschrieben und funktioniert nach den Gesetzen der
Logik dieses Bereiches. Andererseits ist Beratung sowohl was deren Selbstverständnis und Inhalt betrifft, als auch was deren Trans- und Interdisziplinarität
betrifft, in dem Bereich der Reflexiven Wissenschaft angesiedelt. Beratung
schließt die Klienten in den Forschungsprozess mit ein. Was wäre eine Beratung

ohne Klienten? Beratung ist eine Intervention und verändert als solche die Wirklichkeit des Forschungsobjekts. Gerade Beratung erfordert eine prozessuale Annäherung an das Beratungssystem und den Beratungsauftrag. Beratung soll etwas bewirken, meist eine Verbesserung der Situation des Klientensystems. Dabei ist die Reflexion der Kunstgriff schlechthin. Jede Reflexion verändert die Situation und fordert bestimmte Reaktionen erstens beim Klienten, zweitens beim Berater und drittens in der Klient-Berater-Beziehung heraus.

Zudem ist der theoretische Hintergrund von Beratung ein vielfältiger. Auch das entspricht der Reflexiven Wissenschaft. Die theoretischen Grundlagen für Beratung speisen sich aus einer Vielzahl von theoretischen Modellen und Denkfiguren, aus der Systemtheorie, der Gruppendynamik, der Psychoanalyse, der Psychotherapieforschung, um nur einige zu nennen. Hier etabliert sich eine Disziplin, die sich quasi aus verschiedenen Disziplinen interdisziplinär zusammensetzt.

Nun hat aber Beratungsforschung durchaus ihre Berechtigung in den Bereichen der Anwendungsorientierten Wissenschaft und in der „Real Science". Die Beratung selbst ist an einen Auftrag gekoppelt, denn hätte ich kein Klientensystem, könnte über Beratung nicht geforscht werden. Das oben beschriebene Beispiel zeigt diesen Aspekt deutlich.

Beratung als Wissenschaft braucht eine Verankerung in der Scientific Community, also im Bereich der „Real Science". Hier geht es nicht um einen standespolitischen Aspekt (der gehört meiner Meinung nach eher in den Bereich der Anwendungsorientierten Wissenschaft), sondern um die Etablierung von Forschungsstandards und Forschungsmethoden und um Theorieentwicklung. Andererseits werden Theorien und Methoden wiederum im Bereich der Reflexiven Wissenschaft generiert, denn diese werden häufig im beraterischen Tun gemeinsam mit den Klienten entwickelt und sind daher nur bedingt verallgemeinerbar. Dass dies dennoch geschieht, wäre dann eine Leistung des Bereiches „Real Science".

Beratung braucht „Real Science" auch aus anderen Gründen. Verzichtet die akademische Welt auf eine Verankerung der Beratung in der Wissenschaft, so findet die Theoriebildung ausschließlich in der Praxis statt. Die meisten Bücher über Beratung werden von Praktikern geschrieben. Jedes namhafte Beratungsinstitut kann seine eigenen Publikationslisten und Bücher vorlegen. In Wien gründete eine Beratungsfirma die „Neue Wiener Schule der Systemischen Beratung". Eine Entwicklung, die ganz entsprechend dem Bereich der Anwendungsorientierten Wissenschaft durch den Markt gesteuert wird. Hier lauert eine der Gefahren für eine an Universitäten akademisch etablierte Beratungswissenschaft: Sie begibt sich im Bereich der Anwendungsorientierten Wissenschaft in Konkurrenz zu privaten Forschungsgemeinschaften, die stärker als die Universitäten in den Praxisfeldern verankert sind.

Die große Herausforderung einer Beratungswissenschaft sehe ich in einer „Verankerung" als Wissenschaft im Bereich der „Real Science". Gleichzeitig ist Beratung als Reflexionswissenschaft ein Prototyp des Bereiches der Reflexiven Wissenschaft. Die Bearbeitung der an dieser Schnittstelle angesiedelten Widersprüche wird nur durch Organisation zu lösen sein. Eine Disziplin Beratungswissenschaft wird sich anders aufstellen müssen als herkömmliche, etablierte Disziplinen. Beratungswissenschaft als eine Wissenschaft der Zukunft könnte einen anderen Weg gehen, als sich hinter disziplinären Grenzen zu verschanzen. Sie könnte sich anderen Disziplinen gegenüber öffnen ohne die eigene Identität zu verlieren, sie wird sich, um mit Bammé (2003, S.30) zu sprechen: „konkret mit gesellschaftlichen Problemen auseinander setzen, transdisziplinär und eingebunden in wechselnde Akteur-Netzwerke. Sie wird sich in die Lebenswelt der Bürger integrieren. Sie wird pluralistisch sein und sich vor Inkonsistenzen nicht fürchten. Sie wird kognitive und nicht kognitive Elemente in kreativer Weise in sich vereinen. Sie wird pragmatisch sein. Sie wird Hybridgemeinschaften eingehen mit anderen Wissenskulturen (...). Dass sie in ein Netz sozialer Praktiken eingebunden ist, heißt aber nicht, dass sie dem Empirismus und kognitiver Rationalität abschwört." Für die Akteure, die WissenschaftlerInnen, heißt das, dass sie nicht nur mit den Basiskompetenzen ihrer jeweiligen Disziplinen ausgestattet sein müssen, sondern mit kommunikativen und sozialen Kompetenzen. Transdisziplinäre Forschung ist nur als Team und nicht als Einzelleistung denkbar. Teamprozesse zu steuern, Projektgruppen in der Organisationslandschaft zu verankern, Schnittstellen zu managen – um nur einige dieser erforderlichen Kompetenzen zu nennen – werden notwendige Basisqualifikation für in der Wissenschaft tätigen Personen sein.

In der Beratungswissenschaft verdichten sich die drei Dimensionen von Wissenschaft. Insofern wäre die Beratungswissenschaft prädestiniert für die Entwicklung neuer Formen von Wissenschaft und Forschung. Mit der Beratungswissenschaft eröffnet sich ein neues Forschungsfeld. „Es wird nämlich das Zusammenwirken von WissenschaftlerInnen und Forschungs-„Gegenstand" Thema der Forschung" (Heintel, 2009, S. 26). Und nicht nur das, auch die Entwicklung von Design- und Interventionsmethoden, die ein solches Zusammenwirken ermöglichen, sind Forschungsgegenstand.

Beratungswissenschaft könnte sich aktiv an einer Weiterentwicklung der Wissenschaftslandschaft beteiligen. Sie bringt vor allem Ressourcen und Methoden aus dem Bereich der Reflexiven Wissenschaften in einen solchen Forschungsprozess mit ein, wo die Wissenschaft und die Organisation von Wissenschaft selbst, aber auch deren Institution, die Universität als Organisation Gegenstand der Forschung ist.

Literatur

Bammé, A.: Science Wars. Von der akademischen zur postakademischen Wissenschaft. Frankfurt/New York, 2004

Bammé, A.: Wissenschaftskrieg. Kontroversen im Übergang von akademischer zu postakademischer Wissenschaft. In: Paul-Horn, Ina (Hg.): Beiträge zur Interdisziplinären Ringvorlesung Interventionsforschung. Band 4 Klagenfurt, 2006

Böhme, G.: Alternativen der Wissenschaft. Frankfurt, 1980

Hanschitz, R.-Ch., Schmidt, E., Schwarz, G. (Hg): Transdisziplinarität in Forschung und Praxis. Wiesbaden, 2009

Heintel, P.: Interventionsforschung. Wissenschaft als kollektive Entscheidung. In: Paul-Horn, Ina (Hg.): Beiträge zur Interdisziplinären Ringvorlesung Interventionsforschung. Band 4 Klagenfurt, 2006

Heintel. P.: Wege aus der Randständigkeit – ein Brückenschlag. In: Hanschitz, R-Ch., Schmidt, E., Schwarz, G. (Hg): Transdisziplinarität in Forschung und Praxis. Wiesbaden, 2009

Krainz, E.:Ende des Disziplinären? In: Hanschitz, R-Ch., Schmidt, E., Schwarz, G. (Hg): Transdisziplinarität in Forschung und Praxis. Wiesbaden, 2009

Schwarz, G.: Konfliktmanagement. 7. Erweiterte Auflage, Wiesbaden, 2005

Beratungswissenschaft – eine systemtheoretische Skizze

Andreas Bergknapp

Über die Sinnhaftigkeit von Beratungswissenschaften und deren inhaltliche Konkretisierung oder Modifizierung wird in diesem Band in einigen Beiträgen reflektiert. Ich möchte die Komplexität des Begriffs Beratungswissenschaft aufzeigen, indem ich dieses Konzept vor dem Hintergrund der Systemtheorie von Luhmann diskutiere. Basierend auf der Luhmannschen Systemtheorie kann eine Beratungswissenschaft im Spannungsfeld unterschiedlicher Logiken gesellschaftlicher Teilsysteme verortet werden. Jedes Teilsystem erfüllt autonom eine spezifische Funktion und beobachtet die Gesellschaft aus dieser funktionsspezifischen Perspektive nach Maßgabe einer binären Unterscheidung, die Luhmann als *Code* bezeichnet. Als Selektionskriterien für diesen Code fungieren in den Systemen spezifische *Programme*. Die wichtigsten funktionalen Teilsysteme sind: Wirtschaft, Recht, Wissenschaft, Politik, Religion und Erziehung (Luhmann 1990). Bezüglich einer systemtheoretischen Reflexion des Konzepts der Beratungswissenschaft rücken quasi automatisch die Systeme *Wissenschaft* und *Wirtschaft* in den Blick. Dass eine Beratungs*wissenschaft* dem Wissenschaftssystem zuzuordnen ist, dürfte unstrittig sein. Die Entscheidung, Beratungswissenschaft in enger Relation zum Wirtschaftssystem zu verorten, ist jedoch folgenreich, da auf diese Weise einige Praxisfelder der Beratung nicht im theoretischen Fokus stehen (siehe dazu Hausinger 2008: 23). Aufgrund der unüberschaubaren Komplexität und Vielfalt von Beratungsformen der heutigen Beratungsgesellschaft (Schützeichel & Brüsemeister 2004) erscheint eine Reduktion der Komplexität angezeigt. Ansonsten müsste eine Gesellschaftstheorie entwickelt werden, die auch das Phänomen Beratung inkludiert.

Im Folgenden beschränke ich mich auf Beratungen im wirtschaftlichen Kontext, die als bezahlte, institutionalisierte, sozial, sachlich und zeitlich abgrenzbare Einheiten aus dem Fluss organisationaler Kommunikation herausragen (Schützeichel 2004: 274). Die theoretische Aufmerksamkeit gilt an dieser Stelle aber nicht der Logik von Beratungssystemen (siehe dazu Bergknapp 2009), sondern vielmehr einer möglichen Disziplin, deren Ziel es ist, sich mit dieser Logik wissenschaftlich auseinanderzusetzen. Deshalb skizziere ich zunächst die Logiken der beiden Systeme Wissenschaft und Wirtschaft, um anschließend die Beratungswissenschaften im Spannungsfeld dieser beiden Teilsysteme zu verorten.

1   Wirtschaftssystem und Organisationen

Die Logik des wirtschaftlichen Teilsystems wird durch das generalisierte Kommunikationsmedium Geld bestimmt, wodurch der ursprüngliche Code Haben/Nicht-Haben durch den Code Zahlen/Nicht-Zahlen ergänzt wird: „Aufgrund ihrer monetären Zentralisierung ist die Wirtschaft heute ein streng geschlossenes, zirkuläres, selbstreferentiell konstituiertes System insofern, als sie Zahlungen vollzieht, die Zahlungsfähigkeit (…) voraussetzen und Zahlungsfähigkeit schaffen. Geld ist insofern ein vollständig wirtschaftseigenes Medium: es kann weder als Input aus der Umwelt eingeführt, noch an die Umwelt abgegeben werden; es vermittelt ausschließlich systemeigene Operationen" (Luhmann 1990: 103). Zahlungen als Letzt-Elemente des Wirtschaftssystems sind temporalisierte Kommunikationsereignisse, die in ihrem Entstehen schon wieder zerfallen. Das Wirtschaftssystem als autopoietisches System ist darauf angewiesen, dass Zahlung an Zahlung anschließt – sonst hört es auf zu existieren. Ob eine Zahlung erfolgt oder nicht, wird durch den Preis (Programm) reguliert (Luhmann 1994: 17ff). Während Geld als generalisiertes Kommunikations*medium* im Wirtschaftssystem fungiert, sind *Organisationen* die *Form* (Luhmann 1994: 302ff). Daraus folgt logisch, dass Organisationen als soziale Systeme kein gesellschaftliches Funktionssystem darstellen. Sie verlaufen quasi quer zu den Systemen Wirtschaft, Recht, Wissenschaft, Politik, Erziehung und Religion, die umfassender sind als die Organisationen in deren inneren Umwelt. Der Gegenstandsbereich von Beratung schränkt sich damit noch mal weiter ein, weil der Fokus auf die Beratung von und in Organisationen in der inneren Umwelt des Teilsystems Wirtschaft gerichtet ist.

Deshalb ist es angezeigt die Systemlogik von Organisationen zu skizzieren. Zunächst gilt wie für alle sozialen Systeme: Organisationen als autopoietische Systeme reproduzieren sich durch Kommunikation. Damit ist allerdings noch nicht viel gewonnen. Denn kommuniziert werden kann alles Mögliche: Wünsche, Meinungen, Information usw. Es bedarf einer besonderen Art der Kommunikation, die sich von anderen Kommunikationen (z.B. privater Art während der Arbeit), unterscheidet: die *Kommunikation von Entscheidungen*. Organisationen sind autopoietische Systeme, in denen Entscheidungen Entscheidungen produzieren (Luhmann 1997a: 830). Alle übrigen Kandidaten – Ziele, Hierarchien, Rollen, Rationalitätschancen, weisungsgebundene Mitglieder –, die als Kriterien von Organisationen diskutiert werden, sind auf Entscheidungen des Systems zurückzuführen. „Wenn eine Organisation entsteht, entsteht ein rekursiver Entscheidungsverbund. Alles, was überhaupt geschieht, geschieht als Kommunikation von Entscheidungen oder im Hinblick darauf. (…) Ohne die Grundoperation der Kommunikation von Entscheidungen gäbe es auch kein anderes Verhalten im System, weil es das System nicht gäbe" (Luhmann 2000: 68). Im Normalfall lohnt es sich jedoch nicht, diese Handlungen als Entscheidungen zu kommunizieren. Entscheidungen sind keine bewusstseinsinternen Festlegungen, auch wenn sie auf Bewusstseinsleistungen angewiesen sind, sondern *mitgeteilte* Entscheidungen. Eine mitgeteilte Entscheidung ist Bestandteil einer komplexen Kommunikation. Es werden zweierlei Informationen mitgeteilt: *dass* und *was* entschieden wurde.

Diese Entscheidungen wiederum sind die Voraussetzung dafür, dass es überhaupt Beratersysteme gibt, die selbst auf die Form Organisation zurückgreifen und andere Organisationen beraten. Die Entscheidung einer Organisation für eine Inanspruchnahme von Beratung basiert auf organisationalen Entscheidungsprämissen (Luhmann 2000: 222f), welche zum einen durch die Logik der Organisation und zum anderen durch die Logik des Wirtschaftssystems bestimmt sind.

Letztere ist grundlegend: Beratung kann sich dem Code Zahlung/Nicht-Zahlung nicht entziehen, weil Beratersysteme nur existieren, wenn Zahlung an Zahlung anschließt. Die Wahrscheinlichkeit dafür ist am höchsten, wenn sich möglichst viele Organisationen zur Aufrechterhaltung ihrer Zahlungsfähigkeit entscheiden, Beratung in Anspruch zu nehmen. Wenn sie dies tun, dann deshalb, weil sich Organisationen zur Bewältigung ihres fundamentalen Komplexitätsproblems von Beratung Unterstützung erwarten. Organisationen haben sich in einer hyperkomplexen Umwelt zu bewähren. Um die Grenzen des Systems trotz des Komplexitätsgefälles zur Umwelt aufrechtzuerhalten, muss die Organisation ihre Komplexität einerseits reduzieren, um entscheidungsfähig zu bleiben, andererseits ihre Komplexität erhöhen, um flexibel auf Veränderungen reagieren zu können. Die delikate Aufgabe heißt: Gleichzeitige Reduktion und Erhöhung von Komplexität. Die Formen der Unterstützung variieren je nach Beratungsansatz. Klassische Unternehmensberater, die Schein (2000) unter das Arzt-Patienten-Modell subsumieren würde, bieten qua ihres Expertenstatus neue Relationierungen der Elemente an, d.h. sie überführen eine Form der Komplexitätsreduktion in eine andere Form, indem sie neue Strukturen oder Strategien vorschlagen. Systemische Prozessberater hingegen intervenieren und gestalten einen Kontext mit der Zielsetzung, dass das Klientensystem selbst zunächst die Komplexität erhöht und dann neue Wege der Komplexitätsreduktion findet. Ob die Organisation von der Beratung profitiert ist zunächst kontingent und kann höchstens im Nachhinein festgestellt werden. Diese Evaluationen von Beratungserfolg sind nicht selten auf der Ebene von selektiven, retrospektiven Sinnzuschreibungen zu verorten, weil Beratung nur einen von zahlreichen Wirkfaktoren darstellt. An dieser Stelle wäre die Disziplin Beratungs*wissenschaft* gefordert, wodurch die wissenschaftliche Logik auf den Phänomenbereich Beratung übertragen würde.

2   Wissenschaftssystem

Die gesellschaftliche Funktion des Teilsystems Wissenschaft liegt in dem Gewinn neuer Erkenntnisse begründet. Aus dem Kommunikationsmedium der *Wahrheit* leitet sich als systemspezifischer Code die Differenzierung *wahr* und *unwahr* ab. Dadurch grenzt sich die Wissenschaft von der Kommunikation anderer Teilsysteme ab. Damit ist aber noch keine Aussage zu den Themen der wissenschaftlichen Kommunikation möglich. Dies leisten die Theorien und Methoden, welche die Programme der Systeme darstellen. Diese Programme bestimmen, was als wissenschaftliche Kommunikation zugelassen und welche Seite der Unterscheidung des Codes bezeichnet wird (Baraldi, Corsi, & Esposito 1999: 211f). Dabei muss jedoch zwischen Theorien und Methoden differenziert werden. Theorien externalisieren die Ergebnisse der Forschungsprogramme und beziehen diese auf die für jeden erlebbare wirkliche Welt, während „(...) Methoden den Code zur Anwendung bringen, also dafür sorgen, dass Ergebnisse auf die Werte wahr und unwahr verteilt werden können" (Luhmann 1990: 156).

Die Wissenschaft ist ein funktionales Teilsystem der Gesellschaft wie die anderen Teilsysteme auch. Sie kann für sich keine epistemologische Priorität beanspruchen. Die Wissenschaft beobachtet nicht besser, sondern nur anders, indem sie beobachtende Systeme beobachtet. „Sie erfährt damit zugleich, dass sie ebenfalls nichts anderes ist als ein von eigenen Strukturen abhängiges beobachtendes System" (Luhmann 1990: 159). Erwartungen anderer Teilsysteme bleiben für die Wissenschaft zunächst Daten der Umwelt. Ob und inwiefern sie Information des Wissenschaftssystems werden, hängt von den systemeigenen Operationen ab. Diese Operationen wiederum sind keine einheitlichen, weil das Wissenschaftssystem intern in Disziplinen und Subdisziplinen, differenziert ist. Die unterschiedlichen Disziplinen sind locker gekoppelt und theoretisch nicht integrierbar. Dieser Umstand hat unmittelbare Implikationen für die Entwicklung der Disziplin Beratungswissenschaften, die unzählige Subdisziplinen beinhaltet. Buchinger (2008: 8f) spricht in diesem Zusammenhang vom problematischen Paradox der Schulbildung in der Beratung und von der Notwendigkeit einer schul- und gegenstandsübergreifenden Kooperation.

3 Beratungswissenschaft als Beobachter

Aus einer systemtheoretischen Perspektive ergibt sich somit eine erste Gestalt des Begriffs Beratungswissenschaft. Gegenstandsbereich dieser Wissenschaft sind Organisationen in der inneren Umwelt des gesellschaftlichen Teilsystems Wirtschaft, wobei die konkreten Referenzebenen die gesamte Organisation, Subsysteme (Abteilungen, Teams) oder einzelne Mitglieder der Organisation sein können. Hier muss eine weitere Spezifizierung erfolgen. Denn es steht nicht die gesamte Organisation im wissenschaftlichen Fokus, sondern nur die Beratungsprozesse. Systemtheoretisch reformuliert werden Beratungssysteme beobachtet, die im Auftragsklärungsgespräch zwischen Organisation und Beratersystem konstituiert werden. Organisationssystem (meist Klientensystem genannt) und Beratersystem sind Systeme in der Umwelt des Beratungssystems. Damit rücken insbesondere Differenzen und Systemgrenzen in den theoretischen Blick von Beratungswissenschaften. Beratungswissenschaft ist selbst ein beobachtendes System, das Systeme, die andere Systeme beim Beobachten beobachten, beobachtet. Denn im Rückgriff auf die Luhmannsche Theorie der Beobachtung kann festgehalten werden: Organisationen rufen Berater, damit das Beratungssystem die organisationalen Beobachtungen beobachtet. Ziel ist die Identifikation blinder Flecke und die Entwicklung alternativer Beobachtungsmuster. In der Terminologie Luhmanns sind Beratungssysteme Beobachter zweiter Ordnung, die mit anderen Unterscheidungen beobachten als die Beobachter erster Ordnung (Klientensysteme). Eine Beratungswissenschaft wäre demnach eine Beobachtung dritter Ordnung, die die Beobachtung zweiter Ordnung beobachtet. Die verwendeten Unterscheidungen dieser Beobachtung dritter Ordnung bestimmen sich durch die in Anschlag gebrachten Theorien und Methoden. Diese sollten sich von den theoretischen und methodischen Ansätzen der Berater unterscheiden, um die Wahrscheinlichkeit eines Erkenntnisgewinns zu erhöhen.

4   Beratungswissenschaft im Spannungsfeld von Wirtschaft und Wissenschaft

Systemtheoretisch bedeutet der Begriff ‚Spannungsfeld' strukturelle Kopplung. Systeme sind in ihrer Operationsweise geschlossen und zugleich offen, d.h. sie wären ohne Irritationen aus der Umwelt nicht überlebensfähig. Was die Systeme jedoch aus diesen Umweltirritationen machen, obliegt ihrer systemspezifischen Operationsweise. Dies gilt auch für die Teilsysteme, die trotz ihrer autonomen Operationsweise interdependent sind und jeweils Leistungen für andere Systeme erbringen: In der Politik werden beispielsweise Gesetze für die Wirtschaft erlassen, über deren (Nicht-)Einhaltung im Rechtssystem entschieden wird und das Wirtschaftssystem finanziert Forschungsprojekte im Wissenschaftssystem (Luhmann 1990). Bezuglich der wissenschaftllchen Ergebnisse kommt auf die anderen Funktionssysteme die Aufgabe zu, „(…) Brauchbares und Unbrauchbares zu sortieren. Nur ein Bruchteil des wissenschaftlich Möglichen wird realisiert. Das meiste ist entweder wirtschaftlich oder rechtlich oder politisch nicht machbar" (Luhmann 1990: 165).

Das Spannungsfeld, das einer Beratungswissenschaft in Differenz zu Organisationen als Subsysteme des Wirtschaftssystems und zum Wissenschaftssystem inhärent ist, möchte ich zunächst anhand eigener Erfahrungen illustrieren. In meiner Rolle als Berater bekam ich kürzlich zusammen mit einem Kollegen folgenden Auftrag: Analyse der gelebten Werte in der Organisation. Dahinter stand die Frage der Geschäftsführung, ob die vor zehn Jahren eingeführten Werte im Arbeitsalltag auch tatsächlich handlungsleitend sind. Vom Zeitpunkt der Auftragserteilung bis zur Präsentation der Ergebnisse hatten wir sechs Wochen Zeit. Wir führten 30 qualitative, auf die spezifischen Werte fokussierte Interviews, deren Inhalte wir teilweise durch Tonbandaufnahmen und teilweise aber auch nur durch Gedächtnisprotokolle festhielten, weil einige Interviewpartner zu starke Bedenken bezüglich der Vertraulichkeit der Daten hatten. Die Auswertung erfolgte unter hohem Zeitdruck. Zunächst arbeiteten wir die Schwerpunkte und zentrale Aussagen aus den Interviews heraus. Anschließend wurden die Ergebnisse in einer gemeinsamen Sitzung zusammengefasst und verdichtet. In der Präsentation war – neben der Darstellung der Diagnose – die Entwicklung von Handlungsempfehlungen zentral. Die Erwartungen der Organisation wurden erfüllt: Informationen über den Ist-Zustand der Organisation, Gestaltungsempfehlung zur Verbesserung der Organisationskultur und Einhaltung des Zeitrahmens. Dies sind Erwartungen, die der wirtschaftlichen Logik geschuldet sind. Wissenschaftliche Erwartungen wären in diesem Projekt reihenweise enttäuscht worden. Allenfalls die Datenerhebung könnte den wissenschaftlichen Standards genügen. Nun könnte man einwenden, dass dies kein wissenschaftliches Projekt, sondern ein Beratungsprojekt war. Die Etablierung der Disziplin Beratungswissenschaft würde aber bedeuten, dass derartige Projekte häufiger wissenschaftlich beobachtet werden: entweder als begleitende Forschung oder aber die Beratung wird selbst als Forschungsprojekt angelegt. Die Anwendung wissenschaftlicher Logik wäre aber in diesem Beispiel schon im Auftragsgespräch an der Ressource Zeit und letztendlich auch am Geld – legt man die gängigen Tagessätze von Beratern zugrunde – gescheitert. Eine theoretisch, methodologisch und methodisch fundierte Vorgehensweise hätte vermutlich zu umfangreicheren und differenzierteren Ergebnissen geführt. Nur: Aus organisationaler Perspektive stünden Ertrag und Aufwand in einem Missverhältnis. Denn zur Zeit- und Geldproblematik käme womöglich ein Übersetzungsproblem hinzu, wenn sich die Praktiker die Frage stellen: „Und was bedeuten nun diese abstrakten Analysen und Reflexionen für uns?" Die Ergebnisse sind nun einmal schneller und unmittelbarer verdau- und verwertbar, wenn man auf der praktischen Ebene verbleibt und nicht den Umweg über Theorie und Methodologie macht. Hier wird deutlich, dass die Systeme Wirtschaft und Wissenschaft jeweils ihre eigene Melodie hören und wissenschaftliches Vorgehen nur sehr bedingt Resonanz im Wirtschaftssystem erzeugt. Denn während Organisationen die Erwartungen nach Sicherheit und reduzierter Komplexität haben, wird in der (Sozial-)Wissenschaft meist das Gegenteil produziert. „Und wenn man aus der bisherigen Forschungsentwicklung extrapolieren darf, wird weitere Forschung dieses Bild nicht nach und nach auf Festes und Handhabbares, etwa auf Naturgesetze, reduzieren, sondern sie wird es an jedem Punkte, an dem sie ansetzt, neu produzieren. Das macht letztbegründete Rationalität unerreichbar" (Luhmann 1990: 164f).

Daraus ergibt sich die Frage: Welche zeitlichen, finanziellen und theoretisch-abstrakten Zumutungen würden Organisationen bei beratungs*wissenschaftlichen* Projekten in Kauf nehmen bzw. was würden sie dafür im Gegenzug erhalten? Diese Frage kann häufig nur im Einzelfall beantwortet werden, wobei Antworten nicht selten im (mikro-)politischen Bereich zu finden sein dürften. Beispielsweise könnten unter dem Deckmantel wissenschaftlicher Forschung Machtinteressen verfolgt oder kritische Veränderungsvorhaben legitimiert werden.

Bezüglich der Überlegungen zu den finanziellen Restriktionen im obigen Beispiel muss jedoch angemerkt werden, dass ein Berater nicht automatisch mit einem Wissenschaftler gleichzusetzen ist. Beratungswissenschaft wäre primär die Domäne von Wissenschaftlern und nicht von Beratern, woraus folgt, dass Beratungsforschung wesentlich weniger kostet als Beratung, weil Wissenschaftler und keine Berater bezahlt werden müssen. Dass Organisationen direkt Wissenschaftler bezahlen ist der unwahrscheinlichere und auch ungünstigere, weil Auftragsforschung implizierende Fall. Wahrscheinlicher ist, dass Wissenschaftler, die an staatlichen oder privaten Hochschulen angesiedelt sind, Beratungswissenschaft betreiben. Aber auch diese Wissenschaftler müssen bei knappen Mitteln bezahlt werden. Ich wage die Hypothese, dass die aktuell an Hochschulen beschäftigten Wissenschaftler, die aufgrund ihrer fachlichen Ausrichtung für ein Vorantreiben der Beratungswissenschaften in Frage kämen, schlichtweg überfordert wären in Anbetracht ihrer sonstigen dienstlichen Verpflichtungen. Zusätzliche finanzielle Mittel sind notwendig. Werden diese nicht von der Politik aufgebracht, sind Organisationen des Wirtschaftssystems Kandidaten dafür. Und wieder taucht die Frage auf, aus welchen Gründen sollten Organisationen in Beratungswissenschaften investieren.

Für die Inanspruchnahme von Beratung entscheiden sich Organisation gemäß ihrer Entscheidungsprogramme: Beratung kann ein Mittel zum Zweck der Aufrechterhaltung der Zahlungsfähigkeit sein. Dies ist insbesondere dann der Fall, wenn erwartbar ist, dass die Kosten des Mittels Beratung geringer sind als der Ertrag. Dass dies nur schwer zu operationalisieren ist, weil die Wirkung der Variable Beratung nicht isoliert werden kann, ist wiederum eine andere Diskussion, die an dieser Stelle nicht geführt werden kann.

Abschließend möchte ich einige Aspekte aufzählen, die dazu führen könnten, dass Organisationen entscheiden, in Beratungswissenschaft zu investieren:

- Organisationen, deren primäre Aufgabe Beratung ist, könnten sich durch eine Investition in Beratungswissenschaften positive Image- und Legitimationseffekte erwarten. Dies gilt insbesondere für große Beratungsunternehmen.

- Überlegungen, die auf eine Verbesserung des Unternehmensimages abzielen, könnten auch für Klientensysteme die Entscheidung für eine Investition in Beratungswissenschaften forcieren. Als Sponsor für die Wissenschaft könnte sich die Organisation in den Mantel der Seriosität hüllen.

- Unter diesem Deckmantel der Wissenschaft ließen sich auch andere Motive verhüllen. Wie oben bereits angedeutet, werden Berater nicht nur aus den Gründen gerufen, die offiziell proklamiert werden und der Logik des Wirtschaftssystems geschuldet sind. An Berater werden meist vielfältige Rollenerwartungen herangetragen: Erfüllungsgehilfe, Sündenbock, Gefälligkeitsgutachter, Wahrsager, Placebo-Verschreiber, Legitimationsbeschaffer usw. (siehe dazu Neuberger 2002). Wissenschaftler sind für einige Rollenerwartungen aufgrund spezifischer Bedeutungszuschreibungen (Seriosität, Neutralität, Objektivität, Expertise usw.) prädestinierter als Berater, deren Image sich in den letzten zehn Jahren nicht unbedingt positiv entwickelt hat (zur Krise der Beratung siehe Bergknapp 2009).

- Unsicherheit bezüglich oder mangelndes Vertrauen in Beratung könnte ein weiterer Grund sein, weshalb sich eine Organisation beispielsweise für eine Begleitforschung entscheidet. Beratungswissenschaft wäre in diesem Fall in der Rolle des Kontrolleurs.

- Und schließlich werden Entscheidungen in Organisationen nicht nur nach den Prämissen Entscheidungsprogramme und Kommunikationswege getroffen, sondern auch die Merkmale von Personen können den Ausschlag geben. Haben beispielsweise entscheidende Personen eine Affinität zur Wissenschaft, kann dies – fernab von rein ökonomischen Argumenten – eine Entscheidung pro Beratungswissenschaft provozieren.

Literatur

BARALDI, CLAUDIO, CORSI, GIANCARLO & ESPOSITO, ELENA (1999): GLU. Glossar zu Niklas Luhmanns Theorie sozialer Systeme. Frankfurt a.M.: Suhrkamp, 3. Auflage

BERGKNAPP, ANDREAS (2009): Supervision und Organisation. Zur Logik von Beratungssystemen. Wien: Facultas

HAUSINGER, BRIGITTE (2008): Beratungswissenschaften – Skizzierung von Schwierigkeiten und Möglichkeiten. Supervision. Mensch – Arbeit – Organisation. Beratungswissenschaften 4, S. 22-25

LUHMANN, NIKLAS (1990): Ökologische Kommunikation. Kann die moderne Gesellschaft sich auf ökologische Gefährdungen einstellen? Opladen: Westdeutscher Verlag, 3. Auflage

LUHMANN, NIKLAS (1994): Die Wirtschaft der Gesellschaft. Frankfurt a.M.: Suhrkamp

LUHMANN, NIKLAS (2000): Organisation und Entscheidung. Wiesbaden: Westdeutscher Verlag

NEUBERGER, OSWALD (2002): Rate mal! Phantome, Philosophien und Phasen der Beratung. In: M. Mohe, H. J. Heinecke & R. Pfriem (Hrsg.), Consulting – Problemlösung als Geschäftsmodell. Theorie, Praxis, Markt. Stuttgart: Klett-Cotta, S. 135-161

SCHEIN, EDGAR (2000): Prozessberatung für die Organisation der Zukunft. Der Aufbau einer helfenden Beziehung. Köln: EHP

SCHÜTZEICHEL, RAINER & BRÜSEMEISTER, THOMAS (2004): Einleitung. In: R. Schützeichel & T. Brüsemeister (Hrsg.), Die beratene Gesellschaft. Zur gesellschaftlichen Bedeutung von Beratung. Wiesbaden: VS Verlag für Sozialwissenschaften, S. 7-18

SCHÜTZEICHEL, RAINER (2004): Skizzen zu einer Soziologie der Beratung. In: R. Schützeichel & T. Brüsemeister (Hrsg.), Die beratene Gesellschaft. Zur gesellschaftlichen Bedeutung von Beratung. Wiesbaden: VS Verlag für Sozialwissenschaften, S. 273-285

Beratung als Förderung von Selbstorganisationsprozessen – auf dem Weg zu einer allgemeinen Theorie der Beratung jenseits von ‚Schulen' und ‚Formaten'

Christiane Schiersmann und Heinz-Ulrich Thiel

Angesichts der zunehmenden Bedeutung von arbeits- und -lebensweltbezogener Beratung in einer komplexen und sich rasch verändernden Gesellschaft wächst die Notwendigkeit, diese Interventions-/Praxisform theoretisch und empirisch solide zu fundieren und damit zugleich ihr Profil zu schärfen. Hierzu sollen die folgenden Ausführungen beitragen.

Zunächst wird die Notwendigkeit der Herausarbeitung einer allgemeinen Beratungstheorie vor dem Hintergrund der neueren Beratungsdiskussion begründet, die vielfältige Stationen auf dem Weg zur Kombination von Beratungsansätzen (‚Methoden-Mix') oder zur Definition allgemeiner Wirkprinzipien (vgl. Grawe 2000) aufweist. Vor diesem Hintergrund wird die Theorie der Synergetik als Wissenschaft von der Selbstorganisation als Referenzrahmen für die Herausbildung einer allgemeinen Beratungstheorie – jenseits von ‚Schulen' (z.B. Beratungs- und Therapiemodellen) und ‚Formaten' (z.B. Supervision, Berufs- und Karriereberatung, Coaching, OE) vorgeschlagen. Dem liegt ein sicher weitgehend konsensfähiges Verständnis von Beratung als ‚Hilfe zur Selbsthilfe' oder – in der systemischen Terminologie – als Förderung der Selbstorganisation zugrunde. Auf der Basis der Theorie der Selbstorganisation sind von Haken/Schiepek (2006) sog. generische, d.h. die Selbstorganisation fördernde Prinzipien entwickelt worden, die es erlauben, bei der Ausgestaltung des Beratungsprozesses auf vielfältige Methoden und Verfahren aus den unterschiedlichen ‚Beratungs- oder Therapieschulen' zurück zu greifen. Wir gehen davon aus, dass diese theoretische Basis im Prinzip für alle (lebens- und arbeitsweltlichen) Beratungsformate zugrundegelegt werden kann – gleichwohl in der Umsetzung bereichsspezifisch zu modifizieren ist. Angesichts des zur Verfügung stehenden begrenzten Umfangs konzentriert sich der Beitrag auf die Herausarbeitung der generischen Prinzipien und ihre Illustration durch ein Fallbeispiel.

Der systemische Ansatz der Synergetik lässt sich aus unserer Sicht durchaus in Verbindung bringen mit aus der Problemlösepsychologie stammenden phasenorientierten Prozessmodellen – auch wenn die Vertreter der Synergetik diesen eher kritisch gegenüber stehen. Ein solcher Bezug erscheint aus unserer Sicht hilfreich, weil bislang nahezu allen Beratungsansätzen ein mehr oder weniger ausdifferenziertes Phasenmodell zugrunde liegt. Dies macht Sinn, weil Berater[21] sowie Ratsuchende trotz eines letztlich nicht prognostizierbaren Entwicklungsprozesses auf einer groben Ebene eine ungefähre Vorstellung bzw. ein vorläufiges Bild von einem Gesamtverlauf des Prozesses benötigen, um die Komplexität eines Beratungsprozesses situativ gegebenenfalls zu reduzieren. Eine Kombination dieser beiden – aus unterschiedlichen Theorietraditionen stammenden – Ansätze zu einem heuristischen Prozessmodell von Beratung erscheint zumindest dann vertretbar, wenn ein Phasenmodell nicht linear konzipiert, sondern systemisch akzentuiert ist.

In den Beratungsprozess fließen immer organisationale und gesellschaftliche Kontexte ein, auf die die Beratung wiederum auch zurückwirkt. Als weiteres Element einer allgemeinen Beratungstheorie schlagen wir daher die Orientierung an einem systemischen Kontextmodell vor. Nicht nur Personen und Organisationen, sondern auch eine Beratungstheorie muss angemessen auf gesellschaftliche Entwicklungen reagieren. Diese sind gegenwärtig geprägt von sog. Megatrends, die sich u.a. mit den Stichworten Globalisierung, rasant gewachsener Bedeutung der Kommunikationstechnologien, Zunahme von Dienstleistungsprozessen, Veränderungen der Arbeits- und Betriebsorganisation, Individualisierung und Wertewandel charakterisieren lassen. Diese Kontextualisierung des Beratungshandelns wird bislang nur von wenigen Beratungsansätzen angemessen berücksichtigt. Hinzu kommt, dass sich die Dynamik des Wandels erheblich beschleunigt hat. Dies impliziert, dass Berater mit Unsicherheit, Unvorhersagbarkeit, Nichtwissen, Vieldeutigkeit und Paradoxien umgehen müssen. Da einfache Ursache- Wirkungszusammenhänge keine adäquate Grundlage mehr für Erklärungs-, Entscheidungs- und Veränderungsstrategien darstellen, liegt die Orientierung an einem systemischen Paradigma im Sinne einer Rahmentheorie nahe, die die Su-

---

[21] Aus Gründen der sprachlichen Vereinfachung wählen wir ausschließlich die männliche Form. Frauen sind dabei gleichermaßen angesprochen.

che nach Zusammenhängen, Mustern, Regeln anstelle der Suche nach linearen Ursachen und monokausalen Einflüssen in den Mittelpunkt rückt.

1 Stationen auf dem Weg zu einer allgemeinen Beratungstheorie

Bislang orientiert sich die Ausgestaltung von Beratungsprozessen weitgehend an ‚Beratungsschulen' wie z.b. der personzentrierten Beratung (vgl. Rogers/Schmid 1998), der kognitiven Verhaltensberatung (vgl. Thiel 2003), der lösungsorientierten Beratung (vgl. Bamberger 2005), psychodynamischen sowie systemischen Ansätzen (vgl. König/Volmer 2000, Königswieser/Exner 2004) – sofern denn das Beratungsgeschehen überhaupt theoriegeleitet erfolgt.[22] Seit einiger Zeit zeichnen sich konzeptionelle Entwicklungen ab, die eine Abkehr von der schulenorientierten Ausrichtung der Beratungsprozesse nahe legen und Gültigkeit für unterschiedliche Formate beanspruchen.

1.1 Der Weg zur Kombination von Beratungsansätzen

Schon seit den 1960er Jahren wurde das Märchen, dass einzelne Therapie- bzw. Beratungsrichtungen einen alleinigen Wahrheitsanspruch besäßen, ihre Theoriegebäude in sich geschlossen und ihre Wirksamkeitsfaktoren nachgewiesen seien, zerstört. Um nur einige Beispiele zu nennen:

- Spätestens Ende der 1960er/Anfang der 1970er Jahre stand fest, dass es ‚die' Psychoanalyse nicht gibt, sondern viele Richtungen nebeneinander existieren (vgl. Wyss 1991). Dabei standen auch einige vermeintliche ‚Heiligtümer' – wie z.b. das Phänomen des Widerstandes oder der Übertragung – innerhalb der Bewegung zur Disposition.
- Etwa seit Mitte der 1980er Jahre kann die Frage nach dem Gemeinsamen der verschiedenen Richtungen ‚der' Verhaltenstherapie bzw. -beratung kaum mehr eindeutig beantwortet werden – so vielfältig sind die Facetten unter dem Dach dieser Chiffre. So stellt u.a. Bambeck (1985, S. 76 f.) fest, dass in

---

[22] Eine empirische Untersuchung für den Bereich der Weiterbildungsberatung ergab, dass lediglich 45% der Berater ihr Beratungshandeln an einem theoretischen Konzept orientieren. Dabei dominierte der personzentrierte Ansatz, gefolgt vom systemischen und lösungsorientierten Ansatz (vgl. Schiersmann/Remmele 2004, S. 72ff.).

der Praxis gesprächstherapeutische und kognitive Methoden zum Grundrepertoire eines jeden Verhaltenstherapeuten zählen.

Seit über zwei Jahrzehnten hat eine Tendenz zur Kombination von Ansätzen zugenommen und zugleich eine allmähliche Aufweichung einer ehemals als trennscharf angenommenen Grenze zwischen Therapie und Beratung stattgefunden. Die Basisvariablen – um ein Beispiel zu nennen – der klientenzentrierten Therapie (Wertschätzung, Empathie und Kongruenz) spielen seit langen nicht nur in diesem Ansatz eine zentrale Rolle, sondern gelten – weithin akzeptiert – als Grundkompetenzen eines guten personorientierten Beratungshandelns in unterschiedlichen Formaten. Bereits Dietrich (1983) bemühte sich in seinem Werk „Allgemeine Beratungspsychologie" um Möglichkeiten einer Kombination verschiedener Ansätzen (z.B. eine an der Psychoanalyse, der kognitiven Verhaltenstherapie und der Gesprächspsychotherapie orientierte Beratung). Gegenwärtig sehen immer mehr Therapeuten (vgl. Borg-Laufs 2004; Schmelzer 1999) eher Übereinstimmungen in den Zielen und eingesetzten Methoden bei Therapie und Beratung. In der Beratung geht es um Anliegen/Themen/Probleme von ,normalen' Menschen mit ausreichenden Fähigkeiten zur Selbststeuerung. Am ehesten lässt sich eine Differenz hinsichtlich der Störungstiefe ausmachen, d.h. dass Menschen, die in eine Beratung kommen, prinzipiell im Alltag handlungsfähig sind und ,nur' in Bezug auf einen bestimmten Aspekt oder ein Thema Unterstützung nachfragen, während eine Therapie bei einer umfassenderen Störung angezeigt wäre. Dass sich Therapie und Beratung derselben Methoden (z.B. Fragestile/Gesprächsformen) bedienen können, liegt u.a. auch darin begründet, dass entwicklungsgeschichtlich die Therapieschulen nicht am Beginn standen, sondern eine zeitlich spätere praktische Anwendung von ursprünglich wissenschaftlichen Studien und Experimenten darstellten (z.B. hat sich aus den Experimenten zu den Gesetzen/Prinzipien des Lernens – Stichwort ,Konditionierung' – erst Jahrzehnte später die Verhaltenstherapie als Anwendungsfall ergeben). Wurde Anfang der 80er Jahre die Beratung häufig noch als ,Minitherapie' etikettiert, so gewinnt gegenwärtig die Einschätzung an Einfluss, dass die Therapie einen Spezialfall der Beratung darstellt.

Der skizzierte geschichtliche Hintergrund mag dazu beigetragen haben, dass gegenwärtig der ,Methoden-Mix' in vielen Veröffentlichungen zur Beratung fast zur Selbstverständlichkeit geworden ist (vgl. Klein 2005). Hierbei spielen unterschiedliche Strategien der Kombination bzw. Integration eine Rolle (vgl. McLeod 2004, S. 275f.):

Durch die Strategie der „Konzentration auf die Gebiete, bei denen Gemeinsamkeiten oder Übereinstimmungen zwischen den verschiedenen Ansätzen bestehen" (vgl. McLeod 2004, S. 276) bildet beispielsweise in der Supervision als spezifischer Beratungsform (‚Format') bei Schreyögg (1992) ein vergleichbares Menschenbild und Handlungskonzept die Klammer für die Integration unterschiedlicher, bereits etablierter Beratungskonzepte (insbesondere das Psychodrama, die Gestalttherapie und die Psychoanalyse).

Unter dem Label des ‚Systemischen' werden häufig mehrere vorhandene Beratungsansätze kombiniert bzw. integriert – zumeist auf pragmatischer Ebene, um unterschiedliche Zielgruppen mit verschiedenen Methoden in konkreten Situationen eines Beratungsprozesses anzusprechen. In diese Rubrik gehört z.b. das Beratungsmodell für die Organisationsentwicklung von König/Volmer (2000). Hier werden insbesondere in der ersten Phase der Orientierung verschiedene Beratungsansätze integriert (z.b. Elemente der kognitiven Verhaltensberatung, der klientenzentrierten Gesprächsführung, des systemischen Ansatzes und des ressourcenorientierten NLP).

1.2 Orientierung an allgemeinen Wirkprinzipien statt an ‚Schulen' aufgrund von Forschungsergebnissen

Einen anderen Weg als den Versuch, Einzelmethoden bzw. Verfahren aus bestimmten Beratungsschulen miteinander zu kombinieren bzw. integrieren, ist der Psychologe Grawe (vgl. Grawe u.a. 1994; Grawe 2000) gegangen. Er identifizierte auf der Basis der Sekundärauswertung zahlreicher empirischer Studien zu unterschiedlichen Therapierichtungen nach ausgewiesenen Gütekriterien zentrale Faktoren bzw. allgemeine Prinzipien der Wirksamkeit von Therapieverfahren. Das Erkennen von wirkungsvollen Interventionsstrategien „anhand von Forschungsergebnissen" im Hinblick auf bestimmte Problemgruppen (McLeod 2004, S. 276) führte bei ihm zur Begründung einer allgemeinen Psychotherapie, d.h. einer Orientierung an Wirkprinzipien statt an ‚Schulen'. In der Veröffentlichung von 2000 benennt Grawe als zentrale Wirkprinzipien die

▪ Ressourcenaktivierung und die prozessuale Aktivierung/Problemaktualisierung)[23]

---

[23] Dieses doppelte Wirkprinzip tritt an die Stelle des in der Veröffentlichung von 1994 als Beziehungsperspektive benannten Wirkfaktors.

- Intentionsveränderung (bzw. Klärungsperspektive/-arbeit) und
- Intentionsrealisierung (bzw. Bewältigungsperspektive, aktive Hilfe zur Problembewältigung).

Grawe geht davon aus, dass die *Ressourcenaktivierung* die gute Beziehung im Therapie- bzw. hier Beratungssetting fördert, direkte Auswirkungen auf das Wohlbefinden des Ratsuchenden hat und zu selbstwerterhöhenden Wahrnehmungen führt. Dies wiederum beeinflusst insgesamt die eigenen Bewältigungsversuche positiv, wodurch ein diesbezüglicher Rückkopplungsprozess in Gang gesetzt wird. Beim Wirkprinzip der *,prozessualen Aktivierung'* bzw. *,Problemaktualisierung'* steht die *unmittelbare* Erfahrung des Ratsuchenden im Mittelpunkt. Die Aufmerksamkeit wird auf das gelenkt, was gerade im Ratsuchenden abläuft, was er wahrnimmt, denkt, fühlt, tut oder vermeiden möchte. Dazu gehören auch die emotionale Beteiligung, die Bearbeitungsweise der Inhalte des Erlebens, der Bezug auf eigene Werte und Intentionen sowie die Aufmerksamkeit auf den Bearbeitungsprozess selber. Das Wirkprinzip der *Klärungsperspektive* bzw. der *Intentionsveränderung* bezieht sich auf das klärungs- und motivationsorientierte Vorgehen, bei dem Ziele, Werte, Bedürfnisse und damit einhergehende Konflikte im Erleben und Verhalten des Ratsuchenden gemeinsam von Berater und Ratsuchenden bearbeitet werden. Das Wirkprinzip der *Intentionsrealisierung* fokussiert die Problembewältigungsperspektive, d.h. die Umsetzung von Absichten. Die Realisierung von Intentionen setzt – über die Veränderung von Erwartungen hinaus – als handlungsorientiertes Herangehen das Können und Vorhandensein der Möglichkeiten zur Veränderung voraus. Der Professionelle unterstützt den Ratsuchenden dabei, durch geeignete Maßnahmen Lösungswege zu realisieren.

2 Selbstorganisationsprozesse fördernde Prinzipien als Elemente einer allgemeinen Beratungstheorie

Einen weiteren Ansatz, der sich für eine allgemeine Beratungstheorie fruchtbar machen lässt, stellt die Synergetik mit den sog. generischen, d.h. die Selbstorganisation fördernden Prinzipien dar (vgl. Haken/Schiepek 2006). Er weist gegenüber dem Ansatz von Grawe (2000) den Vorteil auf, konsequenter einen systemischen Ansatz für komplexe, dynamische Prozesse zu realisieren und erscheint daher für aktuelle Situationen von Individuen, Gruppen und Organisationen optimal.[24] Zudem besteht der explizite Anspruch von Haken/Schiepek (2006) darin, dass der Ansatz für unterschiedliche Praxisformen/Formate wie Beratung, Therapie, Change Management/OE oder – allgemeiner formuliert – für Lern- und Entwicklungsprozesse in professionellen Kontexten gleichermaßen genutzt werden kann. Diese Variante des systemischen Ansatzes stellen wir in den Mittelpunkt unserer Überlegungen, da wir die Auffassung vertreten, dass sie im Sinne einer „stichhaltigen neuen Theorie" bzw. Metatheorie (vgl. McLeod 2004, S. 275 f.) eine gute Basis für die Entwicklung einer allgemeinen Beratungstheorie darstellen kann – jenseits von ‚Schulen' und ‚Formaten'.

Im Folgenden skizzieren wir anhand der Abbildung 1 zuerst das Modell und den Prozess der Selbstorganisation in psychischen und sozialen Systemen, um danach vor diesem Hintergrund die selbstorganisationsfördernden Prinzipien anhand eines Beispiels zu illustrieren.

2.1 Synergetik als Wissenschaft von Selbstorganisationsprozessen in psychischen und sozialen Systemen

Die Synergetik[25] als „Lehre vom Zusammenwirken" (vgl. Kriz 1992, S. 143) vieler Komponenten oder Subsysteme wurde vor über drei Jahrzehnten vom deutschen Physiker Hermann Haken entwickelt. Sie erforscht allgemeingültige Prinzipien und Gesetzmäßigkeiten des Zusammenwirkens/der Synchronisation von Elementen (z.B. von Molekülen, Zellen oder Menschen), die innerhalb eines komplexen dynamischen Systems miteinander in Wechselwirkung treten und unter bestimmten Bedingungen ein neues Muster, ein neues Verhalten, eine neue Ordnung bzw. Struktur hervorbringen. Synergetik ist somit die Wissenschaft von der Selbstorganisation – besser: von selbstorganisierenden Prozessen bzw. selbstorganisierter Ordnungsbildung. Die Erkenntnisse wurden – ausgehend von der Physik (z.B. Laserlicht) – auf viele andere Bereiche übertragen – z.B. auf Prozesse in der Chemie, der (Neuro-)Biologie (z.B. wird das Gehirn als selbstorganisierendes System ohne zentrale Steuerungsinstanz betrachtet), der Psychologie (insbesondere der Psychotherapie) und die Soziologie (z.B. auf komplexe Sozialsysteme

---

[24] Anzumerken ist, dass Haken/Schiepek (2006) mit dem Ansatz von Grawe (2000) in einer Reihe von Punkten übereinstimmen, aber sog. ‚Wirkfaktoren' dynamischer, prozessualer verstehen.

[25] Der Begriff der „Synergie" geht auf den Neurophysiologen Sir Charles Sherrington (1932 Nobelpreis für Medizin) zurück, der sich mit der Koordination von Nervenzellen in neuronalen Schaltkreisen befasste (vgl. Haken/Schiepek 2006, S. 40).

wie Gruppen und Organisationen). Die heute zum Allgemeingut gehörende Aussage, dass ‚nun einmal alles miteinander zusammenhängt', weist auf die Komplexität von Systemen hin, erklärt aber nicht die Entstehung und den Prozess von Selbstorganisation – z.b. die Übergänge von Ordnung oder Unordnung zu neuen Ordnungen sowie die äußerst begrenzte ‚Komplexitätsbeherrschung' in einem konkreten System. Die Wechselwirkungen zwischen relevanten Größen wurden zudem mittels mathematischer Modelle formalisiert und die Prozesse am Computer simuliert.[26]

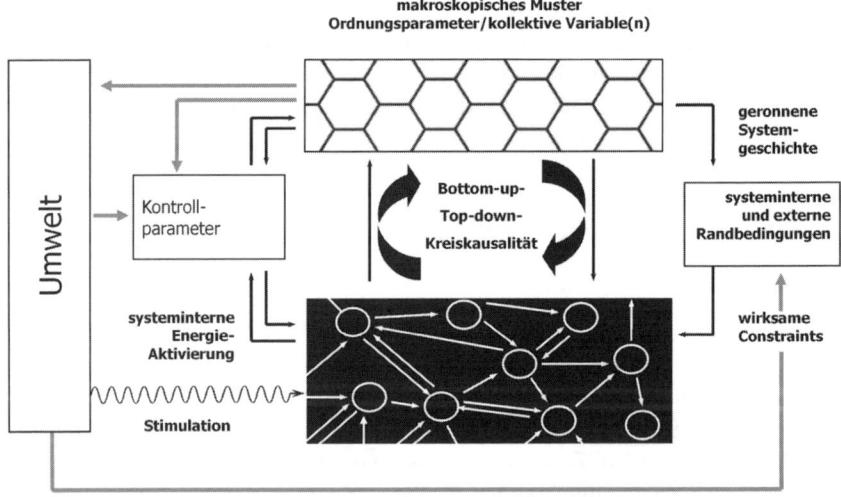

Abbildung 1:   Selbstorganisation in psychischen und sozialen Systemen (Quelle: Haken/Schiepek 2006, Animation 35 auf CD-Beilage)

Bei unserem Fallbeispiel handelt es sich um ein sozialwirtschaftliches Unternehmen. Es verfügt über verschiedene Geschäftsbereiche und regionale Niederlassungen. Die Organisation verfolgt wohlfahrtsstaatliche Ziele (z.b. Orientierung an der Lebenswelt betroffener Bürger, soziale Arbeit als Hilfe zur Selbsthilfe). Der OE-Prozess fand in einem Geschäftsbereich mit ca. 150 Mitarbeitern statt, der in

---

[26] Dabei lässt sich bei den Grundkonzepten und Begriffen der Synergetik eine „erstaunliche Korrespondenz zwischen den qualitativ-verbalen und den formal-mathematischen Ausführungen" feststellen (Haken/Schiepek 2006, S. 133).

einer Großstadt professionelle Angebote u.a. zur Suchtberatung, zum betreutem Wohnen und zur Prävention im Jugend- und Familienbereich vorhält. Die *Umwelt* ‚stimuliert' ein psychisches oder soziales System von außen bzw. setzt mit der Zeit eine ‚systeminterne *Energieaktivierung'* frei (z.b. eine Motivation und Bereitschaft zur Veränderung). In dem Fallbeispiel trat dies ein, als von dem Leitungsteam wahrgenommen wurde, dass sich die Marktkonkurrenz auf dem von der Organisation vertretenen Sektor deutlich verschärfte – mit der Notwendigkeit, sich bei abnehmender öffentlicher Förderung nach außen zu profilieren und nach innen zu verbessern. Diese Veränderung stellte auch den Beratungsanlass dar. Zur Umwelt gehören neben den interagierenden Systemen auch die Berater als ‚Beobachter zweiter Ordnung'.

Zu den ‚*systeminternen und externen Randbedingungen'* von Selbstorganisationsprozessen gehören z.b. der rechtliche Rahmen des Betriebes, die Stellenbeschreibungen und organisatorischen Regeln. Zu den internen Randbedingungen zählen nicht nur „geplante Festlegungen, sondern auch langfristig stabilisierte (z.b. Gewohnheitsrechte, Ablaufroutinen oder Selbstverständnisse) und ‚geronnene' Muster, wie sie in ISO-Normen und normativen Prozessmodellen festgeschrieben werden. Legt man einen Vergleich der Zeitskalen an, verändern sich Rahmenbedingungen langsamer als Ordnungsparameter (selbstorganisierte Muster), und diese wiederum langsamer als die individuelle Dynamik der Systemelemente" (Haken/ Schiepek, 2006, S. 604).

Selbstorganisation (z.b. im Hinblick auf die Zukunftsfähigkeit des Geschäftsbereichs) setzt im weitesten Sinne eine *systeminterne Energieaktivierung* voraus (durch Energie oder Information). Themen/Phänomene/Herausforderungen, die für Ratsuchende eine Bedeutung haben und zur Motivationssteigerung beitragen, energetisieren das System und stellen einen Kontrollparameter dar. *Kontrollparameter* sind im Verständnis der Synergetik solche Einflussgrößen, die die inneren Wechselwirkungen der Prozesse und Elemente des Systems aktivieren, energetisieren und modulieren. In Humansystemen geht es insbesondere um die emotionale und motivationale Bedeutsamkeit von gemeinsamen Zielen der Mitarbeiter und Führungskräfte – hier die Organisation ‚zukunftsfähig' zu gestalten und die Eigeninitiative der Mitarbeiter zu stärken. Das aktiviert die Ressourcen des Unternehmens (innere und äußere, materielle wie Humanressourcen). Folglich bildet jedes System seine spezifischen Kontrollparameter heraus, denn „...das System wählt gewissermaßen aus, mit welcher Art von Anregung es etwas anfangen kann".[27] In dem Fallbeispiel erwies sich die Motivation

---

[27] S. Pfeile zwischen sozialem System auf der Mikroebene und Kontrollparameter

der Mitarbeiter zur Veränderung als entscheidender Einflussfaktor. Durch die
Stimulation von außen (z.b. durch den Marktdruck: „So kann es nicht weitergehen!") und die Aktivierung von innen (systemintern) u.a. auch aufgrund des
engagierten Geschäftsbereichsleiters und der Impulse durch die beiden OE-
Berater wurde offensichtlich ein ‚Nährboden' geschaffen, der eine Verände-
rungsmotivation und im Gefolge großes Engagement einzelner Mitarbeiter be-
wirkte (s. Näheres dazu weiter unten).

Das *soziale System* auf der Mikroebene (s. schwarz hinterlegtes Rechteck mit
Beziehungspfeilen in der Abbildung 1) besteht aus sehr vielen Komponenten und
deren Beziehungen (z.b. Moleküle in einer Flüssigkeit oder Mitglieder einer Organisation im sozialwissenschaftlichen Bereich). Hierzu zählt im Fallbeispiel das
interaktive Netzwerk der vielen Mitarbeiter in den unterschiedlichen Abteilungen des Geschäftsbereiches.

In der Terminologie des ‚Synergetischen Prozessmanagements' werden
durch kreiskausale Prozesse der positiven Rückkoppelung bzw. Selbstverstär-
kung minimaler Anfangsunterschiede (= z.b. auf sich selbst zurückwirkende
Besserungserwartungen, Aktivierung von Ressourcen, soziale Verstärkung der
Ideen einzelner Mitarbeiter) Selbstorganisationsprozesse ermöglicht, bildet sich
eine neue ‚Ordnung', ein verändertes ‚Muster' bzw. ein anderer ‚Attraktor' (K-E-
V-Muster = Kognitionen, Emotionen und Verhalten; vgl. Grawe 2000, S. 454f.).
Relativ kleine Veränderungen in der Interaktion von Systemteilen können nach
diesen Überlegungen durch positive Rückkoppelungsprozesse ein ‚schlummern-
des Veränderungspotential' wecken und u.U. zu weitreichenden Veränderungen
führen (vgl. Grawe 2000) – z.b. zwischen Ratsuchenden und Beratern, zwischen
Mitarbeitern, zwischen Leitungskraft und Mitarbeitern oder zwischen der Organisation und ihrer Umwelt.

Im Konzept der zirkulären Kausalität schaffen also die einzelnen Teile durch
ihr Zusammenwirken den ‚Ordner' (vgl. Haken/Schiepek 2006, S. 71).[28] Die
Selbstorganisation ereignet sich in einem gemeinsamen Strukturbildungsprozess,
den jedes Element aktiv fördert und von dem jedes selbst gefördert wird (vgl.
Kriz 1992). Selbstorganisation umfasst folglich das Wechselspiel zwischen Mus-
ter-/Strukturbildung durch die Systemelemente (auf der Mikroebene des Systems

---

[28] Ein Ordnungsparameter (kurz auch Ordner genannt) hat zwei Eigenschaften: Grob gesprochen
ist es zum einen ein Maß dafür, wie stark die sich durchsetzende Konfiguration vorhanden ist.
Mit der zweiten Eigenschaft des Ordners ist das ‚Versklavungsprinzip' als grundlegendes Prinzip
der Synergetik benannt. Das Versklavungsprinzip besagt, dass die ‚Dynamik der vielen einzelnen
Teile durch die wenigen Ordner festgelegt wird. Die Erfassung und Analyse von dynamischen
Mustern bzw. Attraktoren schaffen ein Bezugssystem für die Bewertung von Veränderungen.

von unten nach oben/Bottom-up = Emergenz) und der Synchronisation/Konsensualisierung[29] von oben nach unten/Top-down (vgl. Schiepek u.a. 1997, S. 122). Dabei bildet jedes komplexe System eine ihm eigene Ordnung aus, ein ihm eigenes Zusammenspiel der Kräfte.[30] Deshalb kann Selbstorganisation als gemeinsamer, schöpferischer Prozess charakterisiert werden – ohne zentrale Steuerungsinstanz. Ordnung kann aber auch wieder destabilisiert werden – im Extremfall ereignet sich eine ‚Kaskade' von Ordnungsübergängen. Selbstorganisationsprozesse sind häufig sehr fragil, in ihrer Komplexität kaum beherrschbar. Ordnung ist also immer dynamisch zu denken (vgl. Haken/Schiepek 2006, S. 44).

Das vorherrschende *Ordnungsmuster* (s. Rechteck oben mit dem Wabenmuster in der Abbildung 1) vor Beginn des Veränderungsprozesses im Rahmen einer OE bestand bei den Mitarbeitern vorwiegend darin, gut qualifiziert und auf einem anspruchsvollen Niveau eher auf den je eigenen Arbeitsplatz und die eigene Abteilung bezogen zu denken und zu handeln. Im Zuge des OE-Prozesses bildete sich – mehr oder weniger spontan – ein neues *Ordnungsmuster* heraus, die Emergenz einer vorher so nicht vorhandenen Gestalt: Unter Partizipation vieler aktiver Mitarbeiter entstand eine intensive abteilungsübergreifende Zusammenarbeit mit innovativen Themen und dem Wunsch nach Nachhaltigkeit solcher Lern- und Entwicklungsprozesse.

2.2   Generische, die Selbstorganisation fördernde Prinzipien

Haken/Schiepek (2006) haben aus der Synergetik als Wissenschaft der Selbstorganisation, der Gehirnforschung, der Chaostheorie und den Befunden der Psychotherapieforschung Bedingungen für die Förderung selbstorganisierender Entwicklungen abgeleitet. Die permanente Berücksichtigung dieser als „generische Prinzipien" (generisch = erzeugend) bezeichneten Bedingungen unterstützt wesentlich „selbstorganisierende Entwicklungsprozesse" bzw. „selbstorganisierte Ordnungsübergänge" (Haken/Schiepek 2006, S. 436). Nach Haken/Schiepek

---

[29] Dies letztere Prinzip taucht auch unter dem für Sozialwissenschaften schwer akzeptablen Begriff der ‚Versklavung' auf. Dahinter steht die (richtige) Vorstellung, dass eine etablierte Ordnung die Freiheitsgrade der Elemente und ihrer Beziehungen einschränkt.

[30] In Analogie zur Musik könnte man sich Formen der Selbstorganisation als gelingendes Zusammenspiel in einem Orchester vorstellen. Glücksmomente können stellen sich einstellen und sind für die Musiker wie ein „Flow-Gefühl" spürbar. Aber es kommt nicht immer dazu. Ordnungen unseres inneren und äußeren Lebens sind nahe an die „Instabilität ihres Funktionierens gebaut" (vgl. Haken/Schiepek 2006, S. 471).

(2006, S. 449) ist Beratung – ebenso wie die Praxisformen Psychotherapie, Coaching, Management und Organisationsentwicklung – als „Förderung selbstorganisierender Prozesse" zu betrachten. Beraten ist somit ‚nur' ein „prozessuales Schaffen von Bedingungen" bzw. „Möglichkeiten für systeminterne Prozesse" bei ratsuchenden Individuen, Teams oder Organisationen. Berater sind als energetisierende ‚Anregung selbstorganisierender Prozesse' zu denken. Sie sind ‚beteiligte Mitspieler', aber nicht alleinige Macher/Bewirker. Die Verantwortung für den Prozess und das Ergebnis ruht damit ‚auf mehreren Schultern' – wie wir in dem Fallbeispiel sehen werden. Die selbstorganisationsfördernden, generischen Prinzipien können zugleich als Kriterien guter Beratung bzw. als Maßstäbe für ethisch verantwortungsvolles Beratungshandeln verstanden werden.

Der entscheidende Vorteil im Interesse einer allgemeinen Beratungstheorie besteht darin, dass die Orientierung an generischen Prinzipien es erlaubt, Methoden bzw. Verfahren aus den unterschiedlichen beraterischen bzw. therapeutischen ‚Schulen' situationsspezifisch einzusetzen und dient der Auswahl und Begründung der jeweils eingesetzten speziellen Techniken und Methoden (vgl. Haken/Schiepek 2006, S. 440). Dabei ist das Verhältnis zwischen Methoden/Techniken und generischen Prinzipien mehrdeutig: ein Prinzip kann durch verschiedene konkrete Methoden realisiert werden, und eine Methode kann der Umsetzung mehrerer Prinzipien dienen (vgl. Haken/Schiepek 2006, S. 440f.). „Generische Prinzipien sollen für diese Prozessgestaltung zugleich Verständnis, Sicherheit und Freiheit ermöglichen, ersetzen aber nicht Erfahrung, Intuition und Kompetenzen des Komplexitätsmanagements" (Haken/Schiepek 2006, S.441). Die Orientierung an diesen Prinzipien, die auf einer Metaebene angesiedelt sind, erlaubt es Beratern folglich, auf bereits vorhandene Beratungsausbildungen zurückzugreifen und persönliche Vorlieben bei den Instrumenten und Techniken umzusetzen.

Die aus dem Synergetischen Prozessmanagement abgeleiteten selbstorganisationsfördernden Prinzipien werden im Folgenden erläutert (vgl. dazu Haken/Schiepek 2006, S. 436ff. sowie S. 628ff.) und an dem bereits erwähnten Fallbeispiel illustriert – wobei vorab darauf hingewiesen sei, dass einige Begriffe sprachlich recht gewöhnungsbedürftig sind.[31]

---

[31] Wir möchten hierfür um Verständnis werben, denn bei theorieschulenübergreifenden Beratungsdefinitionen sind die Autoren (z.B. Grawe 2000) mehr oder weniger gezwungen, andere Begriffe zu verwenden, als die, die evtl. für einen bestimmten Beratungsansatz charakteristisch sind. Bei Haken/ Schiepek (2006) kommt die spezifische disziplinübergreifende Terminologie der Synergetik hinzu.

2.2.1 Stabilitätsbedingungen schaffen

Da die Bearbeitung von Anliegen der Ratsuchenden, wobei es sich in der Terminologie der Synergetik um ‚Ordnungsübergänge' handelt, Instabilität erzeugt, besteht eine zentrale Aufgabe von Beratern darin, in Kooperation mit den Beteiligten stabile Rahmenbedingungen für den Veränderungsprozess zu schaffen und so für strukturelle und emotionale Sicherheit bei den Beteiligten zu sorgen (z.b. Unterstützung von Selbstwirksamkeit, Transparenz des Vorgehens, der Strategien und Lernarchitekturen, Projektgruppen als Rahmen für Experimentierräume und Innovationsprozesse ohne Beeinträchtigung von Produktionen oder Dienstleistungen).

Es geht bei diesem generischen Prinzip um die *Unterstützung und Sicherheit*, die Ratsuchende benötigen, die sich auf eine Veränderung einlassen (müssen). Es sollen die vorhandenen Ressourcen verdeutlicht und aktiviert und Erfahrungen von Selbstwirksamkeit ermöglicht werden. Ebenso geht es im Kontext dieses Prinzips um die *Beziehungsqualität* und das Vertrauen der Ratsuchenden zum Berater (in dessen Kompetenz, Glaubwürdigkeit, emotionale Standfestigkeit). Grawe u.a. (1994) haben durch empirische Sekundäranalysen nachgewiesen, dass die Beziehungsqualität als allgemeiner Wirkfaktor offensichtlich den größten Einfluss auf das Ergebnis hat (vgl. das gleiche Ergebnis bei Simon 2002 im Hinblick auf die objektive Leistung von Teams).

Es sind vor allem die Gespräche im Rahmen der Auftragsklärung, die zur Schaffung stabiler Rahmenbedingungen beitragen können. Dabei können Gesprächsstile aus unterschiedlichen Beratungsansätzen eingesetzt werden: Eine personorientierte Gesprächsführung betont die Wertschätzung der Ratsuchenden und impliziert eine Empathie, ein tiefes Verständnis für die aktuelle Befindlichkeit von Personen bzw. die Lage der Organisation. Eine lösungsorientierte Gesprächsführung legt Wert auf die Ressourcen der Betroffenen und fragt z.b. nach den Ausnahmen von der gegenwärtig als schwierig empfundenen Situation („Wann trat Ihr Problem gar nicht oder weniger stark in Erscheinung? Was war da anders?"). Ein systemisch-zirkulärer Fragestil lädt ein zur Einnahme anderer Perspektiven („Was glauben Sie, würde Ihr Konkurrent auf dem Markt zu Ihrer jetzigen Lage und Ihren Plänen sagen?").

Im Bereich der OE tragen eine schriftliche Rückmeldung an die im Erstgespräch anwesenden Organisationsmitglieder vonseiten des Beraters im Hinblick auf die aktuelle Situation der Organisation, angesprochene Themen und vereinbarte Ziele, methodische Varianten, Leistungen der Organisation selber und Rolle

der Berater sowie die nächsten Schritte zur Realisierung dieses Prinzips bei, indem z.b. eine Prozessarchitektur für die nächste Phase entwickelt und vorgelegt
wird (vgl. Königswieser/Exner 2004, Schiersmann/Thiel 2009, S. 42 ff.). Zur
Transparenz vonseiten der Berater zählt ebenso der Hinweis auf zentrale Prinzipien der OE (z.b. Beteiligung der Betroffenen und Orientierung an ihren Ressour-
cen/Kompetenzen, Weiterbestehen der hierarchischen Organisationsstruktur)
und den unsicheren Planungshorizont – mit der Wahrscheinlichkeit, die Planung
modifizieren zu müssen.

2.2.2 Muster des relevanten Systems identifizieren

Bei diesem Prinzip geht es darum, das System zu identifizieren, auf das sich die
Beratung, d.h. die Unterstützung der Selbstorganisationsprozesse beziehen soll,
und Muster dieses Systems zu identifizieren. In dem genannten Fallbeispiel wurde ein Geschäftsbereich der Organisation als zu betrachtendes System identifi-
ziert. Als aktuelles Muster wurde die kompetente Aufgabenerledigung und die
Konzentration der Mitarbeiter auf den je eigenen Arbeitsplatz bzw. die eigene
Abteilung sowie die mangelnde Berücksichtigung der Markt- und Konkurrenzsi-
tuation im Geschäftsbereich herausgearbeitet.

Zur Realisierung dieses generischen Prinzips eignen sich insbesondere
ideographische Visualisierungsmethoden bzw. systemische Modellierungen der
Ausgangssituation im Sinne der Konstruktion eines Netzwerkes von Einflussfaktoren (vgl. Schiersmann/Thiel 2009, S. 106ff.). So kann herausgearbeitet werden,
was die Problemlösung und damit die Zielerreichung beeinflusst. Die Identifikation relevanter Systemindikatoren sollte möglichst unterschiedliche Aspekte (z.B.
harte und weiche Einflussfaktoren) berücksichtigen. Aus einer derartigen Sys-
temmodellierung können Entscheidungen für die weitere Bearbeitungsweise
generiert werden.

2.2.3 Sinnbezug herstellen

Lern- bzw. Entwicklungsprozesse von Personen und Organisationen müssen von
den Mitgliedern des jeweiligen Systems (Personen, Teams) als sinnvoll erlebt
werden und mit deren eigenen Zielvorstellungen und zentralen Lebenskonzep-
ten korrespondieren, damit diese sich darauf einlassen. Die Orientierung des

Beraters an den jeweiligen Sinnbezügen[32] der Organisation und ihrer Mitarbeiter (z.b. an ihrer Unternehmenskultur) stellt in der Organisationsberatung eine wichtige Voraussetzung für die Stärkung der persönlichen und unternehmerischen Leistungsfähigkeit dar. Dies gilt um so stärker, je krisenhafter die aktuelle Situation erlebt wird, da Ratsuchenden in dieser Konstellation innere Stimmigkeit und zielorientiertes Handeln kaum zur Verfügung stehen. Nur für als sinnvoll und bedeutsam erlebte Veränderungsstrategien werden sich die Mitarbeiter engagieren. Die werteorientierte, soziale und politische Orientierung an Benachteiligten der Gesellschaft im Sinne eines Leitbildes war in dem Fallbeispiel die Folie für die Akzeptanz von Veränderungsnotwendigkeiten und -strategien.

Neben der Entwicklung von Visionen und des Ermöglichens von Kongruenzerfahrungen der Mitarbeiter mit ihren Zielen und Werten ist es in der organisationsbezogenen Beratung in diesem Zusammenhang wichtig, Mitarbeiter in Planungs- und Entwicklungsprozesse möglichst umfassend einzubeziehen und ihre eigenen Ideen und Beiträge zu würdigen. Eine „Kultur der Partizipation" (Haken/Schiepek 2006, S. 629), Reflexion und gemeinsamen Verantwortung muss gefördert werden. Dies wurde im Fallbeispiel u.a. durch Workshops realisiert (s. dazu weiter unten).

2.2.4 Energetisierungen ermöglichen/Kontrollparameter identifizieren

Selbstorganisation setzt – wie bereits im vorigen Abschnitt erläutert – eine energetische Aktivierung des jeweiligen Systems voraus. Es geht in diesem Zusammenhang um die Herstellung motivationsfördernder Bedingungen, um die Aktivierung von Ressourcen, um die Herausarbeitung auch der emotionalen und motivationalen Bedeutung von Zielen, Anliegen und Visionen der Ratsuchenden (vgl. Haken/Schiepek 2006, S. 438). In diesem Sinne geht es in der Organisationsberatung darum, Faszination zu ermöglichen und eine Identifikation mit Zielen und Wegen zu erreichen, Leistungsangst und Druck zu vermeiden und Konflikte aufzugreifen, (Zwischen-)Resultate wertzuschätzen, das Selbstwertgefühl zu stärken, Gratifikationen als Ausdruck der Wertschätzung vorzusehen, eigenverantwortliches Handeln in Projektgruppen und Teams zu fördern. Für dieses auch emotional relevante Prinzip eignen sich nach unserer Erfahrung z.B. Großgrup-

---

[32] In diesem Kontext sei daran erinnert, dass die Kategorie ‚Sinn' als Einheit von Sach-, Sozial- und Zeitdimension auch einen zentralen Begriff in Luhmanns Systemtheorie darstellt (1984): Dieses „Sinngeschehen" trägt sich selbst, ist „Autopoiese par excellence" (Luhman 1984, S. 100).

penverfahren und Workshops als Startszenarien mit ihrem energetischen Motivationsschub.

Zu den tragenden Säulen im Fallbeispiel gehörten – verteilt über einen insgesamt 2 1/2 Jahre dauernden Prozess – fünf eintägige Workshops, an denen durchschnittlich 40-50 Mitarbeiter aus unterschiedlichen Abteilungen teilnahmen. Die Workshops starteten zumeist mit Kurzformen aus verschiedenen Großgruppenverfahren (z.B. World Cafe, Zukunftskonferenz, Appreciative Inquiry (AI), Real Time Strategic Change (RTSC); vgl. zu diesen Verfahren: Schiersmann/Thiel 2009, S. 112 ff.). Diese knüpften an die *Ressourcen* und lebendigen bzw. aktualisierten Erfahrungen der Teilnehmer an (Was haben wir geleistet? Was kommt auf uns zu? Welche Fähigkeiten und Maßnahmen brauchen wir?) und dienten zugleich dem *Beziehungsaufbau* zwischen den Mitarbeitern, aber auch zu den Beratern. Workshops ermöglichen Eigeninitiative, Beteiligungskultur und Veränderungsbereitschaft. Die Stärke der *Motivation zur Veränderung* ist hierbei ein wichtiger *Kontrollparameter*. Dadurch dass brennende, den gesamten Geschäftsbereich betreffende Themen in einer emotional angenehmen Atmosphäre verhandelt wurden, wurde ein außergewöhnlich starkes Interesse an Veränderung geweckt. Durch diesen Energieschub wurde das inhaltlich verfolgte Ziel, nämlich den Geschäftsbereich zukunftsfähig zu machen, im Hier und Jetzt als gemeinsamer Sinnbezug auch emotional spürbar. Die zentrale Bedeutung von Emotionalität und Reflexivität wird durch die gegenwärtige Forschung auf den verschiedensten Gebieten hervorgehoben (z.B. der Problemlöse-, Kleingruppen- und Motivationsforschung, dem emotionalen Management und der Bedeutung der Beziehungsqualität in der Psychotherapie- und Beratungsforschung).

2.2.5 Fluktuationsverstärkungen realisieren/Destabilisierung

Beratung zielt darauf ab, den Beteiligten neue Erfahrungsmöglichkeiten zu eröffnen. Um dies zu erreichen, sollen bestehende Muster der Kognition, des Erlebens und des Verhaltens (K-E-V-Muster) unterbrochen werden. Häufig ist bei den Betroffenen selber bereits der Eindruck vorhanden, dass die bestehenden Regeln und Abläufe, Verhaltensweisen und Wirklichkeitskonstruktionen nicht mehr passend sind – sonst würden sie nicht Beratung in Anspruch nehmen.

Um bestehende Muster aufzuweichen, können unterschiedliche Techniken eingesetzt werden, z.B. Übungen und Rollenspiele, Verhaltensexperimente, Fokussierung auf die Ausnahmen von einem Problemmuster, Einführung bisher nicht benutzter Unterscheidungen und Differenzierungen, Fragen nach Ausnahmen, Erarbeitung von veränderten Verständniszusammenhängen und Deutungen (Reframing), konfrontative und provokative Verfahren. Dabei ist es wichtig, begonnene Lernprozesse zu verstärken[33], Anreize zu identifizieren, veränderte Symbole, Sprachspiele und Interpretationen anzuregen, Meinungsführer und Imageträger in die Veränderungen einzubeziehen und ‚Pilotprojekte' durchzuführen (vgl. Haken/Schiepek 2006, S. 439, 630).

In dem Betrieb des Fallbeispiels übernahmen auf dem ersten Workshop spontan fünf Mitarbeiter freiwillig die Verantwortung für ein je selbstgewähltes, abteilungsübergreifendes Projekt-Thema (z.B. „Einrichtung eines innerbetrieblichen Infoboards" als Datenbank zur Nutzung materiell-räumlicher, technologischer und personeller Ressourcen im gesamten Geschäftsbereich, „Hospitation u. Jobrotation" von Mitarbeitern im Geschäftsbereich, um andere Arbeitsfelder und -formen im Unternehmen kennen zu lernen, „Öffentlichkeitsarbeit", um mit einem gemeinsamen Profil ‚am Markt' aufzutreten). Der Vorgehensweise lag die Methode des sog. Action-Learnings (vgl. Donnenberg 1999) zugrunde. Jeder dieser fünf Mitarbeiter suchte sich – im Sinne der selbstorganisierten Eigenaktivität/des unternehmerischen Handelns – selbständig weitere Mitstreiter aus dem Geschäftsbereich. Die Eigeninitiative des einzelnen Mitarbeiters wurde durch die *Resonanz* bei anderen Mitarbeitern sozial verstärkt, d.h. es entstanden kreiskausale Rückkoppelungen. Es wurde ein neuer Möglichkeitsraum eröffnet, aber es gibt keine Garantie für die Dauer, Effizienz und Effektivität. Die Fluktuationsverstärkung im Sinne einer Destabilisierung des alten K-E-V-Musters wurde außerdem durch eine selbständige Zusammenarbeit in den Projekt-Teams auf der Gruppen- und Organisationsebene verwirklicht. Die abteilungs- und hierarchieübergreifende Kooperation ermöglichte eine Intentionsveränderung im Sinne von Grawe (2000, S. 89f.) im Hinblick auf organisationsumfassende Themen – weg von der Fokussierung auf den eigenen Arbeitsplatz und die eigene Abteilung.

2.2.6 Synchronisation beachten

Im Beratungsprozess angewandte Methoden und Verfahren sollen dem aktuellen kognitiv-emotionalen Zustand (state of mind)[34] der daran Beteiligten entsprechen

---

[33] Die soziale Verstärkung ist der kleinste Baustein der Selbstorganisation, weil sie gemäß dem kreiskausalen Denken bzw. dem Gedanken der positiven Rückkoppelung (vgl. Grawe 2000) auf das verursachende Element zurückwirkt.

[34] Diese states of mind sind nach Haken/Schiepek (2006, S. 339) als (Quasi-) Attraktoren des psychischen und sozialen Geschehens zu betrachten.

und zu deren aktueller kognitiv-emotionaler ‚Verarbeitungstiefe' passen. Interventionen, die damit nicht kongruent sind, haben nur eine geringe Chance, von den Ratsuchenden verstanden und aufgegriffen zu werden, weil das System dafür keine Antennen hat/keine Resonanz zeigt. Die zeitliche Passung und Koordination der Vorgehensweisen und des Kommunikationsstils eines Beraters mit den psychischen und physiologischen Prozessen und Rhythmen der Beteiligten kann als Voraussetzung wie auch als Merkmal einer gelingenden Beratung gelten. Dies ist wichtig, da Veränderungsprozesse eine Eigendynamik aufweisen, die nur bedingt beschleunigt werden kann (vgl. Wimmer 1999, Haken/Schiepek 2006, S. 630). Auf Vergleichbares zielt auch das Prinzip des ‚Pacing and Leading' in der lösungsorientierten Beratung, wobei der Berater durch Übereinstimung in Wortwahl (z.B. durch Aufgreifen von Bildern, idiosynkratischen Begriffen oder Redewendungen der Beteiligten) und Körperhaltung den Kontakt/‚Rapport' zum ratsuchenden System verstärkt und eine Sensibilität für die Aufnahmebereitschaft der Mitarbeiter entwickelt (vgl. Fittkau 2003).

In dem OE-Fallbeispiel war für die Synchronisation z.B. wichtig, die durchgeführten Workshops in einem angemessen Abstand zu platzieren und die Aktivitäten der einzelnen Projektteams im Sinne eines Prozessmonitorings gut aufeinander abzustimmen. Diese Zusammenarbeit wurde z.B. durch die Berater in Sitzungen mit den fünf Projektleitern unterstützt.

2.2.7   Gezielte Symmetriebrechung ermöglichen

In der Sprache der Synergetik bedeutet ‚Symmetrie', „dass zwei oder mehrere Attraktoren (bzw. ‚Ordner') eines Systems im Zustand kritischer Instabilität potentiell mit gleicher oder ähnlicher Wahrscheinlichkeit realisiert werden können" (vgl. Haken/Schiepek 2006, S. 439). Da kleine Fluktuationen über ihre Realisation entscheiden, ist die Vorhersagbarkeit der weiteren Entwicklung gering. Die Aufgabe des Beraters besteht darin, diese Entscheidung nicht dem Zufall zu überlassen, sondern sinnvolle Hilfestellungen zur ‚Symmetriebrechung' zu geben, um einige Strukturelemente eines neuen Ordnungszustandes mit den dazu gehörigen Emotionen umzusetzen. Gezielte Zustandsrealisierungen setzen dabei insbesondere auf die Intentionalität und Antizipationsfähigkeit des Menschen (z.B. über imaginierte Zustände oder die kognitive Antizipation von Verhaltensweisen). Hierzu können z.B. Rollenspiele und Sketche eingesetzt werden. Für die Organisationsberatung sind auch ‚Pilot- und Referenzprojekte' von großer Bedeutung, um ‚Attraktionskerne' für umfassende Entwicklungen zu etablieren.

Die Symmetriebrechung und das dadurch etablierte neue K-E-V-Muster wurde in dem Fallbeispiel nicht nur durch den Support des Leitungsteams, sondern auch auf der Gruppenebene sozial verstärkt – innerhalb der Gruppen durch den gelungenen gemeinsamen Problemlöseprozess, zwischen den Gruppen durch die gegenseitige Unterstützung und durch positive Rückmeldungen über ihre (Zwischen)Ergebnisse auf den Workshops. Hervorzuheben ist die vorbildliche Unterstützung durch den Geschäftsbereichsleiter bzw. das Leitungsteam – vom Beginn bis zum Ende des OE-Prozesses. Schnelle Entscheidungen über die Vorschläge der Projektgruppen, häufige und hilfreiche Präsenz in den Meetings und eine herausragende Kultur der Anerkennung der Leistungen der AGs waren wichtige Unterstützungsmomente für den Erfolg des Lern- bzw. Veränderungsprozesses.

2.2.8 Re-Stabilisierung sichern

Werden im Zuge des Beratungsprozesses positiv bewertete Kognitions-, Emotions- oder Verhaltensmuster erreicht, so gilt es, diese zu stabilisieren. Die am Veränderungsprozess Beteiligten sollen sich idealerweise mit der neuen Ordnung und ihren Rahmenbedingungen identifizieren. Es geht psychologisch betrachtet darum, das neue Muster in das bestehende Selbstkonzept bzw. die Unternehmensstruktur und -kultur zu integrieren und mit bestehenden kognitiv-emotionalen Schemata zu vernetzen. Hierin besteht ein wesentlicher Erfolgsfaktor von Veränderungsprozessen. Aus unserer Sicht scheitern manche Beratungsprozesse deshalb, weil für die Verstetigung begonnener Lern- und Entwicklungsprozesse weder von den Führungskräften noch von den OE-Beratern hinreichend gesorgt wird.

Maßnahmen zur Stabilisierung bzw. Generalisierung Verstetigung/ Nachhaltigkeit können sein: Feedbackschleifen, Wiederholungen, Variationen, Nutzung in unterschiedlichen Situationen und Kontexten oder positive Verstärkung, Überführung von Abläufen in Prozessbeschreibungen (z.B. in Qualitätshandbüchern).

In dem skizzierten Fallbeispiel fand eine erster Ansatz einer Verstetigung bzw. Nachhaltigkeit dadurch statt, dass sich nach Abschluss einer ersten Projektrunde sofort eine zweite anschloss, bei der nach derselben Vorgehensweise an weiteren Projektthemen gearbeitet wurde. Nach Abschluss dieser zweiten Runde verständigte sich die Organisation u.a. darauf, jährlich einmal über Veränderungsbedarfe in einer großen Runde zu diskutieren und Verantwortlichkeiten für die Umsetzung nach den bisherigen Prinzipien festzulegen.

So ist am Ende des OE-Prozesses eine neue Ordnung durch intrasystemische Wechselwirkungen zustande gekommen: Die Eigeninitiative einzelner Mitarbeiter, ihr Engagement für den Betrieb traf auf Resonanz bei anderen (was nicht selbstverständlich ist und so nicht prognostizierbar war), wurde verstärkt durch das selbständige Finden weiterer aktiver Mitstreiter (was zu dem Zeitpunkt ebenfalls nicht selbstverständlich und so nicht prognostizierbar war) und positiver Rückmeldungen z.b. bei der Darstellung von Zwischenergebnissen auf den Workshops. Durch diese kreiskausale Rückkoppelung wurden verteilt operierende Systeme (z.b. Personen oder Abteilungen) aufeinander bezogen. So ‚geschieht' allmählich eine neue ‚Ordnung', bildet sich ein verändertes ‚Muster' bzw. ein anderer ‚Attraktor'.

3   Verknüpfung der generischen Prinzipien mit einem phasenorientierten Prozessmodell für komplexes Problemlösen

Beraten wurde bereits einleitend allgemein auch als Hilfe zum Lösen einer subjektiv bedeutsamen, zumeist komplexen Problemsituation definiert. Das kann eine Person, eine Gruppe bzw. ein Team oder die Gesamtorganisation betreffen. In dieser groben Ziel- und Funktionsbestimmung haben die meisten Beratungsansätze und -definitionen einen gemeinsamen Nenner. Die Forschung zum ‚komplexen Problemlösen' hat seit den 1970er Jahren die Merkmale von schwierigen Problemsituationen herausgearbeitet,[35] deren Beschreibung auch auf dynamische Veränderungsprozesse im Rahmen von Beratung zutrifft. Dazu gehören

- die *Komplexität* der Situation (Anzahl der Einflussfaktoren, Art und Dichte ihrer Verknüpfungen),
- die *Intransparenz* (Elemente sind teilweise unbekannt),
- die Abhängigkeiten zwischen den beteiligten Einflussgrößen,
- die Eigendynamik des Systems und
- die *Vielzahl von Zielen* bei Entscheidungssituationen (vgl. www.psychologie. uni-heidelberg.de; Dörner 1989, S. 67, Schiepek u.a. 1997, S. 41).

---

[35] Das geschah vor allem unter dem Einfluss computersimulierter Szenarien im Rahmen der kognitionspsychologisch orientierten Laborforschung.

Berater sowie Ratsuchende brauchen bereits zu Beginn eines letztlich nicht prognostizierbaren Entwicklungsprozesses auf einer *groben Makro-Ebene* eine *ungefähre* Vorstellung/ein *vorläufiges* Bild von der Gestaltung der ,Verlaufskomplexität'. Das impliziert eine heuristische Vorstellung von möglichen ,Abschnitten', ,Schritten', ,Phasen' u.ä. – über Anfang und Ende eines Prozesses hinaus. Ein gemeinsames Merkmal aller Beratungsansätze besteht bislang darin, dass für den Ablauf eines Beratungsprozesses ein Phasen- bzw. Stufenmodell zugrunde gelegt wird. Es ist vermutlich einleuchtend, dass eine transparente Ablaufstruktur sowohl für die professionellen Berater als auch Ratsuchende/Organisationsmitglieder einen Halt gebenden und Stabilität vermittelnden Orientierungshorizont und eine Verständigungsbasis bildet, zumal Veränderungsprozesse tendenziell mit Verunsicherung, Instabilität und Angst einhergehen.

Phasenmodelle stellen ein ,prozedurales' bzw. strategisches Handlungswissen im Umgang mit komplexen Problemen bzw. Situationen dar (vgl. Putz-Osterloh 1994, S. 86). Es ist konsequent, sich der theoretisch begründeten und empirisch fundierten Problemlösepsychologie zu bedienen, die sich innerhalb ihrer Disziplin auf dem Wege zu einer ,Meta-Theorie' befindet (vgl. Dörner u.a. 1999). Als weiterer Eckpunkt für eine allgemeine Beratungstheorie wird deshalb ein aus der empirisch fundierten Problemlöse- und Denkpsychologie stammendes Phasenkonzept zugrundegelegt (s. Abbildung 2), das in seiner Grundstruktur eine weite, multidisziplinäre Verbreitung gefunden hat (u.a. in der Sozialarbeit, der Eltern- und Familienbildung, in Programmen der Selbstveränderung, im schul- und erwachsenenpädagogischen Bereich, beim Projektmanagement, in der Supervision, beim Coaching, in der Therapie, der OE).

Dörner (1976) definiert ein Problem durch drei Merkmale: einen unerwünschten Ausgangszustand (= die „Ist-Situation"/der Problembereich), eine gewünschte Veränderung als Ziel (= „Soll-Zustand"/Zielbereich) und eine Wegstrecke, die unter Einsatz unterschiedlicher Mittel und Methoden zurückgelegt werden muss – also ein u.U. längerer, risikoreicher Weg vom ,Hier und Jetzt' der Ausgangssituation zum ,Dort und Dann' des gewünschten Zielzustandes. Dabei ist häufig ein ,dialektischer' Problemtypus bei Personen und Organisationen vorhanden, bei dem zu Beginn weder das Ziel ganz klar noch die notwendigen Methoden auf dem Weg dahin hinreichend bekannt sind. Nach Dörner ist Problemlösen ein strategisches Werkzeug zur Reduktion dieser Unbestimmtheit.

Die Orientierung an Phasen als grobem Leitfaden für einen Entwicklungsprozess unterstützt das Lernen in der Zeit, eine mögliche Weiterentwicklung von Personen, Gruppen und Organisationen dadurch, dass – ausgehend vom häufig allgemeinen Problemanlass oder diffusen Unbehagen – die zu bearbeitende Situation immer konkreter, der Lösungsweg überschaubarer und planbarer und die Erfolgsaussicht eines Beratungsprozesses gesteigert – aber nicht garantiert wird. Die Phaseneinteilung trägt somit zur ‚Hoffnung auf Erfolg' bzw. zur Antizipation der Zukunft auf dem Weg vom ‚Ist' zum ‚Soll' bei. Sie ermöglicht als komplexitätsreduzierende Vorgehensweise das ‚Managen', d.h. das Planen und Kontrollieren komplexer Situationen sowohl aufseiten des ratsuchenden als auch das beratenden Systems – im Bewusstsein der „Grenzen einer Komplexitätsbeherrschung" (Servatius 1991, S. 96).

In der Abbildung 2 wird ein solches phasenorientiertes Prozessmodell vorgestellt, auf dessen Grundstruktur (fast) alle publizierten Modelle abbilden lassen. Es umfasst die folgenden Aspekte:

- die Problemerkundung („Was ist Ihr Anliegen/Problem?") und eine mehr oder weniger intensive Analyse der Ausgangssituation,
- die Zielklärung („Was wollen Sie erreichen? Was ist Ihr konkretes Ziel?"),
- die Ideensammlung und Strukturierung möglicher Veränderungsschritte, Lösungswege bzw. Maßnahmen zur Zielerreichung („Wie werden Sie dieses Ziel erreichen? Für welche Maßnahme(n) entscheiden Sie sich?"),
- die zeitliche, personelle und finanzielle Planung der Umsetzung („Welche Ressourcen/Unterstützung haben/brauchen Sie? Was sind die nächsten Schritte?"),
- die Umsetzung und Kontrolle der Durchführung („Ist die festgestellte Abweichung zwischen dem ursprünglichen Plan und dem augenblicklichen Stand ein Anlass für Korrekturen?") sowie
- die Evaluation, Reflexion und der Transfer von Ergebnissen („Im Hinblick auf welche Kriterien ist der Prozess ein Erfolg/haben Sie das Ziel erreicht? Was wurde in dem Prozess der Bearbeitung individuell und kollektiv gelernt? Auf welche weiteren Situationen/Probleme sind die gemachten Erfahrungen anwendbar/übertragbar?").

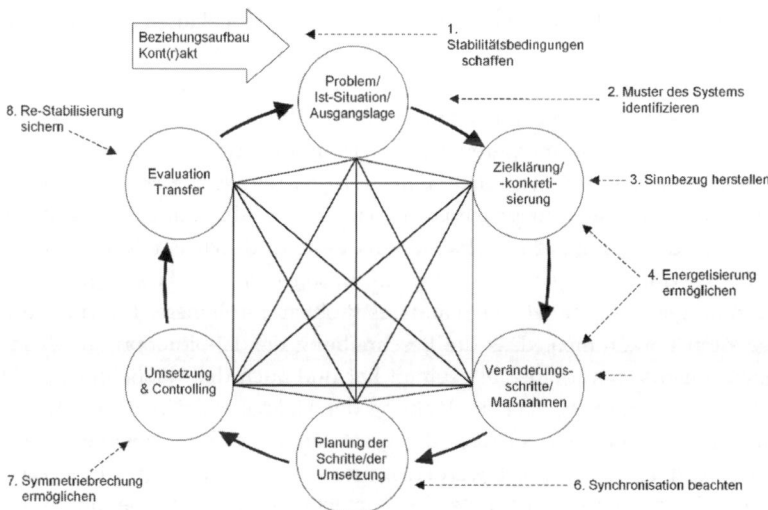

Abbildung 2: Verknüpfung eines Prozess-Modells mit den ‚Generischen Prinzipien'

Vor diesem Hintergrund stellt sich die Frage, wie die im vorigen Abschnitt erläuterten generischen Prinzipien sich zu dem ebenfalls metatheoretischen Ansatz des komplexen Problemlösens verhalten. Die skeptische Haltung mancher Autoren – insbesondere aus dem Bereich der Selbstorganisationstheorie und der experimentellen Prozessforschung – gegenüber Phasen(schemata) resultiert daraus, dass sie sich (zu Recht) gegen „normative" Phasenmodelle (Haken/Schiepek 2006, S. 540, S. 627f.) oder das Verständnis von einem „sequentiellen Prozess" (vgl. Simon 2002) wehren. Ein elaboriertes Phasenmodell würde „der Eigendynamik menschlicher Entwicklungsprozesse eine normative Schrittfolge aufzwingen." Es sind eher permanent zu beachtende Kriterien, „...die aber in unterschiedlichen Phasen der Psychotherapie unterschiedliche Bedeutungen erhalten können" (Haken/Schiepek 2006, S. 436f.). Bei beiden Autoren wird der Phasenbegriff allerdings häufig gebraucht – ohne nähere Erläuterung bzw. ohne einen Systematisierungsversuch. Evtl. hängt dies mit einem ausschließlich linearen Verständnis und einer Assoziation von rigide angewandten Phasenschemata zusammen.

Dieser Argumentation ist jedoch im Sinne einer systemischen Sicht eines solchen Prozess-Modells entgegen zu halten, dass die benannten Phasen *nicht starr* aufzufassen sind. In der Praxis vollzieht sich komplexes Problemlösen *nicht schrittweise*, das Phasenschema wird *nicht linear* durchlaufen (z.b. beginnen manche mit der Zielklärung, andere zuerst mit der Ist-Diagnose und wieder andere mit der Lösungssuche). Häufig ist ein „vielfältiges Hin- und Herspringen zwischen diesen verschiedenen Stationen" zu konstatieren (Dörner 1989, S. 73). Manchmal wird an mehreren Stellen *gleichzeitig* etwas überlegt bzw. verändert. Die Phasen sind folglich miteinander *vernetzt* und *rückgekoppelt* und der Verlauf des Prozesses ist nicht prognostizierbar. In der Abbildung 2 wird der gesamte Prozess des komplexen Problemlösens deshalb durch ein Netz von zirkulären *Rückkoppelungsschleifen zwischen potentiell allen Phasen* dargestellt. Es kann im Beratungsverlauf plötzlich ein anderes Problem mit höherer Priorität auftauchen, es kann vorkommen, dass die Beschreibung der Ist-Situation auf Zustimmung stößt, man sich auf ein Ziel geeinigt hat und auch die Maßnahme zur Zielerreichung akzeptiert ist, aber die Planung der Maßnahme sich als oberflächlich und ungenau herausstellt, so dass die gesetzten Ziele und geplanten Maßnahmen überprüft bzw. korrigiert werden müssen. Die Gesamtheit dieses Zusammenspiels beim komplexen Problemlösen macht das ‚Systemische' aus. Werden gar alle Phasen zusammen mehrmals ‚abgearbeitet', müsste der gesamte Problemlösekreislauf graphisch als ‚*Zyklus*' dargestellt werden (vgl. Schiersmann/Thiel 2000, S. 145).

Wir ziehen daraus die Konsequenz – sowohl im Hinblick auf die Wirkprinzipien von Grawe vgl. Grawe u.a. 2000, Grawe 2004) als auch die generischen Prinzipien von Haken/Schiepek (2006) – das phasenorientierte Prozess-Modell bei der Entwicklung eines allgemeinen Beratungsansatzes hinzu zu ziehen, zumal wir den Eindruck haben, dass bei Grawe und Haken/Schiepek ein implizites Phasenschema durchscheint.[36] Um ansatzweise eine theoretische und anwendungsorientierte Brücke zwischen dem Konzept der generischen Prinzipien und dem phasenorientierten Problemlösemodell herzustellen, haben wir in Abbildung 2 heuristisch eine Zuordnung versucht (z.b. Identifikation von Mustern des Systems und Problem-/Ausgangslage, Sinnbezug herstellen in der Phase der Zielklärung) – wohl wissend, dass nicht alle generischen Prinzipien in jeder Pha-

---

[36] Einige Hinweise zu impliziten Phasenvorstellungen bei Grawe und Schiepek: Bei Grawe ist zu unterstellen, dass eine aktive Hilfe zur Bewältigung von Problemen – sei es in motivationaler oder aktionaler Hinsicht – *nach* einem Beziehungsaufbau und der Klärung von Absichten/Zielen folgt. Bei Schiepeks Aufzählung der acht generischen Prinzipien fällt auf, dass erst *nach* dem Schaffen von Stabilitätsbedingungen, *nach* der Identifikation von Mustern und der Passung von neuen Entwicklungszielen mit dem eigenen Lebenskonzept die weiteren Interventionen des Therapeuten/Beraters stattfinden können (z.B. Fluktuationsverstärkung, Symmetriebrechung und Re-Stabilisierung)!

se eines Beratungsprozesses gleich stark zum Tragen kommen. Darüber hinaus gehen wir – vor dem Hintergrund des Phänomens der ‚Fraktale' (vgl. Kriz 1992) – von der Hypothese aus, dass der gesamte Problemlösekreislauf strukturell sich auch in jeder einzelnen Phase wiederfindet und somit auch die acht generischen Prinzipien potentiell in jeder Phase Anwendung finden können bzw. sollten. Dafür ein Beispiel: In der Phase der Entwicklung von Veränderungsschritten/Maßnahmen/Lösungswegen sollten – zumal Phasenübergänge mit kritischen, instabilen Situationen verbunden sein können – angstfreiere, stabile Rahmenbedingungen hergestellt werden, um alternative, kreative Lösungsideen überhaupt zu ermöglichen. Die Veränderungsschritte/Maßnahmen sind mit den Zielen, der Vision, der Unternehmensstrategie und der Kultur als Sinnbezug abzustimmen. Die anzuwendenden Methoden/Verfahren müssen zu den vorhandenen Kompetenzen/Lernerfahrungen der Ratsuchenden bzw. zu deren Verarbeitungstiefe ‚passen': Was motiviert/energetisiert die Mitarbeiter im Hinblick auf konkrete Veränderungsschritte? Ist die Methode des Brainstormings im Hinblick auf neue Wege angemessen, sind kreative Medien einzusetzen (z.B. Bildermalen) oder ist ein Projektstrukturplan zu erstellen, um bisherige Muster der Bearbeitung zu ‚destabilisieren'? Spaß und rückgemeldete (Teil-)Erfolge bei der Einübung solcher Formen von Ideensammlungen und späteren Umsetzung können den eingeschlagenen Weg solcher Prozesse zur Veränderung einer Situation verstärken und ein neues (Teil-)Muster kreieren bzw. stabilisieren. So könnte exemplarisch für diese Situation die ‚ideale' Vorstellung vom Problemlöseverlauf mit der ‚idealen' Unterstützung von Selbstorganisationsprozessen in einen Zusammenhang gebracht werden.

4 Kontextmodell

Bei den beiden bisher erläuterten Elementen einer allgemeinen Beratungstheorie - den selbstorganisationsfördernden Prinzipien und dem Modell eines phasenorientierten Lösungsprozesses – handelt es sich im Kern um prozessbezogene Theorien, d.h. sie konturieren die Ausgestaltung des Beratungsverlaufs als einen komplexen, dynamischen Kommunikationsprozess. Das Beratungssystem, in dem sich dieses Beratungsgeschehen vollzieht, befindet sich aber nicht in einem luftleeren Raum, sondern ist eingebunden sowohl in organisationale als auch gesellschaftliche Kontexte. Da dieser Sachverhalt aus unserer Sicht – insbesondere in den personenbezogenen – Beratungsansätzen bislang häufig nicht hinreichend berücksichtigt wird, wir diese Einflüsse aber für sehr relevant halten, ist für aus unserer Sicht als weiteres Element für die Konstitution einer Beratungstheorie ein systemisches Kontextmodell hilfreich (s. Abbildung 3), das die Wechselwirkung der unterschiedlichen Ebenen thematisiert. Mit Chur (2002) kann die Entwicklung der Beratung nicht nur als eine beschrieben werden, die sich weg von der helfenden Profession hin zu den Ressourcen des Klienten bewegt, sondern auch als eine vom ,Individuum zum Kontext'. Die stärkere Beachtung der interpersonalen bzw. suprapersonalen Perspektive bezieht das Umfeld des Individuums mit ein (vgl. Nestmann 1997, 2004). [37]

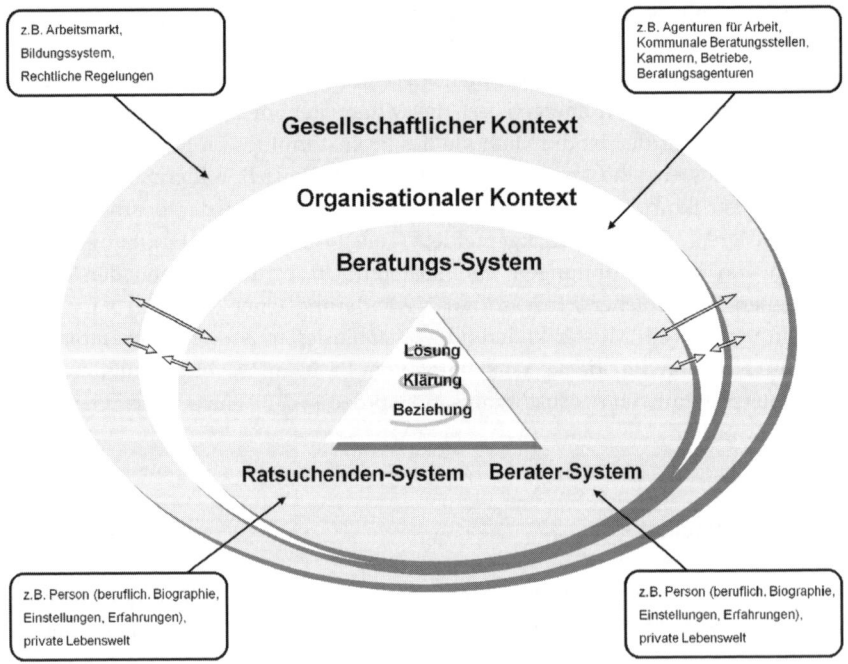

Abbildung 3:   Systemisches Kontextmodell der Beratung

---

[37] Die in der Abbildung 3 definierte organisationalen und gesellschaftliche Ebene konkretisieren das für das Feld der Beratung, was Haken/Schiepek (2006) als Umwelt und systeminterne und -externe Randbedingungen bezeichnen (s. Abb. 1).

Der *organisationale Kontext* bezieht sich u.a. auch auf die Organisation, die die Beratung anbietet. Dabei sind in der personenbezogenen Beratung Einflussfaktoren von Bedeutung wie das Selbstverständnis des Anbieters, sein theoretisch-methodischer Hintergrund, der Zielgruppenfocus, die Aus- und Weiterbildungen oder Handlungsspielräume der Berater. Es ist sicher leicht nachvollziehbar, dass sich die personenbezogene Beratung in einer Agentur für Arbeit einen anderen Kontext vollzieht – u.a. im Spannungsfeld von Förderung und Sanktion – als die in einer Hochschule oder einer kommerziellen Beratungsagentur. Bei der organisationsbezogenen Beratung, die im Gegensatz zur personenbezogenen Beratung überwiegend kommerziell organisiert ist, während erstere unterschiedliche Finanzierungs- und Trägermodelle aufweist, spielen ebenso das Selbstverständnis (z.b. im Spannungsfeld von Prozess- und Expertenberatung), der theoretisch-methodische Hintergrund, ggf. feldspezifische Ausrichtungen (z.B. auf Klein- und Mittelbetriebe oder bestimmte Branchen) ein Rolle.

Bei der Organisationsberatung impliziert der organisationale Kontext noch eine weitere Dimension, denn die Organisation – oder Teile davon – stellen ja den Beratungsanlass dar. Folglich sind Aspekte wie die Größe des Betriebes, die Branche, die aktuelle und antizipierte Marktsituation, das Kompetenzniveau der Mitarbeiter, die Organisationsstruktur und -kultur zugleich Anknüpfungspunkte für den Beratungsprozess.

Die *gesellschaftliche Einbindung* des Beratungsprozesses beinhaltet eine doppelte Dimension: Zum einen werden die Anliegen der Ratsuchenden – seien es Personen oder Organisationen – durch gesellschaftliche Gegebenheiten geprägt, z.B. in Bezug auf die Marktsituation, den Arbeitsmarkt, auf vorhandene Bildungsangebote, Gesetze, Aspekte der Globalisierung sowie der Dynamisierung des Wandels. Zum anderen bezieht sich dieser Kontext von Beratung auch auf deren Verortung als soziale Dienstleistung in der Gesellschaft. Dabei geht es um die gesellschaftliche Wahrnehmung des Beratungsbedarfs und diesbezügliche Handlungsstrategien. Wird die Bereitstellung eines Basisangebots für Beratung als relevante gesellschaftliche Aufgabe wahrgenommen? Wie wird der individuelle und gesellschaftliche Nutzen von Beratung gesehen? Wer fühlt sich aufgerufen, für Transparenz, Qualität und Professionalität der Beratung zu sorgen?

Die Tatsache, dass alle organisationalen und gesellschaftlichen Einflussfaktoren zugleich Anlässe bzw. Themen der Beratung sein können, impliziert, dass der Berater neben der Prozesskompetenz auch über gegenstandsbezogenes Wissen verfügen muss. Auch wenn wir Beratung als Prozessberatung verstehen, bei der die Lösung von den Betroffenen selbst ‚gefunden' wird, so benötigen Berater Fachwissen (in Bezug auf die Organisationsberatung z.B. Wissen über Strukturen

und Abläufe von Unternehmen, über Führungsstile, Marktentwicklungen, Megatrends wie Globalisierung, Veränderungen der Arbeitsorganisation etc.).
Nimmt man die Kontextualisierung des Beratungsprozesses ernst so, ergibt sich daraus, dass eine Beratungstheorie bzw. eine *Beratungswissenschaft* multi- bzw. interdisziplinär angelegt sein muss (vgl. Beck 1991, Moldaschl in diesem Band). Einfließen in die Konstituierung einer Beratungstheorie als Theorie einer spezifischen Praxis- bzw. Interventionsform müssten aus unserer Sicht insbesondere die Psychologie, die Bildungswissenschaft, die Soziologie und die Betriebswirtschaftslehre. Die zukünftige Herausforderung wird darin bestehen, die disziplinspezifischen Fachkulturen stärker miteinander zu vernetzen und einen interdisziplinären Diskurs zu entwickeln.

5   Fazit

Zusammenfassung ist zu resümieren, dass wir verschiedene Elemente für eine allgemeine Beratungstheorie vorschlagen: Hierzu zählt die auch empirisch abgesicherte Theorie der Selbstorganisation mit den darauf aufbauenden sog. generischen Prinzipien, die im Mittelpunkt dieses Beitrags standen. Beratung wird in diesem Kontext als Förderung bzw. Unterstützung von Selbstorganisationsprozessen konzipiert – durch Berater, im Prinzip aber auch durch Führungskräfte oder andere Mitarbeiter. Da es ein gemeinsames Merkmal nahezu aller Beratungsansätze darstellt, sich für die Ausgestaltung eines Beratungsprozesses an einem Phasenmodell zu orientieren, erscheint es sinnvoll, den Ansatz der Synergetik mit einem phasenorientierten Prozessmodell zu verknüpfen. Dabei handelt es ich um einen weiteren, auf einer Meta-Ebene angesiedelten Zugang zu dieser Praxisform. Da es bei der Beratung um einen komplexen Prozess mit vielen Einflussfaktoren geht, darf ein Phasenmodell jedoch nicht als lineare Abfolge verstanden werden, sondern muss ebenfalls als systemisches Konstrukt konzipiert werden. Schließlich gehen wir davon aus, dass das kommunikative Beratungshandeln – sowohl bei der personenbezogenen als auch der organisationsbezogenen Beratung – die organisationalen und gesellschaftlichen Kontexte angemessen einbeziehen muss und orientieren uns daher an einem systemischen Kontextmodell.

Abschließend möchten wir kurz anreißen, welche Schlussfolgerungen aus einem solchen allgemeinen, theoretisch begründeten und empirisch fundierten Ansatz für empirische Beratungsforschung zu ziehen sind. Dabei schließen wir uns zunächst der generellen Einschätzung von Haken/Schiepek an:

„Allgemein lässt sich sagen, dass die Wissenschaft und insbesondere die Psychologie auf dem Gebiet der Behandlung komplexer Systeme erst am Anfang steht. Eine Bresche hat die Synergetik durch die Entdeckung allgemeiner Prinzipien geschlagen, aber die Zukunft wird in diesem Feld außerordentlich spannend bleiben" (Haken/Schiepek 2006, S. 133).

Als zentralen *Forschungsansatz* sehen wir genauere datenbasierte Fallstudien zu Beratungsprozessen im Sinne einer Prozess-Outcome-Forschung (z.B. Prozesserfassung durch Methoden des Real Time Monitoring sowohl für die genauere Analyse einer Beratungssituation als auch sich daraus ergebende Intervention/Veränderung der Prozessgestaltung). Vor dem Hintergrund der obigen Ausführungen bietet es sich an, Beratungsprozesse daraufhin zu untersuchen, in welcher Weise die generischen Prinzipien verwirklicht werden (z.b. bei unterschiedlichen Praxisformen bzw. Formaten) und in welcher Art und Weise sich der – in der Theorie vorgesehene – Einbezug unterschiedlicher ‚Beratungsschulen' umsetzen lässt (in bestimmten Anwendungsfeldern mit ihren bereichsspezifischen Theorien und Handlungswissen/Interventionsmethoden-Pool). Schließlich wäre die Wechselwirkung der im Kontextmodell ausgewiesenen Ebenen in ihrem Einfluss auf das Beratungsgeschehen (und umgekehrt) näher zu betrachten, um feld-, gruppen- oder branchenspezifische Differenzierungen herauszufinden.

Literatur

Bambeck, J. (1985): Verhaltenstherapie – die Quadratur des Kreises? In: Verhaltenstherapie & psychosoziale Praxis, 1, S. 75-80

Bamberger, G. (2005): Lösungsorientierte Beratung. Praxishandbuch. 3. vollst. überarb. Aufl., Weinheim/Basel: Beltz Verlag

Beck, M. (1991): Beratung als multiprofessionelles und kooperatives Handeln. In Beck, M./Brückner, G./Thiel, H.-U. (Hrsg.): Psychosoziale Beratung. Klient/inn/en – Helfer/innen – Institutionen. Tübingen: dgvt Verlag, S. 37-46

Borg-Laufs, M. (2004): Verhaltensberatung nach dem kognitiv-behavioristischen Modell. In: Nestmann, F./Engel, F./Sickendiek, U. (Hrsg.): Das Handbuch der Beratung. Bd. 2: Ansätze, Methoden und Felder. Tübingen : dgvt Verlag

Chur, D. (2002): Bausteine einer zeitgemäßen Konzeption von Beratung. In: Nestmann, F.; Engel, F. (Hrsg.): Die Zukunft der Beratung. Tübingen: dgvt Verlag, S. 95-134

Dietrich, G. (1983): Allgemeine Beratungspsychologie. Göttingen u.a.: Hogrefe

Dörner, D. (1976): Problemlösen als Informationsverarbeitung. Stuttgart u.a.: Kohl-
    hammer Verlag

Dörner, D. (1989): Die Logik des Misslingens: strategisches Denken in komplexen
    Situationen. Reinbek b. Hamburg: Rowohlt Verlag

Dörner, D./Schaub, H./Strohschneider, S. (1999): Komplexes Problemlösen – Königs-
    weg der Theoretischen Psychologie? In: Psychologische Rundschau, 1999, 4, S.
    198-205

Donnenberg, O. (1999): Action Learning taucht auf. In: Donnenberg, O. (Hrsg.): Action
    Learning. Ein Handbuch. Stuttgart: Klett-Cotta Verlag, S. 44-87

Fittkau, B. (2003): Ressourcenaktivierende Kurzzeit-Beratung. In: Krause, C./Fittkau,
    B./Fuhr, R./Thiel, H.-U. (Hrsg.): Pädagogische Beratung. Grundlagen und Praxis-
    anwendung. Paderborn u.a.: Schöningh (UTB), S. 143-150

Grawe , K. (2000): Psychologische Therapie. Göttingen: Hogrefe Verlag

Grawe, K. u.a. (1994): Psychotherapie im Wandel. Von der Konfession zur Profession.
    Göttingen u.a.: Hogrefe Verlag

Haken, H./Schiepek, G. (2006): Synergetik in der Psychologie. Selbstorganisation ver-
    stehen und gestalten. Göttingen u.a.: Hogrefe Verlag

Klein, S. (2005): Methoden mixen mit Methode. In: managerSeminare, H. 82, S. 46-52

König, E./Volmer, G. (2000): Systemische Organisationsberatung. Grundlagen und
    Methoden. 7. Aufl., Weinheim: Deutscher Studien-Verlag

Königswieser, R./Exner, A. (2004): Systemische Intervention. Architekturen und De-
    signs für Berater und Veränderungsmanager. 8. Aufl., Stuttgart: Klett-Cotta Ver-
    lag

Kriz, J. (1992): Chaos und Struktur. Systemtheorie Band 1.München: Quintessenz

Luhmann, N. (1984): Soziale Systeme: Grundriß einer allgemeinen Theorie. Frank-
    furt/M.: Suhrkamp Verlag

Nestmann, F. (Hrsg.) (1997): Beratung. Bausteine für eine interdisziplinäre Wissen-
    schaft und Praxis. Tübingen: dgvt Verlag

Nestmann, F. (2004): Beratungsmethoden und Beratungsbeziehung. In: Nestmann, F.
    u.a.: Das Handbuch der Beratung, Bd. 2, Tübingen: dgvt, S. 783-796

Putz-Osterloh, W. (1994): Wissen und die Bewältigung komplexer Entscheidungssi-
    tuationen. In: Götz, K. (Hrsg.): Theoretische Zumutungen. Vom Nutzen der sys-
    temischen Theorie für die Managementpraxis. Heidelberg: Carl Auer Verlag,
    S.79-96

Rogers, C./Schmid, P.F. (1998): Person-zentriert. Grundlagen von Theorie und Praxis.
    3. erw. Aufl., Mainz: Matthias Grünewald

Schiepek, G. u.a. (1997): Kreative Problemlöseprozesse in Kleingruppen. In: Langtha-
    ler, W./Schiepek, G. (Hrsg.): Selbstorganisation in Gruppen. 2. durchges. u. erw.
    Aufl., Münster: LIT Verlag

Schiersmann, Ch./Remmele, H. (2004): Beratungsfelder in der Weiterbildung – eine empirische Bestandsaufnahme. Baltmannsweiler: Schneider Verlag Hohengehren

Schiersmann, Ch./Thiel, H.-U. (2000): Projektmanagement als organisationales Lernen. Ein Studien- und Werkbuch (nicht nur) für den Bildungs- und Sozialbereich. Opladen: Leske & Budrich Verlag

Schiersmann, Ch./Thiel, H.-U. (2009): Organisationsentwicklung – Prinzipien und Strategien von Veränderungsprozessen. Wiesbaden: VS Verlag für Sozialwissenschaften

Schiersmann, Ch./Thiel, H.-U. (Hrsg.) (2008): Kompetenzen für die Zukunft – Lernen im Betrieb. Baltmannsweiler: Schneider Verlag Hohengehren

Schmelzer, D.(1999): Hilfe zur Selbsthilfe- Der Selbstmanagement-Ansatz als Rahmenkonzept für Beratung und Therapie. www.beratung-aktuell.de/selbsthilfe.html

Servatius, H.-G. (1991): Vom strategischen Management zur evolutionären Führung. Stuttgart: Poeschel Verlag

Simon, P. (2002): Die Entwicklung eines Modells der Gruppeneffektivität und eines Analyseinstruments zur Erfassung des Leistungspotentials von Arbeitsgruppen. Landau: Verlag Empirische Pädagogik

Thiel, H:-U. (2003): Verhaltensmodifikatorische Elemente in der Beratung. In: Krause, C./Fittkau, B./Fuhr, R./Thiel, H.-U. (Hrsg.): Pädagogische Beratung. Grundlagen und Praxisanwendung. Paderborn u.a.: Ferdinand Schöningh Verlag (UTB), S. 119-126

Wimmer, R. (1999): Zu den Möglichkeiten und Grenzen einer radikalen Transformation von Organisationen. In: Soziale Systeme, 1999, 1, S. 159- 180

Wyss, D. (1991): Die tiefenpsychologischen Schulen von den Anfängen bis zur Gegenwart. 6. erg. Aufl., Göttingen: Vandenhoeck & Ruprecht Verlag

Beratung – ihre mikropolitische Einbindung und ihre Dynamik aus organisationspsychologischer Sicht

Lutz von Rosenstiel

Beratung hat es immer gegeben, doch ist die Tendenz neu und von einer beachtlichen Wachstumsdynamik getragen, Beratung zu professionalisieren und zu einem etablierten Berufsfeld zu machen. So soll nachfolgend skizziert werden, was im hier zu besprechenden Kontext unter Beratung verstanden werden soll, so dann auf die in der Organisationspsychologie zunehmend Beachtung findende Mikropolitik eingegangen werden, wobei zugleich verdeutlicht werden soll, worin die organisationspsychologische Sichtweise besteht. Vor dem Hintergrund mikropolitischen und organisationspsychologischer Erwägungen soll gefragt werden, ob und in wie weit es sich bei der Beratung um einen im Sinne der Rationalität vernünftigen Prozess handelt, um dann exemplarisch auf Mikropolitik im Beratungsprozess einzugehen.

1 Beratung

Nach allgemeinem Verständnis sind Berater Personen, die anderen, die vor einem von ihnen selbst kaum lösbaren Problem stehen, einen, für diese hilfreichen Rat geben. Beratung ist also ein kommunikativer Prozess, bei dem es nicht nur auf das Was, die Inhalte des Gesagten, sondern auch auf das Wie, also die Selbstoffenbarungs-, die Appell- und die Beziehungsdimensionen der Kommunikation unter Einschluss der paraverbalen und nonverbalen Kommunikationsanteile ankommt (Bühler 1965, Neuberger 1992). Da der Kommunikationsprozess sich zwischen dem Berater und dem Klienten zur Bearbeitung eines Problems des Klienten abspielt und bei professionalisierten Beratern zu Marktpreisen gegen Geld gegeben wird, handelt es sich dabei um eine personenbezogene Dienstleistung (Nerdinger 1994). Dies schließt ein, dass in der Regel die Beziehung zeitbegrenzt ist und mit der Erteilung des Rates endet und dass für den Berater darüber hinaus keine weitere Verpflichtung dem Klienten gegenüber besteht. Dies sieht selbstverständlich anders aus, wenn die Beratung in einer nichtprofessionalisierten Weise im Familien-, Freundes- und Bekanntenkreis erfolgt, wobei freilich – auch wenn hier kein Marktpreis bezahlt wird – vielfach Gegenleistungen anderer Art vom Klienten erbracht werden müssen. Sei das nun Liebe, Zuwendung, Hilfe, Verpflichtung oder auch materielle Unterstützung. Aus psychologischer Sicht ist dabei der Beratungsprozess verschiedenen psychologischen Teilfeldern zuzuordnen – insbesondere gilt dies für die Unternehmensberatung. So ist der Berater in der Regel Mitarbeiter einer spezifischen Organisation, eines Teams, eines lockeren Zusammenschlusses mehrerer Berater oder einer straff strukturierten Unternehmensberatung, wobei sich die Beziehungen des Einzelnen zu diesem Aggregat organisationspsychologisch untersuchen lassen. Der einzelne Klient oder das Klientensystem kann als Kunde gesehen werden, so dass die Beziehung zwischen Berater und Klienten marktpsychologisch untersucht werden müsste, wobei dann der konkrete Prozess der Beratung kommunikationspsychologisch analysiert werden sollte. Auf jeden Fall ist der Ausgangspunkt aller Beratung eine spezifische Kompetenzrelation, d.h. der Berater verfügt über Kompetenzen, die der Klient nicht hat, aber gegenwärtig benötigt. Es ist in diesem Zusammenhang offensichtlich, dass eine derartige Relation objektiv – operationalisiert z.b. durch ein Expertenurteil – oder lediglich subjektiv, also aus Sicht des Beraters oder des Klienten, besteht, wobei diese Klientenperspektive erst die Nachfrage begründet. Zu der Marketingtätigkeit des Beraters gehört es, eine derartige Relation bewusst zu machen und ein Beratungsbedürfnis zu wecken (v. Rosenstiel 1991).

Gründe für den zunehmenden Bedarf nach Beratung sind offensichtlich. Die gesellschaftliche Differenzierung und die Verwissenschaftlichung nahezu aller Lebensbereiche – zumindest in den entwickelten Staaten – führt dazu, dass weder der Einzelne noch eine Organisation jenes Spezialistenwissen vorhalten oder besitzen kann, um alle regelmäßig oder gelegentlich auftretenden Probleme im Umgang mit sich selbst oder mit dem jeweiligen Umfeld dem Stande des Wissens entsprechend bewältigen zu können. Also wird man sich, sobald das Problem bewusst wird, an Ratgeber wenden, denen man zutraut, hilfreiche Information und Entscheidungshilfe bieten zu können. Das sind im Privaten vielfach erfahrene Familienmitglieder, Freunde oder Bekannte, in einer professionalisierten Weise traditionell Geistliche, Rechtsanwälte oder Ärzte und heute Spezialisten aus nahezu allen Lebensbereichen, die von Ernährung, Kinderaufzucht, Bildung,

Partnersuche, ehelichem Glück, Krisenbewältigung, Berufsfindung bis zum Gleichgewicht zwischen Beruf und Familie etc. beim Einzelnen reichen. Mit Blick auf Unternehmen könnte man hier an Gründungs-, Strategie-, Marketing-, Personal-, Finanz-, EDV-, Produktions-, Controlling-, Krisenbewältigungsberatung etc. denken (Sommerlatte et al. 2008). Für andere Felder der individuellen oder der institutionellen Beratung lässt sich leicht eine entsprechende Vielfalt skizzieren, die hier nur exemplarisch angedeutet wurde. Für nahezu alle Gebiete, auf denen erlebte Unsicherheit entsteht, lassen sich Rat gebende Spezialisten finden, so dass es kaum verwundert, dass sich in vielen Bereichen die Zahl der Beratungsleistungen innerhalb nur eines Jahrzehnts vervielfacht hat (Jonas 2000).

Unabhängig vom Beratungsinhalt bzw. von der Frage, ob es sich um individuelle oder institutionelle Beratung handelt, lassen sich ganz bestimmte Prozessstufen des Beratungsgeschehens voneinander unterscheiden (Walger & Scheller 1998, Jungermann 1999):

- Problembeschreibung; hier schildert der Klient dem Berater sein Problem und wird von diesem danach befragt, was er erreichen möchte und was ihm wichtig ist.
- Entscheidungsstrategie des Beraters; hier überlegt sich der Berater, welche Empfehlung für den Klienten, so wie er von ihm, dem Berater, gesehen wird, am besten „passt", wobei sich der Berater auf seine Erfahrungen sowie auf aktuelle sach- und personenbezogenen Information stützt.
- Beratungsstrategie des Beraters; hier stellt der Berater dem Klienten seine Empfehlung vor und begründet diese, wobei er in der Regel nicht offen legt, wie er zur Empfehlung gekommen ist, sondern meist nur, welche Argumente für die Empfehlung sprechen.
- Ratannahmestrategie des Klienten; hier entscheidet der Klient darüber, ob er der Empfehlung des Beraters folgen will; wichtig ist dabei nicht allein die Qualität der empfohlenen Option, sondern eine Vielzahl anderer Merkmale, wie das Vertrauen des Klienten in den Berater, dessen Glaubwürdigkeit etc.

Es ist offensichtlich, dass gerade auf diesem Feld vielfache Möglichkeiten der mikropolitischen Gestaltung des Beratungsprozesses liegen.

Fragt man nun gezielt mit Blick auf die Unternehmensberatung danach, um welche Formen des Beratungsprozesses es dabei geht, so zeigt sich, dass nahezu 90% der entsprechenden Angebote sich darauf beziehen, dass der Berater Informationen liefert, zu denen er als Spezialist leichten Zugang hat oder aber fachlich in dem Sinne beraten wird, dass Problemlösungen vorgeschlagen werden (Wal-

ger & Scheller 1998). In der deutlichen Minderheit findet sich die Prozessberatung, in der es nicht um das Was, sondern um das Wie des Vorgehens geht, oder
aber die systemische Beratung (Selvini-Palazzoli et al. 1984), in der es darum
geht, einen Perspektivenwechsel zu gewinnen, der innerhalb des aktuellen Systems Erfolg verspricht.

Bei einer rationalen und idealisierenden Sicht des Beratungsprozesses wird
man davon ausgehen, dass der Berater sein fachliches Wissen, seine Hinter-
grunderfahrung und seine sozialkommunikativen Kompetenzen dafür einsetzten
wird, die Ziele und Wünsche des Klienten nach bestem Wissen und Gewissen zu
unterstützen. Das ist aber keineswegs immer der Fall, denn auch der Berater hat
ganz bestimmte Wünsche und Zielvorstellungen über das vereinbarte Honorar
hinaus, die er mit Hilfe des Klienten zu realisieren sucht. Aber auch der Klient
verbindet mit dem Beratungsprozess gelegentlich Ziele, die er dem Berater
gegenüber nicht offen legt. Hier begeben wir uns in das Feld der Mikropolitik.

2   Mikropolitik

Normativ ausgerichtete Organisationswissenschaft, die empirische Befunde
kaum berücksichtigt, sieht in der Organisation eine zweckrationale Veranstaltung, in der es darum geht bestimmte (ökonomische) Ziele zu erreichen, wobei
die Menschen arbeitsteilig in ihren Aktivitäten aufeinander bezogen jeweils ihren
Beitrag dafür erbringen. Die persönlichen Ziele, Vorstellungen und Wünsche der
Einzelnen finden dabei keine Beachtung. Eine empirisch orientierte Organisationswissenschaft (Mintzberg 1973), die das beobachtbare Verhalten der Organisationsmitglieder registriert und deutet, kommt zu gänzlich anderen Bildern der
Organisation. Diese scheinen dann – um dies an „Bildern" oder „Metaphern" der
Organisation (Morgan 1997) zu verdeutlichen – nicht zu der Aussage, die Organisation sei eine „Maschine", zu passen, sondern – je nach Kontext – zu den Ver-
bildlichungen der Organisation als Theaterbühne, als Schlachtfeld, als Garten, als
Kultur oder auch als Familie etc. Dabei werden selbstverständlich auch die von
Einzelnen oder Gruppen in der Organisation betriebenen mikropolitischen Handlungen deutlich, unter denen man ein selbstdienliches, am Machtaufbau orientiertes Verhalten verstehen kann, das heimlich inszeniert wird, um das Verhalten
anderer zu steuern. Neuberger (1995) hat in einer ersten bedeutsamen organisationspsychologischen Analyse der Mikropolitik im deutschsprachigen Raum das
Fazit gezogen, dass es Mikropolitik in Organisationen gibt. In der Neuauflage,
die letztlich ein völlig anderes Buch geworden ist (Neuberger 2006), könnte man

das Fazit so deuten: Die „Organisation ist Mikropolitik", und sie benötigt Mikropolitik auch, da die Ordnung in Organisationen durch Mikropolitik heraus gefordert werde und ohne diese in Gefahr gerate zu erstarren. Es gibt eine Unzahl von Definitionen der Mikropolitik, die allerdings viele Gemeinsamkeiten haben. So haben Fedor et al. (1998) versucht übereinstimmende Merkmale heraus zu kristallisieren:

- Es handelt sich um von der Organisation nicht gebilligtes, selbstdienliches Verhalten,
- das den organisationalen Zielen und den Interessen anderer Organisationsmitglieder entgegengesetzt ist und
- in sich entzweiend und konkurrierend ist und
- potenziell zum Nachteil anderer auf die Erlangung individueller Macht gerichtet ist.

Diese Definitionsbestandteile setzen ausschließlich negative Akzente. Eine Reanalyse der Definitionsversuche und ihrer Bestimmungsmerkmale durch Neuberger (2006, S. 17) führt diesen exemplarisch zu unterschiedlichen Definitionsbeispielen:

1. „Mikropolitik ist ein selbstdienliches, am Machtaufbau orientiertes Verhalten Einzelner, das der Organisation schadet und heimlich inszeniert wird, um das Verhalten anderer Personen zu steuern; mit missbilligenden Mitteln werden Ziele verfolgt, die als illegitim und moralisch schlecht qualifiziert werden müssen."
2. „Akteure versuchen auf unkonventionelle und eigenmächtige Weise legitime Organisationsziele zu erreichen, von denen sie sich auch persönlich auch etwas versprechen; zu diesem Zweck gehen sie verdeckt und informell vor und bauen Macht auf, um Problemlösungen zu erreichen, die ansonsten gefährdet wären. Sie setzen eine große Bandbreite von (gebilligten und missbilligten) Mitteln ein."

Angesichts dieser Weite, die durch diese Definitionsbeispiele der Mikropolitik deutlich wird, lassen sich dann auch positive und negative Folgen der Mikropolitik einander gegenüber stellen. So wird positiv z.B. genannt die Sicherung der spontanen Handlungsfähigkeit der Organisation, die Möglichkeit maßgeschneiderte Sofortlösungen zu implementieren, die Stärkung der organisationalen Innenabwehr, die Auslese der Tüchtigen, die Bildung von innerorganisationalen

Netzwerken, die Ermöglichung informeller Zielrealisierungen etc. Dem werden
natürlich viele negative Konsequenzen gegenüber gestellt, wie z.b. die destruktive Wirkung isolierter Strategien für das Ganze, Machtgewinne politisch raffinier-
ter, aber fachlich inkompetenter Organisationsmitglieder, Entlarvung einer wohl
strukturierten innerorganisationalen Ordnung als Trugbild, Zynismus und Misstrauen als dominierende Kennzeichnung der Organisationskultur, inadäquater
Einsatz von Ressourcen etc..

Wie aber werden mikropolitische Ziele durchgesetzt? Das kann selbstverständlich durch Strukturen, also Substitute des Handelns (Türk 1995), die Durch-
setzungschancen bestimmter Personen oder Gruppen begünstigen, es kann aber
auch durch ganz spezifische kommunikative Verhaltensweisen erfolgen, die in
der empirischen Forschung vielfach untersucht wurden (Blickle 2004). Dabei
zeigt sich plausiblermaßen, dass mikropolitische Einflussversuche „nach Oben",
auf gleicher hierarchischer Ebene, oder aber „nach Unten" von den Akteuren
jeweils anders gestaltet werden. Im Einzelnen findet man Kommunikationsfor-
men, wie Durchsetzung, Einschmeicheln, rationales Argumentieren, Sanktionieren, Tauschhandel, Koalitionsbildung, Hierarchie ins Spiel bringen, Blockieren,
lächerlich machen, Isolieren, Mobbing, etc. Dabei hat sich die Forschung nicht
darauf beschränkt diese Taktiken zu beschreiben und zu klassifizieren, sondern
auch zu analysieren, welche von ihnen in welcher Situation Erfolg im Sinne der
Akteure nach sich ziehen und welche unbeabsichtigte Nebenwirkungen sie haben.

Da Mikropolitik den Umgang der Organisationsmitglieder untereinander
häufig kennzeichnet, kann es kaum verwundern, dass es auch in den Beziehungen zwischen Beratern und ihren Klienten auf beiden Seiten mikropolitisches
Handeln gibt, mit dem sich die Sozial- und Organisationspsychologie zunehmend beschäftigt.

3   Organisationspsychologie

Komplexe Phänomene lassen sich aus unterschiedlichen Perspektiven betrachten.
Wissenschaft spezialisiert sich meist auf nur eine Sicht oder nur wenigen dieser
Aspekte, was man bis in die Binnengliederung von Universitäten hinein beobachten kann. So ist der Mensch Gegenstand der Pädagogik, der Psychologie, der
Medizin etc. aber jeweils aus einer anderen Sichtweise und auch die Gesellschaft
wird von Ökonomen, Soziologen und Historikern jeweils unterschiedlich untersucht und beschrieben. Entsprechendes gilt für Organisationen, die man ja aus

historischer, juristischer, ethischer, ökonomischer, informationswissenschaftlicher etc. Sicht analysieren kann, aber auch aus jener, die das Erleben und Verhalten der Organisationsmitglieder ins Zentrum stellt. Das ist dann die Sicht der Organisationspsychologie.

Die Organisationspsychologie hat sich schwerpunktmäßig als eine anwendungsorientierte wissenschaftliche Disziplin entwickelt (v. Rosenstiel 2004), was bedeutet, dass das Ziel ihrer Forschung nicht allein der Erkenntnisgewinn ist, sondern der Aufbau von „Veränderungswissen", das letztlich Nutzen bedingen soll. Damit wird das Fach, obwohl es sich als empirische Forschungsdisziplin versteht, explizit oder implizit politisch, denn bei der Realisierung von Nutzen stellt sich angesichts gegebener Interessenkonflikte jeweils die Frage: Nutzen für wen?

Betrachtet man die inhaltliche Differenzierung der Organisationspsychologie, so lassen sich in Übereinstimmung vieler Autoren (v. Rosenstiel 2007, Schuler 2007) die Felder der Aufgabe, worin es z.b. um menschengerechte Arbeitsgestaltung geht, des Individuums, wo z.b. Personalauswahl und -entwicklung im Vordergrund stehen, der Gruppe, wo Prozessverluste und Prozessgewinne in Gruppen thematisiert werden, aber auch Teamzusammensetzung und Teamentwicklung von einander ableiten. Dazu kommt als weiterer Schwerpunkt der organisationale Rahmen, innerhalb dessen all das behandelt wird, was zur Analyse einer Organisationskultur, aber auch zur Organisationsentwicklung führen kann.

Der Bezug der Organisationspsychologie zur Beratung ist – grob klassifiziert – ein doppelter (v. Rosenstiel 1991). Es kann zum einen um organisationspsychologische Beratung gehen, d.h. inhaltlich wird zur Problemlösung durch den Berater organisationspsychologische Fachkompetenz benötigt. Dies kann z.B. erforderlich sein, wenn es um die Einführung veränderter Arbeitsprozesse geht, ein besseres Personalbeurteilungsverfahren im Unternehmen entwickelt werden soll, lang anhaltende und destruktive Konflikte zwischen der Produktions- und der Verkaufsabteilung bearbeitet werden müssen oder die Kulturen zweier unterschiedlicher Unternehmen, die fusioniert haben, zusammen zu führen sind. Auf der anderen Seite geht es um die Organisationspsychologie der Beratung, d.h. es wird der Beratungsprozess, die Kommunikation zwischen dem Unternehmensberater und dem Klienten zum Gegenstand der organisationspsychologischen Analyse. Auch hier mit dem Ziel, diesen Prozess zum Nutzen des Einen, des Anderen oder gar Beider zu steigern. Selbstverständlich gibt es auch innerhalb der organisationspsychologischen Beratung vielfältige mikropolitische Prozesse, doch gewinnt angesichts der hier gewählten Thematik die Organisationspsychologie der Beratung ein besonderes Gewicht, weil ja Mikropolitik auch in solchen

Beratungsprozessen vermutet werden darf, die sich nicht auf organisationspsychologisch zentrierte Themenfelder beziehen.

4   Beratung – ein vernünftig-rationaler Prozess?

Hat man vor Augen, dass ca. 90% der Unternehmensberatung der Informations-
bereitstellung oder der fachlichen Inhaltsberatung zuzurechnen sind, so müsste
eigentlich erwartet werden, dass die Gründe dafür, die Beratung in Anspruch zu
nehmen, darin zu suchen sind, als Klient die Grundlagen der Strategiewahl oder
operativer Entscheidungen durch differenziertere oder adäquatere Information
zu sichern und somit mit Hilfe des Beraters zu besseren Problemlösungen zu
gelangen. Tatsächlich zeigt denn auch auf diesem Feld die einschlägige Forschung (Schapiro, Eccles & Soske 1994, Harvey & Fischer 1997, Jonas 2000), dass
die Gründe dafür, mit einem Berater zu kooperieren, aus Sicht des Klienten darin
liegen, die Qualität einer Entscheidung zu verbessern oder die Informations-
grundlagen für diese Entscheidung zu fundieren. Jedoch konnten vielfältige weitere Gründe nachgewiesen werden. Die wichtigsten seien genannt:

- Die eigene Verantwortung in Risikosituationen soll reduziert werden.
- Das Gefühl soll vermittelt werden alles getan zu haben, um eine gute Ent-
  scheidung zu treffen und somit spätere Selbstvorwürfe zu mindern.
- Die bereits gefällte Entscheidung soll gerechtfertigt bzw. eine nachträgliche
  Bestätigung gesucht werden.
- Schwierige oder unangenehme Entscheidungen sollen umgangen oder ver-
  tagt werden.

All diese Gründe belegen eine gewisse subjektive Rationalität und Plausibilität
aus der Sicht der Klienten, sie entsprechen allerdings keineswegs dem zweckra-
tionalen Modell der Organisation. Angesichts dieser Feinbefunde ist es interessant zu untersuchen, was Klienten eigentlich vom Berater wünschen und wie der
Berater die Wünsche der Klienten interpretieren kann. Obwohl die einschlägige
Forschung hier nicht ganz einheitlich ist, kann man doch als generellen Trend
angeben, dass sich die Klienten vom Berater eine ausgewogene Informationssuche und auch eine entsprechende Informationsweitergabe wünschen, während
viele Berater meinen, dass beim Klienten kognitive Dissonanz vermieden werden
soll und entsprechend einseitig Information gesucht und weitergegeben werden
sollte. Allerdings ist hier – orientieren wir uns an Modellvorstellungen von Eagly

& Chaiken (1993) – danach zu unterscheiden, welche Motivation für den Berater hier leitend ist. Die Autoren differenzieren hierbei danach, ob in defensiver Absicht der Berater einen Entscheidungsvorschlag stützen möchte, um so bei sich oder beim Klienten kognitive Dissonanz zu vermeiden, ob er eine möglichst akkurate und richtige Information bereitstellen möchte, oder ob es ihm darum geht, im Sinne eines „Impression Management" vom Klienten positiv eingestuft zu werden. Welche Motivation hier dominant ist, hängt natürlich von überdauernden Motivausprägungen des Beraters ab, aber auch von den Charakteristicas der Situation. Werden – zu Recht oder zu Unrecht – Erwartungen oder Anreize wahrgenommen, eine bestimmte Entscheidungsalternative zu bestätigen, so ist eine selektive konfirmatorische Informationssuche und -weitergabe zu erwarten. Gibt es Anreize dafür, eine richtige und möglichst gute Entscheidung zu treffen, so dürfte ausgewogen oder gar diskonfirmatorisch mit der Information umgegangen sein, während bei einem Anreiz als Berater Akzeptanz zu finden und sich positiv darzustellen, je nach Erwartung selektiv oder ausgewogen nach Informationen gesucht und diese entsprechend weitergegeben werden dürfte.

Trotz aller person- und situationsbedingten Unterschiedlichkeiten der Berater neigen diese – und das ist wohl der generelle Trend – dazu, die Information ausgewogen zu gewinnen und somit kognitive Dissonanzen in Kauf zu nehmen, jedoch verstärkt Informationen so weiterzugeben, dass kognitive Dissonanz beim Klienten vermieden wird. Es gibt also ein unterschiedliches Verhalten der Information gegenüber in der Such- und in der Weitergabephase. Mit Blick auf die Informationssuche ist allerdings auch danach zu differenzieren, was vom Berater gefordert wird. Soll dieser faktisch entscheiden, so neigt er stärker zur selektiven Informationssuche, während diese Tendenz zur Selektion geringer ist, wenn der Berater lediglich eine Empfehlung abgeben soll. Muss der Berater sogar stellvertretend für den Klienten die Entscheidung treffen, so wird auch die Information deutlich selektiver weitergegeben. Aber auch eine Vielzahl weiterer Moderatorvariablen ist zu bedenken, so etwa, ob der Berater allein arbeitet oder Mitglied eines Teams ist, wie hoch seine persönliche Nähe zum Berater ist, ob der Berater sich im Zuge eines geplanten späteren Zusammentreffens mit dem Klienten rechtfertigen muss etc.

5   Mikropolitik im Beratungsprozess

Die Überlegung, dass der Einzelne in der Organisation in seinem Handeln keineswegs stets deren Interessen dient, sondern ganz persönliche Ziele verfolgt, ist inzwischen sogar Teil der ökonomischen Theorie geworden. Man denke hier an die viel zitierte Principal-Agent-Problematik. Der Principal, der Herr, Auftraggeber oder Klient, hat spezifische Interessen und beauftragt einen Agenten, der die Details weit besser kennt als er, mit der Wahrnehmung seiner Interessen, wie es auch für Berater gilt. Dieser Agent aber hat auch seine eigenen Interessen, die z.T. jenen des Principals entgegen stehen. Im Extremfall kann dies dazu führen, dass der Agent den Principal hintergeht, betrügt oder sich auf dessen Kosten bereichert. Das sei am Beispiel gezeigt: Besonders anschaulich ist die genannte Problematik dann, wenn Vorstände eines Unternehmens erhebliche Steigerungen ihrer Bezüge erhalten, aufwendige Dienstreisen unternehmen, ihre Räume im Verwaltungsgebäude luxuriös ausstatten und überteuerte Dienstwagen nutzen, obwohl die Gewinne des Unternehmens sinken und sie durch ihr Verhalten den Gewinn der Eigner, die ja letztlich den Principal darstellen, mindern. Durch ganz bestimmte Anreizsysteme versucht man das motivierte Handeln dahin zu lenken, dass die Agenten nun tatsächlich die Interessen des Principals verfolgen.

Sieht man als einen Kern mikropolitischen Handelns den Umstand, dass jemand in einer für den anderen kaum durchschaubaren Weise diesen für eigene Zwecke instrumentiert, so findet man innerhalb des Beratungsprozesses sowohl mikropolitische Instrumentierungen des Beraters durch den Klienten als auch des Klienten durch den Berater. So lassen sich Dutzende von Beispielen dafür finden, dass der Berater im Falle eines Scheiterns der Problemlösung als Sündenbock herhalten muss, obwohl sie letztlich vom Management des Unternehmens entschieden wurden. Häufig findet man auch die Situation, dass der Berater auf Grund offenen oder versteckten Drucks dazu gebracht wird, eine Empfehlung auszusprechen, die eine Managemententscheidung bestätigt, die bereits seit längerem gefallen ist. Aber auch andere Beispiele der Instrumentierung des Beraters lassen sich nennen. Eines als Beispiel: Eine Regionalbank ließ ihre Strukturen und Prozesse vom Berater darauf hin durchleuchten, wo und wie ohne Schaden für das Unternehmen Personalabbau möglich erscheine. Als Ergebnis schlug der Berater mit entsprechender Begründung 25 Planstellen für die Streichung vor. Der Vorstand lud alle Leiter der Zentralbereiche und der Filialen zur Vorstellung des Ergebnisses ein. Diese kämpften vehement für den Erhalt der bei ihnen angesiedelten und für den Einzug vorgesehenen Planstellen. Der Vorstand gab – von drei Stellen abgesehen – jeweils nach. Vom neutralen Moderator der Diskussion nach der Veranstaltung gefragt, ob sich denn dann der kostenintensive Aufwand für die Beratung überhaupt gelohnt habe, antwortete der Vorstand: „Was glauben Sie, mit welchen Forderungen nach zusätzlichen Stellen die sonst zu uns gekommen wären." Durch den Kürzungsvorschlag des Beraters war diese Diskussion vom Tisch.

Aber auch Berater nutzen in versteckter Weise den Klienten für ihre Zwecke. Da es ja kaum valide und transparente Kriterien für die Güte von Beratern gibt, beschränkt sich ein unsicherer Klient häufig auf die Frage nach den bisherigen Kunden. Daher versuchen manche Berater mit Dumpingpreisen an einem kleinen Beratungsprojekt eines renommierten Unternehmens mitzuwirken, um so dann mit dessen Namen für sich zu werben.

Aber auch an folgende Situation sei gedacht: Das letztlich Akzeptanz und Qualitätseinschätzung des Beraters von der Zufriedenheit des Klienten mit dem Rat abhängt, versuchen manche Berater zuvor in Gesprächen mit den Machtpromotoren des Unternehmens zu erkunden, was deren Wünschen und Zielvorstellungen entspricht, um so dann in ihrem Beratungsvorschlag weitestgehend deren Wunschvorstellungen zu entsprechen.

Denken sollte man aber auch daran, dass viele Berater – keineswegs nur Psychotherapeuten – versuchen den Klienten von sich abhängig zu machen und auf diese Weise einen Folgeauftrag nach dem anderen „an Land zu ziehen". So werden gelegentlich von Beratern mittelständischen Unternehmen dadurch Dienstleistungen auf dem Felde der Personal-, Marketing- oder Strategieberatung „aufgeschwätzt", dass man sie nach allen Regeln der Kunst verunsichert, obwohl bisher die Erfahrung des Eigners im bescheidenen Umfeld seines kleinen Unternehmens durchaus ausreichend dafür war, sachgerechte Problemlösungen zu finden.

Die hier angedeutete Problematik sei an einem heiter-tragischen Beispiel, einem wenig bekannten Stück des französischen Schriftstellers Jean Giraudoux karikiert: In einer ländlichen Region arbeitet ein alter Landarzt und kann dort mit seinen ärztlichen Diensten nur karg überleben. Die Menschen sind gesund oder tot. Nur gelegentlich fällt jemand vom Erntewagen, verstaucht sich die Hand, bricht sich das Bein oder benötigt bei einer Erkältung etwas Hustensaft. Schließlich geht der alte Landarzt in den verdienten Ruhestand. Ein junger, als Nachfolger vorgesehener Arzt wird gewarnt: Es gäbe dort kaum etwas zu verdienen. Er sieht das anders und sieht in einem „ärztlich unterentwickelten Gebiet" seine Chance. So führt er mit einer Bäuerin, die wegen eines Bagatellleidens zu ihm kommt, ein langes, eingehendes Gespräch und verordnet ihr Diät. Sie erzählt im Bekanntenkreis, dass der neue Arzt sich wirklich um einen kümmere und fühlt sich auf Grund der Diät bei der schweren Feldarbeit so geschwächt, dass sie den freundlichen Arzt immer wieder aufsucht. Ihre Freundinnen tun es ihr nach. Als Jahre später der alte Landarzt noch einmal zu Besuch kommt, sieht er, dass sich hier eine große Praxis mit mehreren Spezialisten entwickelt hat und dort ein Privatsanatorium aufgebaut wurde. Ein Großteil der Bevölkerung gehört zu den Patienten und fühlt sich entsprechend krank. „Wollt Ihr, dass ich zurück komme?", fragt der alte Arzt, „bei mir ward ihr doch immer gesund!" „Nein, nein, endlich kümmert man sich um uns!"

6   Abschluss

Menschen in Organisationen sind keine Marionetten, die – gesteuert durch Vorgaben – ausschließlich in einer rationalen Weise den Interessen des Unternehmens dienen und ihre persönlichen Wünsche, Ziele und Vorstellungen beim Pförtner abgeben. Auch ihnen geht es um persönliche Ziele, die sie z.t. mit undurchschaubaren Mitteln, z.t. auch relativ offen durchzusetzen oder zu realisieren suchen und sich dafür anderer bedienen. Man spricht vom Mikropolitik. Allgemein hat Mikropolitik einen schlechten Ruf. Sie wird als etwas dargestellt, was es zu vermeiden und negativ zu sanktionieren gilt. Dies ist unrealistisch. Mikropolitik gehört zum Alltag der Kooperation im Unternehmen; sie kann sich schädlich oder förderlich auswirken. Auch im Beratungsprozess in Organisationen gibt es ganz selbstverständlich Mikropolitik; dies ist ein abgesichertes empirisches Faktum. Wie man den entsprechenden Prozess und die entsprechenden Ergebnisse beurteilt, hängt von den Kriterien ab, die dem Bewerter wichtig sind und die sowohl im Bereich des Ethischen (Blickle 1994) als auch im Feld des Pragmatischen (Neuberger 2006) angesiedelt sein können.

Literatur

Blickle, G. (1994): Kommunikationsethik im Management. Stuttgart: M & P.

Blickle, G. (2004): Einfluss ausüben. Ziele verwirklichen. Ein Überblick über Einflusstaktiken in Organisationen und ihre situationsspezifischen Wirkungsmechanismen. Personalführung 6, 58-70.

Bühler, K. (1965): Sprachtheorie. Stuttgart: Fischer.

Eagly, A. H. & Chaiken, S. (1993): The psychology of attitude, Worth: Harcourt Brace Jovanovich College Publishers.

Harvey, N. & Fischer, I. (1997): Taking advice: Accepting help, improving judgement, and sharing responsibility. Organizational Behavior and Social Psychology, 70(1), 5-16.

Jonas, E. (2000): Beraten und Entscheiden. Neuried: Deutsche Hochschulbibliothek.

Jungermann, H. (1999): Advice giving and taking. Proceedings International Conference on System Sicences in Hawai, 32.

Mintzberg, H. (1973): The nature of managerial work. New York: Wiley and Sons.

Morgan, G. (1997): Bilder der Organisation. Stuttgart: Klett-Cotta.

Nerdinger, F. W. (1994): Zur Psychologie der Dienstleitung. Stuttgart: Schäffer-Poeschel.

Neuberger, O. (1995): Mikropolitik. Stuttgart: Enke.

Neuberger, O. (2000): Das 360°-Feedback. München/Mering: Rainer Hampp.

Neuberger, O. (2006): Mikropolitik und Moral. Stuttgart: Lucius.

Rosenstiel, L. v. (1991): Die organisationspsychologische Perspektive der Beratung. In: M. Hofmann, L. v. Rosenstiel, K. Zapotoczky (Hrsg.): Die sozio-kulturellen Rahmenbedingungen für Unternehmensberater (S. 167-278). Stuttgart: Kohlhammer.

Rosenstiel, L. v. (2004): Arbeits- und Organisationspsychologie – Wo bleibt der Anwendungsbezug. In: Walter Bungard, Barbara Kopp & Christian Liebig (Hrsg.): Psychologie und Wirtschaft leben (S. 21-30). München/Mering: Rainer Hampp.

Rosenstiel, L. v. (2007): Einige grundsätzliche Überlegungen zur theoretischen, empirischen und anwendungsbezogenen Aufgabe der Psychologie beim Gestalten von Organisationen. In K. Rausch (Hrsg.): Organisation gestalten Struktur mir Kultur versöhnen (S. 25-44). Lengerich: Pabst.

Rosenstiel, L. v. (2007): Grundlagen der Organisationspsychologie (6. Aufl.). Stuttgart: Schäffer-Poeschel.

Schapiro, E. C., Eccles, R. G. & Soske, T.L. (1994): So werden Berater richtig eingesetzt. Manager I, 109-116.

Schuler, H. (Hrsg.). (2007): Lehrbuch Organisationspsychologie. Bern: Huber (4. Aufl.).

Selvini-Palazzoli, M., Anolli, L., Blasio P.D. Giossi, I., Pisano, E., Ricci, C., Sacchi, M. & Ugazio, V. (1984): Hinter den Kulissen der Organisation. Stuttgart: Klett-Cotta.

Sommerlatte, T., Mirow, M., Niedereicholz, Ch., Windau, P. v. (Hrsg.). (2008): Handbuch der Mittelstandsberatung. Auswahl und Nutzen von Beratungsleistungen. Berlin: Erich Schmidt Vlg.

Türk, K. (1995): Entpersonalisierte Führung. In: A. Kieser, G. Reber, R. Wunderer (Hrsg.): Handwörterbuch der Führung (2. Aufl., S. 328-340). Stuttgart: Poeschel.

Walger, G. & Scheller, C. (1998): Das Angebot der Unternehmensberatungen in Deutschland, Österreich und der Schweiz. QUEM-report, 54.

Strategisches Verhalten in der Berater-Klienten-Interaktion

Simone Kauffeld, Eva Jonas, Henrike Schneider

Die bisherige Beratungsforschung hat sich vorrangig auf die Identifikation von Faktoren konzentriert, die beeinflussen, wann und in welchem Ausmaß Rat übernommen wird. Häufig wurde darüber hinaus untersucht, inwiefern sich das Einholen von Rat auf die Qualität der Entscheidungen von Klientinnen und Klienten und deren Sicherheit bei der Entscheidung auswirkt.

Obwohl in der Praxis als großes Problem erkannt, wurde der Einfluss strategischer (opportunistischer) Faktoren in der experimentellen Analyse und in Feldstudien bislang weitgehend vernachlässigt. Dabei ist zu vermuten, dass Beraterinnen und Berater nicht immer allein durch den Wunsch einer optimalen Beratung geleitet werden, sondern dass sie ihren Handlungsspielraum auch gezielt zur Verfolgung eigener Interessen ausnutzen können.

In einer Studie im Kontext von IT-Beratung konnten wir strategisches Verhalten des Beraters in der Beratungsinteraktion finden. Die Einschätzung des Beraters, er habe sich strategisch verhalten, geht mit einer Minderung der Einschätzung der Qualität der Beratung durch den Klienten einher. Strategisches Verhalten des Beraters hat also einen negativen Einfluss auf die Beratungsinteraktion. Dieser Einfluss ließ sich finden, obwohl Klienten strategische Verhaltensweisen des Beraters nicht als solches einschätzten. Es liegt die Vermutung nahe, dass strategisches Verhalten des Beraters auf emotionaler Ebene Misstrauen beim Klienten auslöst, das unbewusst die Wahrnehmung der Beratungsinteraktion beeinflusst.

1 Beratung in Organisationen

Was ist Beratung? In einer klassischen Definition von Lippitt (1959) wird das Beratungsverhältnis als eine freiwillige Beziehung zwischen einem professionellen

Helfer (Berater) und einem hilfsbedürftigen System (Klient) definiert, in welchem der Berater versucht, dem Klienten bei der Lösung laufender und potentieller Probleme behilflich zu sein. Bei dieser Definition bleibt unberücksichtigt, dass Beratung häufig von einer dritten Instanz beauftragt oder veranlasst wird und nicht immer in einem freiwilligen Rahmen stattfindet. Eine Definition von Beratung als ein Interaktionsprozess zwischen Beratern und Klienten, bei denen es um die Bearbeitung von Problemen des Klienten geht und eine Problemlösung angestrebt wird, lässt diese Rahmenbedingungen offen und eignet sich für die Übertragung auf verschiedene Beratungskontexte (z.b. Unternehmensberatung, Jugendberatung). Die Beziehung wird von beiden Parteien als zeitlich befristet angesehen. Außerdem ist der Berater ein Außenstehender, d.h. er ist nicht Teil des hierarchischen Machtsystems, in welchem sich der Klient befindet.

Welche Bedeutung hat Beratung? Der Beratungsmarkt gehört zu den dynamischsten Wachstumsbranchen der Welt. Während die Finanzkrise für viele Branchen sehr kritische Konsequenzen hat, gibt sich die Beraterbranche überraschend optimistisch. Der Bundesverband Deutscher Unternehmensberater (BDU) befragte Unternehmensberatungen im Rahmen der Studie „Facts & Figures zum Beratermarkt 2008/2009". Das Ergebnis der Studie: das Geschäft der Berater wird in diesem Jahr um voraussichtlich drei Prozent wachsen. Auch der Geschäftsklima-Index ist im Februar 2009 angestiegen. Es besteht vor allem ein Interesse an Projekten mit Titeln wie Kostensenkung, Risikomanagement und Differenzierung im Wettbewerb.

Aber nicht nur Beratung von Unternehmen (Personalberatung, Wirtschaftsprüfung, System-/EDV-Beratung, Organisationsberatung, Strategieberatung, Beratung im operativen Bereich, technische Beratung, Anlagenbau), auch personenorientierte Einzelberatungskonzepte, die auf die Erweiterung der Handlungsfähigkeit Einzelner zielen, werden immer wichtiger. Hierzu gehören Therapie, Supervision, Coaching, Sparring oder inhaltliche Einzelberatung, aber auch Karriere-, Sucht-, Erziehungs-, Verbraucher- oder Steuerberatung etc. Die Beratungsansätze lassen sich danach unterscheiden, ob sie eher auf der Beziehungsebene oder der Sachebene ansetzen. Eine Gemeinsamkeit der psychologischen Beratungsangebote lässt sich in der Fokussierung menschlicher Interaktionsprozesse ausmachen (Jonas, Kauffeld & Frey 2007).

Wie verläuft Beratung? Beratung umfasst je nach Beratungskontext, Branche und Auftrag sehr unterschiedliche Zeithorizonte, Inhalte und Phasen. Bei dem Versuch den Ablauf einer prototypischen Beratungssituation abzubilden, bietet sich für den Forschungskontext eine Unterteilung in acht Phasen mit Rückkopplungsschleifen an (vgl. Jonas et al. 2007) (siehe Abbildung 1).

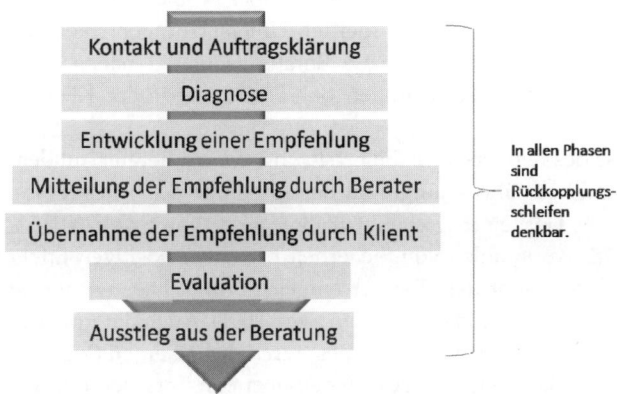

Abbildung 1:   Prototypischer Ablauf einer Beratungssituation

Empirische Befunde liegen hauptsächlich für die Phase fünf der Beratung vor: *Annahme der Empfehlung.* Hier entscheidet der Klient, ob und in welchem Ausmaß er den Rat des Beraters befolgen will. Diese Entscheidung ist aber nicht nur von den dargebotenen Handlungsoptionen des Beraters abhängig. Im folgenden Abschnitt sollen Befunde dargestellt werden, die zeigen, dass Merkmale des Beraters, des Klienten, des Rates und des Beratungskontextes die Neigung des Klienten, eine Empfehlung anzunehmen, maßgeblich beeinflussen.

2   Einblicke in den Stand der psychologischen Forschung

Beratung ist ein wesentlicher Bestandteil des geschäftlichen und privaten Lebens. Beratung ist in allen Berufsfeldern relevant und tritt in verschiedenen Formen auf. Obwohl Beratung in den verschiedenen Teildisziplinen der Psychologie eine wichtige Rolle spielt, wurde die Analyse von Wirkfaktoren in Beratungssituationen erst seit relativ kurzer Zeit als Gegenstand der experimentellen Forschung entdeckt.

In der bisherigen Forschung zu Beratung wurde vor allem die Wirkung individueller Rahmenbedingungen der Berater und Klienten auf Ergebnisse der

Beratungssituation betrachtet. In diesen meist experimentellen Studien wurde versucht, von spezifischen Beratungsbereichen zu abstrahieren und allgemeingültige Aussagen über Beratungssituationen zu treffen, in denen jeweils ein Klient einen oder mehrere Berater bei der Bearbeitung eines Problems hinzuzieht (vgl. Bonaccio & Dalal 2006). Im Fokus der meisten Untersuchungen stand die Frage, welche Faktoren einen Einfluss auf die Beratungsqualität haben. Dies wurde in der Regel über Selbsteinschätzungen der Berater und/oder Klienten erhoben.

Eine hohe Expertise des Beraters, also die Erfahrung, die ein Berater mit dem Entscheidungsgegenstand hat, führt häufiger zu der Annahme des Rates (Boles, Johnson & Barksdale 2000; Harvey & Fischer 1997; Sniezek & Van Swol 2001; De Vries & Wilke 1995). Das Ausstrahlen von Sicherheit hat einen positiven Effekt auf das Vertrauen, das der Klient dem Berater entgegenbringt. Dies wiederum führt eher zur Annahme des Rates (Sniezek & Van Swol 2001). Auch der gute Ruf eines Beraters begünstigt die Übernahme des Rates durch den Klienten (Yaniv & Kleinberger 2000). Hat ein Klient ein geringes Wissen über den Entscheidungsgegenstand und wenig relevante Erfahrungen damit im Vorfeld sammeln können, folgt er eher dem Rat seines Beraters (Sniezek & Buckley 1995; Harvey & Fischer 1997). Tendiert der Klient schon vor dem Gespräch zu einer Entscheidungsrichtung oder werden seine Interessen durch den Berater unterstützt, führt dies eher zur Übernahme des Rates (De Vries & Wilke 1995).

Die entscheidenden Wirkfaktoren, die in der Beziehung und Interaktion zwischen Beratern und Klienten liegen, wurden bislang weitgehend vernachlässigt. Hier besteht ein deutliches Forschungsdefizit (vgl. Bonaccio & Dalal 2006).

3   Die Berater-Klienten-Interaktion als Principal-Agent-Beziehung

Die Beziehung zwischen Beratern und Klienten wird gerade in der betriebswirtschaftlichen und ökonomischen Forschung als Agency-Beziehung betrachtet (vgl. Ebers & Gotsch 1995; Eisenhardt 1989). Spezifische Interaktionsmerkmale solch einer Beziehung werden durch die Principal-Agent-Theorie (PAT) modelliert. Eine Grundannahme der PAT ist, dass der Mensch als ökonomisch handelndes Wesen stets nach eigener Nutzenmaximierung strebt. In arbeitsteiligen Beziehungen heißt dies, dass die Partner in ihrer Kooperation jeweils danach streben, ihre eigenen Vorteile zu maximieren. Der Gewinn des Klienten (Principal) wird durch den Erfolg der Auftragsdurchführung durch den Berater (Agent) bestimmt, während der Gewinn des Beraters aus seinem Honorar abzüglich seines

Arbeitsaufwandes besteht. Das bedeutet, dass der Gewinn für den Klienten am größten ist, wenn er ein minimales Honorar zahlt und sein Berater dafür maximale Leistungen zeigt. Umgekehrt hat der Berater den größten Gewinn, wenn er ein hohes Honorar bekommt, für das er nur wenig Arbeit aufwenden muss. Dies führt zu einem Interessenkonflikt, da in der Regel die Ziele beider Partner nicht in vollem Umfang gleichzeitig erfüllbar sind. Es ergeben sich für den Klienten Unsicherheiten über die Auftragserfüllung des Beraters. Weiterhin wird in der PAT angenommen, dass den arbeitsteiligen Beziehungen (wie solchen zwischen Beratern und ihren Klienten) eine Informationsasymmetrie zu Grunde liegt.

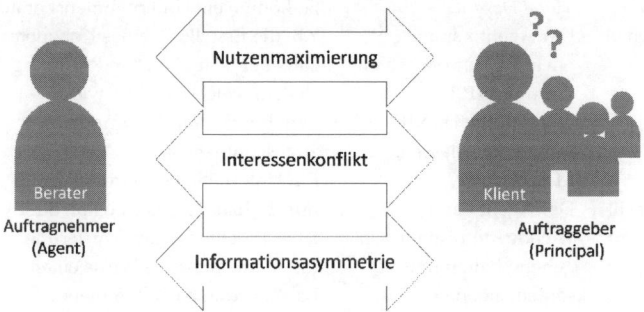

Abbildung 2:   Grundannahmen der Principal-Agent-Theorie

Aus der Kombination der drei Grundannahmen (eigene Nutzenmaximierung, Interessenkonflikt, Informationsasymmetrie; siehe Abbildung 2) ergibt sich ein Risiko für den Klienten. Das Risiko, dass der Berater seine eigenen Interessen zum Nachteil des Klienten verfolgt, ist für den Klienten um so größer, je weniger er über die Motive, die Handlungsmöglichkeiten und das tatsächliche Verhalten des Agenten weiß (Alparslan 2006; Eberlein & Grund 2006; Ernst, Riegler & Schenk 2007; Wigger 2006) (siehe Tabelle 1).

Informationsdefizit	Risiko	Beispiel
Hidden Characteristics: Dem Principal bleiben wesentliche Eigenschaften des Agenten bzw. der von ihm angebotenen Dienstleistungen und Güter vor Aufnahme der Beziehung verborgen.	*Adverse Selection:* Unerwünschte Vertragspartner werden ausgewählt.	Ein Unternehmen sucht Unterstützung für die Personalauswahl. Als potentieller Vertragspartner kommt eine Unternehmensberatung in Frage, die international im Bereich der Strategieberatung renommiert ist. Jedoch hat die Beratung im Bereich der Personalauswahl wenig zu bieten.
Hidden Action: Dem Principal bleiben die Handlungen des Agenten zur Auftragserfüllung verborgen.	*Moral Hazard:* Der Agent kann wichtige, zur optimalen Auftragserfüllung notwendige Handlungen unterlassen.	So könnte ein Unternehmensberater z.B. die Erstellung eines Konzeptes „aus der Schublade" in Rechnung stellen, welches nicht – wie vereinbart – auf den Kunden zugeschnitten ist.
Hidden Information: Der Principal kann nicht beurteilen, ob der Agent Informationen über Umweltzustände auch tatsächlich in seinem besten Interesse einsetzt.	*Moral Hazard:* Der Agent kann wichtige Informationen geheim halten und in seinem eigenen Interesse handeln.	Ein Unternehmensberater könnte nur deshalb zu einer Fusion oder einer erneuten Restrukturierung raten, um auf diese Weise einen Folgeauftrag zu bekommen.
Hidden Intention: Dem Prinzipal bleibt eine subjektive Unsicherheit über die wahre Absicht des Agenten.	*Hold Up:* Spezifische Investitionen der einen Vertragsseite können zu einseitigen Abhängigkeiten von der anderen Vertragsseite führen.	Eine Organisation soll in eine spezifische Weiterbildung des Beraters investieren, der sie bei der Lösung ihres sehr speziellen Problems unterstützt. Es besteht eine Unsicherheit, ob diese Investition tatsächlich langfristig einen Nutzen für das Unternehmen hat. Die Qualifizierung des Beraters könnte auch eine nachteilige Abhängigkeit vom ihm erzeugen.

Tabelle 1: Vorhersagen der Principal-Agent-Theorie

Während in experimentellen Studien bislang kaum der Einfluss von Interaktions-faktoren in Beratungssituationen berücksichtigt wurde, ist in der Praxis die Problematisierung strategischen Verhaltens ein Hauptbestandteil der aktuellen Kritik an Berater(-systemen) und Klienten(-systemen) (vgl. Jonas, Kauffeld und Frey

2007; Kramer, von Ameln & Stark 2007; Kieser 2002; Neuberger 2006). Systematische Untersuchungen dieses Verhaltens lassen sich kaum finden.

4 Strategisches Verhalten in der Berater-Klienten-Interaktion

Es gibt mehrere Ziele, die Personen verfolgen, wenn sie den Rat anderer suchen (siehe Abbildung 3). Berater werden von Klienten in der Regel damit beauftragt, die Entscheidungsqualität zu erhöhen (Harvey & Fischer 1997), die Informationsgrundlage zu erweitern (Heath & Gonzalez 1995), Unsicherheit in Bezug auf verschiedene Entscheidungsalternativen zu reduzieren (Budescu & Rantilla 2000) und Probleme zu strukturieren und dadurch überhaupt erst zur Entscheidung fähig zu sein (Kieser 2002). Das heißt, Berater werden engagiert, um die Interessen der Klienten zu verfolgen und hierzu ihre spezialisierte Arbeitskraft und ihren Wissensvorsprung einzusetzen.

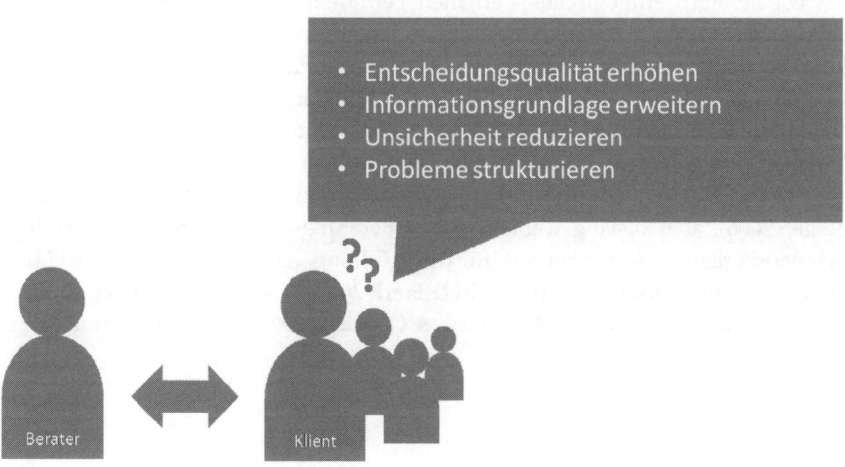

Abbildung 3:   Ziele von Beratung

Was ist unter strategischem Verhalten zu verstehen? Ihren Wissensvorsprung können Berater auch zur Verfolgung eigener Interessen ausnutzen, was hier im Sinne von strategischem bzw. opportunistischem Verhalten des Beraters gemeint ist. Unternehmensberatungen wird beispielsweise vorgeworfen, nicht nach Wahrheit, sondern nach Gewinn zu streben (Kieser 2002; Kramer et al. 2007). Zusätzlich seien Unternehmensberatungen primär an der Generierung neuer Aufträge interessiert. Sie würden daher Empfehlungen abgeben, die nicht der Klient, sondern nur der Berater selbst umsetzen könne, um auf diese Weise gezielt Abhängigkeiten zu erzeugen (Kieser 2002; Kramer et al. 2007; Shapiro, Eccles & Soske 1994). Weiterhin sei Beratung oft oberflächlich und zu teuer (Busch 1996; Staute 1996; Elfgen & Klaile 1987), wobei Unternehmensberater davon profitieren, dass sich ihre Leistungen weitgehend einer Evaluation im Sinne einer Kosten-Nutzen-Analyse entziehen (Kieser 2002). Ob eine Beratung erfolgreich war, wird letztlich über einen Konsens der wichtigsten Akteure entschieden, zu denen meist auch die Verantwortlichen für den Beratungsauftrag gehören, welche sich häufig mit dem erfolgreichen Einsatz der Berater intern profilieren mochten.[38] Für den Klienten entsteht Unsicherheit daraus, dass er nicht weiß, inwieweit er dem Berater vertrauen kann, dass dieser in seinem Interesse handelt (vgl. Barber 1983; Mayer, Davis & Schoorman 1995). In eigenen Studien haben wir festgestellt, dass Klienten bei Beratern strategisches Verhalten vermuten (Jonas & Frey 2003; Jonas, Schulz-Hardt & Frey 2003). Dieses Misstrauen gegenüber Beratern gefährdet die Effizienz der Arbeitsbeziehung zwischen Beratern und Klienten.

Umgekehrt können aber auch Klienten in einer Beratungssituation ihre eigenen Interessen verfolgen. Dies kann sich als Nachteil für den Berater erweisen (Kramer, von Ameln & Stark 2007). Unter dem Begriff „Mikropolitik" wird eine auf eigenen Vorteil bedachte Instrumentalisierung zunehmend diskutiert (Neuberger 2006), aber bislang wenig auf den Beratungskontext übertragen. Unternehmensberater werden aber z.B. für die Erfüllung verschiedener latenter Funktionen rekrutiert (Kramer, von Ameln & Stark 2007; Kieser 2002; Budescu & Rantilla 2000; Harvey & Fischer 1997; Heath & Gonzalez 1995) (siehe Abbildung 4).

---

[38] Erfolgshonorare wurden bislang mit der Begründung abgelehnt, sie würden den Berater zur Realisierung kurzfristiger Erfolge verleiten und damit langfristig angelegte Ergebnisse vernachlässigen (z.B. Larew & Deprosse 1997) sowie die Übertragung von Management-Entscheidungskompetenzen auf Berater notwendig machen (Sperling & Ittermann 1998). Im härter werdenden Wettbewerb werden Beratern jedoch immer häufiger Erfolgshonorare abgerungen, wobei z.B. vereinbart wird, um wie viel Prozent die Kosten gesenkt oder der Umsatz gesteigert werden soll (Donkin 1997).

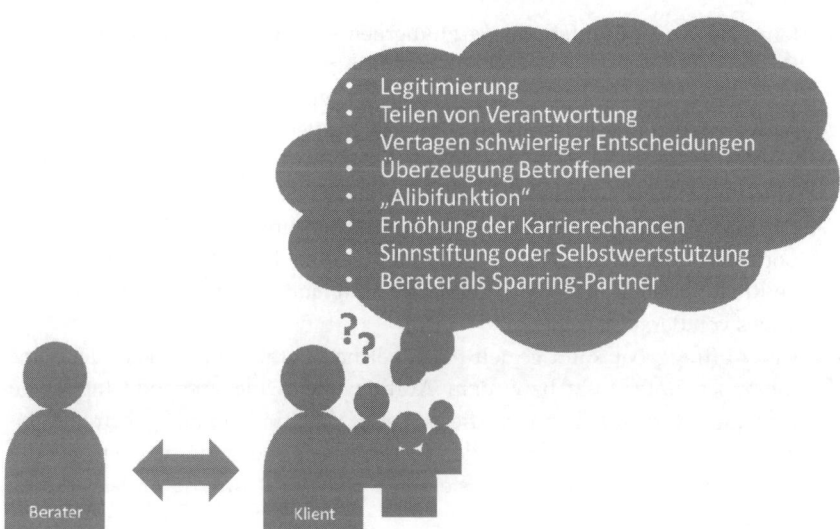

Abbildung 4: Latente Funktionen von Beratung

Diese sind nicht Gegenstand des Beratungsvertrages und werden in der Regel nicht explizit angesprochen (Kramer, von Ameln & Stark 2007; Kieser 2002, vgl. auch Harvey & Fischer 1997; Ubel & Loewenstein 1997; Straub & Forchhammer 1995; Shapiro, Eccles & Soske 1994).

1. Beratung kann der Legitimierung dienen, indem z.B. gegenüber wichtigen Stakeholdern (Eigentümern, Betriebsräten, Mitarbeitern, Politikern, Kunden) signalisiert wird, dass im Unternehmen des Klienten die besten der bekannten Verfahren zur Anwendung kommen. Beratung reduziert so die Verantwortung der Manager, die nicht mehr voll inhaltlich, sondern primär für die richtige Auswahl des Beratungsunternehmens verantwortlich gemacht werden können. Die Wahl eines großen renommierten Beratungsunternehmens ist dabei z.B. kaum angreifbar.

2. Beratung kann dem Wunsch entspringen, die Verantwortung bei risikoreichen Entscheidungen zu teilen und somit Selbst- und Fremdvorwürfe bei Fehlentscheidungen zu reduzieren. Da das Hinzuziehen eines Beraters Personen das Gefühl vermitteln kann, alles getan zu haben, um eine gute Entscheidung zu fällen, wird desto eher nach Rat gesucht und Rat angenommen, je wichtiger die Entscheidung ist. Für Berater resultiert hieraus die Ge-

fahr, dass sie – mitunter ohne es zu merken – in die Qualitätsverantwortung für die Entscheidungen des Klienten gedrängt werden.

3. Ein weiterer Aspekt ist, dass Entscheidungen in Unternehmen häufig so schwerwiegend und riskant sind, dass sie für den Klienten persönlich unangenehm bzw. unbequem sind. Daher kann Beratung auch leicht zu einem Mittel werden, schwierige Entscheidungen zu vertagen oder zu umgehen.

4. Die Überzeugung Betroffener von bestimmten unter Umständen auch unpopulären Maßnahmen durch gekonnt gestaltete Präsentationen, geschliffene Rhetorik, aber auch Expertenmacht kann eine weitere Funktion des Einsatzes von Beratern sein.

5. Der Auftraggeber kann gezielt einen solchen Berater auswählen, der seine Interessen unterstützt bzw. dem Auftraggeber widerstrebende Interessen torpediert. Beratung kann auf diese Weise „Alibifunktionen" haben und dazu dienen, Rechtfertigungsstudien für Entscheidungen zu erstellen, die der Klient (z.B. eine Unternehmensleitung) plant und für die er Bestätigung sucht.

6. Da Berater in der Regel versuchen, ihre Auftraggeber in gutem Licht erscheinen zu lassen, dient ihr Einsatz auch einer Erhöhung der Karrierechancen von Managern, die die Berater angeworben haben.

7. Berater können zudem eine Sinnstiftung oder Selbstwertstützung liefern, in dem sie Auftraggeber in hilfreichen Argumentationen für die eigene, bereits bestehende Position unterstützen.

8. Berater können als Sparring-Partner dienen und die Ideen der Manager gegenprüfen.

Welches Ziel für eine Person, die einen Berater hinzuzieht, jeweils im Vordergrund steht, ist von personalen und situationalen Faktoren abhängig. Mögliche personale Faktoren können z.B. die Unsicherheit einer Person bei einer Entscheidung oder ihr Leidensdruck sein. Mögliche situationale Faktoren sind die Wichtigkeit einer Entscheidung oder die Notwendigkeit der Bestätigung durch einen Berater zur Rechtfertigung einer Entscheidung vor anderen Personen. Die Kunst des Beraters ist es, die verschiedenen Erwartungen der einflussreichen Akteure auf Seiten des Klienten auszuloten und so mit ihnen umzugehen, dass ihnen weitgehend entsprochen wird, ohne dass die Interessen der Beratungsgesellschaft zu kurz kommen. „Vordringliches Ziel des Unternehmensberaters ist es, den Klienten zufrieden zu stellen – durch Einsatz welcher Funktionen auch immer" (Kieser 2002: S. 33). Dem Klienten zu widersprechen wäre so z.B. dann gerechtfertigt, wenn es beim Klienten den Eindruck von Beratungskompetenz steigert. Des

Weiteren ist zu beachten, dass es im Beratungsprozess zu latenten Effekten in der Interaktion kommen kann, wie zu Übertragungs- und Gegenübertragungsphänomenen, wie sie im Rahmen psychotherapeutischer, insbesondere tiefenpsychologischer Beratung explizit behandelt werden (z.b. Mentzos 1999).

Für den Berater kann dies schlimmstenfalls darin enden, dass er zum Sündenbock für unpopuläre Entscheidungen gemacht wird, seine Reputation leidet und Folgeaufträge unwahrscheinlicher werden. Die obigen Ausführungen zeigen, dass sich Berater wie auch Klienten oft strategisch verhalten (müssen), um dadurch Vorteile zu erzielen.

Aus psychologischer Sicht wurde strategisches Verhalten in Berater-Klienten-Interaktionen bis heute kaum berücksichtigt. Die Sozialpsychologie verweist zwar im theoretischen Ansatz des Impression Management auf strategisches Verhalten (Mummendey 2002; Schlenker 1980), jedoch konzentriert sich die Impression Management-Forschung v.a. auf den Aspekt der positiven Selbstpräsentation, und somit auf den Zusammenhang zwischen der Beeinflussung des Fremdbildes und dem eigenen Selbstwert. Die Forschung zum Impression Management beachtet jedoch kaum den Prozess der sozialen Beeinflussung und die Beeinflussung von Entscheidungen in Interaktionen. Dieser Aspekt ist aber zur Analyse opportunistischen Verhaltens besonders wichtig. Die Principal-Agent-Theorie (PAT) (vgl. Eisenhardt 1989; Arrow 1991; Jensen & Meckling 1976; Ross 1973) beschreibt, unter welchen Umständen strategisches Verhalten auftreten kann. Mit dieser Theorie wird unseres Erachtens sehr gut analysiert, welche spezifischen strategischen Probleme zwischen Beratern und Klienten entstehen können und mit welchen Maßnahmen eine effizientere Kooperation zwischen beiden Parteien hergestellt werden kann.

Allerdings sehen wir einen deutlichen Bedarf, diese ökonomische Theorie durch psychologische Variablen anzureichern, um strategisches Verhalten umfassend vorhersagen und beschreiben zu können. Nach unserem bisherigen Kenntnis- und Forschungsstand spielen vor allem das Erleben von gegenseitigem Vertrauen sowie das Erleben von Gerechtigkeit eine große Rolle.

Vertrauen in der Berater-Klienten-Interaktion. Die hohen Risiken, die sich für die Beziehungspartner aus der Möglichkeit opportunistischen Verhaltens ergeben, können nicht alle im Voraus vertraglich geregelt und eingedämmt werden (Ripperger 2003). Daher kommt dem Vertrauen für das Zustandekommen und Aufrechterhalten von Berater-Klienten-Beziehungen eine Schlüsselrolle zu (vgl. Barber 1983; Larson 1992; Mayer, Davis & Schoorman 1995; Welpe 2008). In einer arbeitsteiligen Beziehung zwischen Beratern und Klienten steht jeder der potentiellen Partner vor der Entscheidung, ob er in eine Vertrauensbeziehung zu dem Gegenüber eintreten will oder nicht. Das Zustandekommen einer Vertrauensbeziehung bedingt zum Einen das Aussprechen von Vertrauen in das Gegenüber und zum Anderen die Annahme von Vertrauen. Beide Entscheidungen, das Aussprechen und das Annehmen, unterliegen einem Kosten-Nutzen-Kalkül der beteiligten Partner. Jeder Partner wägt ab, welche Vorteile und welche Risiken in der Beziehung zu dem Gegenüber liegen (Ripperger 2003).

Durch die Aussprache und Platzierung von Vertrauen gehen Berater und Klient einen impliziten Vertrag ein. Dies kann ihre Kooperation stärken. Gegenstand des impliziten Vertrags ist die Erfüllung der Vertrauenserwartung durch vertrauenswürdiges Verhalten. Indem der Klient vertraut, geht er davon aus, dass auch der Berater motiviert ist, sich dem Klienten gegenüber vertrauenswürdig zu verhalten. Durch die Vertrauensaussprache versucht der Klient die intrinsische Motivation und die Leistungsbereitschaft des Beraters zu erhöhen. Auf explizite und oftmals teure Anreizsysteme und Monitoring-Aktivitäten könnte somit in der Vertrauensbeziehung verzichtet werden (Ripperger 2003).

In der betriebswirtschaftlichen Forschung zu Principal-Agent-Beziehungen sind zwei unterschiedliche Dimensionen von Vertrauen etabliert. Danach kann sich Vertrauen zum einen auf die Kompetenz eines anderen beziehen („Kompetenz-Vertrauen") und zum anderen auf die Absichten des Gegenüber keine einseitige Nutzenmaximierung zu betreiben („Goodwill-Vertrauen", Welpe 2008). Durch unterschiedlich hohes Goodwill- und Kompetenz-Vertrauen in der Kooperation zwischen Berater und Klient können verschiedene Folgen vorhergesagt werden. Eine Studie von Welpe (2008) zur arbeitsteiligen Beziehung zwischen Eigenkapital-Gebern und Unternehmen macht deutlich: Eine intensive inhaltliche Auseinandersetzung in der frühen Zusammenarbeit beeinflusst die Entstehung von Kompetenz-Vertrauen positiv, aber nicht die Entstehung von Goodwill-Vertrauen. Eine große Fairness und Offenheit in der frühen Zusammenarbeit beeinflusst dagegen die Entstehung von Goodwill-Vertrauen positiv, aber nicht die Entstehung von Kompetenz-Vertrauen. Auch in der Praxis wird ein offener und ehrlicher Dialog als Voraussetzung für eine langfristig erfolgreiche Partnerschaft zwischen Beratern und Klienten angesehen. Zur professionellen Glaubwürdigkeit gehöre es, keine Schönfärberei zu betreiben und keine Gefälligkeitsgutachten zu erstellen, sondern den Beratungskunden auf Basis der ermittelten Fakten die Wahrheit zu sagen – auch wenn diese unbequem sei und nicht immer die Meinung des Klienten widerspiegele. Topmanager, die ihr Unternehmen ernsthaft voranbringen wollen, würden keinen bequemen, sondern einen kompetenten Partner suchen, der im Dialog mit ihnen um die beste Lösung ringt (Seidensticker 2005).

Fürchten allerdings Berater und Klienten strategisches Verhalten des Gegenübers, wird eine langfristig erfolgreiche Partnerschaft unwahrscheinlich. Viel eher kann dies dazu führen, dass Informationen zurückgehalten werden und ineffektiv kommuniziert wird. Es wird Ungerechtigkeit im Umgang miteinander erlebt. Dies kann einen „Teufelskreis" auslösen. Die Furcht vor strategischem Verhalten der Gegenseitige kann dazu verleiten, sich selbst eigennützig zu verhalten. Eigene Interessen werden verfolgt – gegebenenfalls mit List und Tücke. Dies äußert sich, indem Informationen bewusst zurückgehalten oder verzerrt werden, Handlungen nicht offen gelegt, eigennützige Aktionen getätigt oder tatsächliche Absichten verdeckt werden (in der PAT als „Adverse Selection"-, „Moral Hazard"- und „Hold Up"-Problematik beschrieben).

Die Ausführungen verdeutlichen, dass die Interaktionen zwischen Berater und Klient für die Qualität einer Zusammenarbeit große Bedeutung haben und den Erfolg von Berater-Klienten-Beziehungen beeinflussen können.

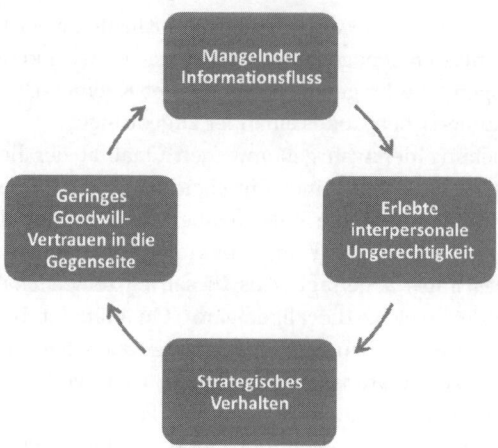

Abbildung 5:   Erwarteter Teufelskreis

5   Strategisches Verhalten und Beratungsqualität: eine Studie in der IT

Um zu überprüfen, welchen Einfluss das strategische Verhalten eines Beraters auf die wahrgenommene Beratungsqualität hat, haben wir eine empirische Studie in einer IT-Outsourcing Beratungsfirma durchgeführt. Die Klienten dieses Beratungsunternehmens nehmen eine große Bandbreite an IT-Dienstleistungen in Anspruch. Bei dieser Untersuchung wurden 62 Berater-Klienten-Dyaden mittels Fragebögen befragt. Auf Klientenseite handelte es sich um eine sehr heterogene Stichprobe. Alter, Branchenzugehörigkeit, Funktion, Berufstätigkeit etc. der Klienten variierten sehr stark. Die vorrangig männlichen Klienten (76%) waren zum Untersuchungszeitpunkt zwischen 25 und 70 Jahren alt und waren zwischen einem und 50 Jahren in ihrem derzeitigen Berufsfeld tätig. Die meisten Klienten (27%) hatten die Position des Geschäftsführers inne. Ein großer Anteil Klienten (26%) ist in der Industrie tätig, gefolgt von Klienten aus dem medizinischen Bereich (13%). Die Dauer der Zusammenarbeit betrug in den meisten Fällen (50%) zwischen einem und drei Jahren.

Wie sah die Untersuchung aus? Jeweils Berater und Klienten einer Dyade schätzten ihre Interaktion mittels Fragebögen ein. Jeweils der Berater und der Klient erhielten einen Fragebogen. Die Fragebögen der Berater-Klienten-Dyade wurden mit Hilfe eines alphanumerischen Codes einander zugeordnet.

Zur Erhebung der wahrgenommenen Qualität der Beratung wurden die Sicherheit des Klienten mit seiner Entscheidung, die Übernahme des Rates, die Qualität der Entscheidung, die Zufriedenheit des Klienten, der wahrgenommene Nutzen der Beratung, die Kundenbindung und -gewinnung sowie der Neuigkeitsgrad des Rates abgefragt. Aus diesen einzelnen Skalen wurde eine Gesamtskala gebildet, welche die allgemeine „Qualität der Beratung" erfasst. Dies schien aufgrund von hohen Interkorrelationen zwischen den oben genannten einzelnen Skalen zur Beratungsqualität inhaltlich sinnvoll.

Um das strategische Verhalten des Beraters zu messen, wurden Fragen zu „Hidden Information", „Hidden Intention" und „Hidden Action des Beraters" gestellt. Aus diesen Einzelskalen wurde eine Gesamtskala gebildet, die ein allgemeines, übergeordnetes Maß für strategische Einstellung und Handlungsweise des Beraters darstellt. Auch in anderen Stichproben konnte eine Skala zur Erfassung von strategischem Verhalten validiert werden (Schneider, Kauffeld & Jonas in Vorb.)

Was wollten wir untersuchen? Studien, die sich bislang mit der Natur der Beratungsinteraktion beschäftigten, konzentrierten sich zumeist auf die Sichtweise eines der beteiligten Akteure. Allerdings ist es wahrscheinlich, dass es in der Berater-Klienten-Interaktion Wahrnehmungsunterschiede zwischen den beteiligten Individuen gibt. In der Praxis zeigte sich, dass Klient und Berater bei der Bewertung des allgemeinen Erfolges der Beratung nicht notwendigerweise übereinstimmen müssen. Klann und Hahlweg (1995) fanden im Kontext institutioneller Ehe-, Familien- und Lebensberatung nur moderate Korrelationen zwischen den Zufriedenheitseinschätzungen von Klient und Berater (r=.32). Es zeigte sich in unserer Studie, dass die Einschätzungen von Berater und Klient in Bezug auf die „Qualität der Beratung" zum größten Teil moderat korrelierten (r=.39). Hingegen zeigten sich keine signifikanten Zusammenhänge zwischen den Einschätzungen des Beraters und denen der Klienten in Bezug auf das „strategische Verhalten des Beraters" (r=.20).

Die klassische Prinzipal-Agent Theorie postuliert, dass der Nutzen des Prinzipals aus der Agentenbeziehung abnimmt, wenn das strategische Verhalten des Agenten ansteigt. In der Beratungsinteraktion würde dies bedeuten, dass die Beratungsqualität und damit der Nutzen aus der Beratung für den Klienten abnehmen, wenn sich der Berater strategisch verhält. Je mehr opportunistisches Verhalten der Berater zeigt, desto geringer ist der Nutzen, den der Klient aus der Beratung zieht. Ein Berater, der sich strategisch verhält, arbeitet um seinen eigenen Vorteil zu maximieren. Er leistet weniger als nötig wäre, um die Beratungsbeziehung für den Klienten optimal gewinnbringend zu gestalten. Dementsprechend sollte der Klient die Qualität der Beratung als gering bewerten, wenn er vermutet, dass sich der Berater strategisch verhält. Darüberhinaus hatten wir angenommen, dass es einen Zusammenhang zwischen der Einschätzung des Ausmaßes an strategischem Verhalten des Beraters und der Bewertung der allgemeinen Qualität der Beratung gibt.

Welche Ergebnisse haben wir gefunden? Wir fanden eine hohe negative Korrelation der Skalen „strategisches Verhalten des Beraters" und „Qualität der Beratung" sowohl in den Einschätzungen der Klienten, als auch in den Einschätzungen des Beraters. Folgende Annahme konnte demnach bestätigt werden: Wenn der Klient dem Berater ein hohes Maß an strategischem Verhalten vorwirft, so wirkt sich das negativ auf die Einschätzung der Qualität der Beratung durch den Klienten aus. Wenn der Berater meint, ein hohes Maß an strategischem Verhalten zu zeigen, so wirkt sich das negativ auf die Einschätzung der Qualität der Beratung durch den Berater aus.

Es wurde weiterhin ermittelt, ob die Skalen „strategisches Verhalten des Beraters" und „Qualität der Beratung" auch über die Berater- und Klienten-Einschätzung hinweg korrelierten. Diese Zusammenhänge konnten wir tatsächlich nachweisen. Wenn der Berater aus seiner Sicht hohes strategisches Verhalten beschreibt, dann hängt das mit einer negativeren Einschätzung der Qualität der Beratung durch den Klienten zusammen. Zeigt der Berater aus Sicht des Klienten hohes strategisches Verhalten, so hängt das mit einer negativeren Einschätzung der Qualität der Beratung durch den Berater zusammen. Abbildung 6 fasst diese Ergebnisse zusammen.

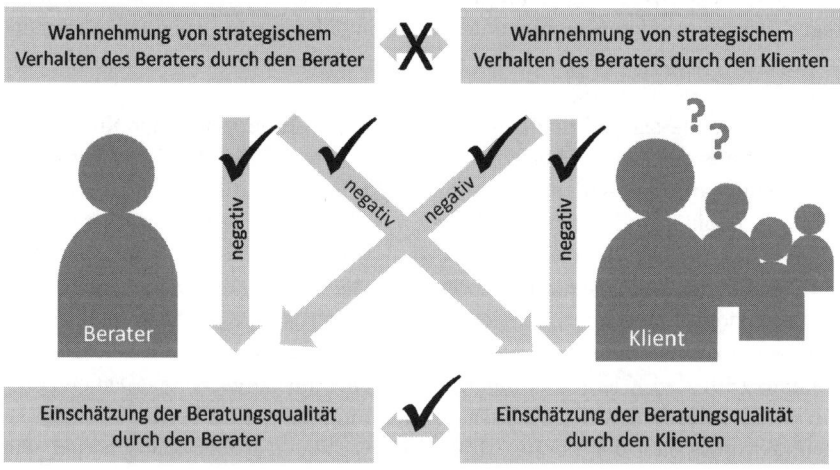

Abbildung 6:   Ergebnisse der Studie im Kontext von IT-Beratung

Kann die Qualität der Beratung besser vorhergesagt werden, wenn neben den Einschätzungen der Merkmale des Beraters, des Klienten, des Rates und des Kontextes auch Einschätzungen zum strategischen Verhalten des Beraters genutzt werden? Um diese Frage zu beantworten, wurde „strategisches Verhalten des Beraters" als weitere unabhängige Variable neben Merkmalen des Beraters, des Klienten, des Rates und des Kontextes in multiplen Regressionsanalysen hinzugefügt. Die Überprüfung zeigt: Wird die Skala „strategisches Verhalten des Beraters" als weitere unabhängige Variable hinzugenommen, kann die Qualität der Beratung besser vorhergesagt werden. Dies bedeutet: Nicht allein Merkmale des Beraters, des Klienten, des Rates und des Kontextes bedingen die Qualität der

Beratung. Auch das strategische Verhalten des Beraters bestimmt die Wahrnehmung der Beratungsqualität. Diese Ergebnisse entsprechen den Vorhersagen aus der Prinzipal-Agent Theorie. Dies spricht dafür, dass es strategisches Verhalten des Beraters in der Beratungsinteraktion gibt. Auch wenn es keine Zusammenhänge der Einschätzungen des Ausmaßes eines solchen Verhaltens durch Berater und Klienten gibt, so geht die Einschätzung des Beraters, er habe sich strategisch verhalten, doch mit einer Minderung der Einschätzung der Qualität der Beratung durch den Klienten einher. Gerade dieses Ergebnis ist interessant und spannend. Strategisches Verhalten des Beraters hat also tatsächlich einen Einfluss auf die Beratungsinteraktion. Zeigt ein Berater strategisches Verhalten, so mindert dies die wahrgenommene Beratungsqualität. Diesen Zusammenhang finden wir, obwohl Klienten das strategische Verhalten des Beraters gar nicht als solches einschätzen. Dem Berater ist bewusst, sich strategisch zu verhalten, doch der Klient nimmt dies nicht wahr. Dies könnte dafür sprechen, dass strategisches Verhalten des Beraters weniger auf kognitiver Ebene zur Bewertung der Beratungsinteraktion ausschlaggebend ist. Unbewusst scheint sich aber auf emotionaler Ebene ein Gefühl von Misstrauen zu manifestieren, welches unbewusst die Wahrnehmung der Beratungsinteraktion beeinflusst.

6 Fazit

In der Beratung scheinen Berater nicht nur im Blick zu haben, welchen Nutzen ihr Klient aus der Beratung zieht, sondern auch wie sie ihren eigenen Nutzen maximieren können. Dies beeinflusst ihre Handlungen: Berater verhalten sich strategisch. Es kann erstmals bestätigt werden, dass die Einschätzung der Qualität der Beratung besser vorhergesagt werden kann, wenn strategisches Verhalten des Beraters berücksichtigt wird. In der Klienteneinschätzung ist die Einschätzung des strategischen Verhaltens des Beraters sogar der beste einzelne Prädiktor für die Bewertung der Qualität der Beratung. Das strategische Verhalten des Beraters hat aber für die Berater-Klienten-Interaktion vorrangig negative Konsequenzen. Es beeinflusst die Klienten-Einschätzung der Beratungsqualität und auch die Einschätzung des Beraters negativ. Dies bestätigt die Annahmen der Prinzipal-Agent Theorie: nimmt der Klient strategisches Verhalten des Beraters wahr, kann dies zu einer Gefahr für die Beratungsbeziehung werden. Der Prinzipal (Klient) sieht seinen Gewinn, der in einer optimalen Aufgabenausführung des

Agenten (Berater) besteht, durch strategisches Verhalten des Beraters unbewusst gefährdet.

Wenn der Klient das Gefühl hat, sein Berater verhalte sich strategisch, so ist das ein sehr wichtiger Prädiktor für eine geringere Einschätzung der Qualität der Beratung durch den Klienten. Selbst wenn der Klient die Kompetenz des Beraters als hoch erlebt und die Entscheidung für den Klienten sehr wichtig ist, kann die Wahrnehmung von strategischem Verhalten des Beraters durch den Klienten seine Beurteilung der allgemeinen Qualität der Beratung negativ beeinflussen. Einem Berater sollte also daran gelegen sein, seinen Klienten möglichst nicht einmal vage spüren zu lassen, dass er sich strategisch verhalten könnte.

Der Berater kann nicht davon ausgehen, dass sein strategisches Verhalten, solange es unbemerkt bleibt, der Beratungsinteraktion nicht schadet. Dies spricht dafür, dass die Ahnung, der Berater verhalte sich strategisch, nicht kognitiv, sondern auf emotionaler Ebene, in Form eines diffusen Gefühls von Misstrauen, in die Bewertung der Beratungsinteraktion einfließt.

Das strategische Verhalten des Beraters wird vom Berater selbst nicht als so zentral eingestuft wie von seinem Klient. Diese Erkenntnis kann für Berater ein nutzbringender Hinweis sein. Berater sollten mehr darauf achten, ob ihr Verhalten durch den Klienten als strategisch wahrgenommen werden könnte.

Die Ergebnisse legen auch die Notwendigkeit nahe, strategisches Verhalten bei der Betrachtung von Beratungsinteraktion in Zukunft zu berücksichtigen. Die Operationalisierung des allgemeinen strategischen Verhaltens des Beraters nach der Prinzipal- Agent Theorie erweist sich als fruchtbarer Ansatz.

Zukünftig sollte strategisches Verhalten nicht nur in Form von Selbsteinschätzungen über Fragebögen, sondern auch durch objektive Analysen erhoben werden. Ein Interaktionsanalyseinstrument für Berater-Klienten-Interaktionen konnten wir bereits entwickeln und in ersten Stichproben einsetzen (Schneider & Kauffeld in Vorb.).

Literatur

Alparslan, A. (2006): Strukturalistische Prinzipal-Agent-Theorie. Wiesbaden: Deutscher Universitäts-Verlag
Arrow, K. J. (1991): The economics of agency. In J. W. Pratt & R. J. Zeckhauser (Eds.), Principals and agents: The structure of business. Boston, Mass.: Harvard Business School

Barber, B. (1983): The logic and limits of trust. New Brunswick, NJ: Rutgres Univ. Press

Boles, J. S., Johnson, J. T. & Barksdale, H. C. Jr. (2000): How salespeople build quality relationships: A replication and extension. Journal of Business Research, 48, 75-81

Bonaccio, S. & Dalal, R. S. (2006): Advice taking and decision-making: An integrative literature review, and implications for the organizational sciences. Organizational Behavior and Human Decision Processes, 101, 127-151

Budescu, D.V. & Rantilla, A.K. (2000): Confidence in aggregation of expert opinions. Acta Psychologica, 104, 371-398

Busch, H.W. (1996): Nachfrage nach Beratung aus der Sicht der Wirtschaft. In H. von Alemann & A. Vogel (Hrsg.), Soziologische Beratung (S. 31-37). Opladen: Leske und Budrich

De Vries, S. & Wilke, H. A. M. (1995): An adviser in resource management situations: Configural weighing of recommendations. Journal of Economic Psychology, 16, 115-135

Donkin, R. (1997): Survey – Management consultancy: How consultants get paid: Brave new world of fees. Financial Times vom 19. Juni 1997

Ebers, M. & Gotsch, W. (1995): Institutionenökonomische Theorien der Organisation. In A. Kieser (Hrsg.), Organisationstheorien (2 Aufl.,). Stuttgart: Kohlhammer

Eberlein, M. & Grund, C. (2006): Ungleichheitsaversion in Prinzipal-Agent-Beziehungen. Journal für Betriebswirtschaft, 56, 133-153

Eisenhardt, K. (1989): Agency theory: An assessment and review. Academy of Management Review, 14, 57-74

Elfgen, R. & Klaile, B. (1987): Unternehmensberatung. Angebot, Nachfrage, Zusammenarbeit. Stuttgart: Poeschel

Ernst, C., Riegler, C. & Schenk, G. (2007): Übungen zur internen Unternehmensrechnung. Heidelberg: Springer, 299-306

Harvey, N. & Fischer, I. (1997): Taking advice: Accepting help, improving judgment, and sharing responsibility. Organizational Behavior and Human Decision Processes, 70, 117-133

Heath, C. & Gonzalez, R. (1995): Interaction with others increases decision confidence but not decision quality: Evidence against information collection views of interactive decision making. Organizational Behavior and Human Decision Processes, 61, 305-306

Jensen, M.C. & Meckling, W.H. (1976): Theory of the firm: Managerial behavior, agency costs and ownership structure. Journal of Financial Economics, 3, 305-360

Jonas, E. & Frey, D. (2003): Information search and presentation in advisor-client interactions. Organizational Behavior and Human Decision Processes, 91, 154-168

Jonas, E., Kauffeld, S., & Frey, D. (2007): Psychologie der Beratung. In D. Frey & L. v. Rosenstiel (Hrsg.), Enzyklopädie der Psychologie – Wirtschaftspsychologie. Göttingen: Hogrefe

Jonas, E., Schulz-Hardt, S. & Frey, D. (2003): Giving advice and making decisions – information seeking in advisor-decision-maker interactions. Unpublished manuscript, University of Munich

Kieser, A. (2002): Wissenschaft und Beratung. Heidelberg: Springer

Klann, N. & Hahlweg, K. (1995): Erhebung über die Wirksamkeit von Eheberatung. System Familie, 8, 66-74

Kramer, von Ameln & Stark (2007): Hidden Agendas in Beratungs- und Veränderungsprozessen. Gruppendynamik und Organisationsberatung, 38, 234-246

Larew, J. & Deprosse, H. (1997): Erfolgshonorare für Berater? Harvard Business Manager, 1, 107-113

Larson, A. (1992): Network dyads in entrepreneurial settings: A study of the governance of exchange relationships. Administrative Science Quarterly, 37, 76–104

Lippitt, R. (1959): Dimensions of the consultant's job. Journal of Social Issues, 15, 5-12

Mayer, R.C., Davis, J.H. & Schoorman, F.D. (1995): An integrative model of organizational trust. Academy of Management Review, 20, 709-734

Mentzos, S. (1999): Neurotische Konfliktverarbeitung. Frankfurt: Fischer Taschenbuch Verlag

Mummendey, H. D. (2002): Selbstdarstellungstheorie. In D. Frey & M. Irle (Hrsg.), Theorien der Sozialpsychologie: Motivations-, Selbst- und Informationsverarbeitungstheorien (Vol. 3, pp. 212-233). Bern: Hans Huber

Neuberger, O. (2006): Mikropolitik und Moral in Organisationen: Herausforderung der Ordnung. Stuttgart: Lucius & Lucius

Ripperger, T. (2003): Ökonomik des Vertrauens. Tübingen: Mohr Siebeck

Ross, S.A. (1973): The economic theory of agency: The principal's problem. American Economic Review, 62, 134-139

Schlenker, B. (1980): Impression management. Monterey, CA: Brooks Cole

Schneider, H. & Kauffeld, S. (in Vorb.): Strategisches Verhalten in der Beratung. Eine prozessanalytische Betrachtung

Schneider, H., Kauffeld, S. & Jonas, E. (in Vorb.): Optimale Beratung zu jedem Preis? Eine Betrachtung strategischer Verhaltensweisen im Beratungskontext

Seidensticker, F.-J. (2005): Strategieberatung als unternehmerische Erfolgspartnerschaft. In Arnd Petmecky & Thomas Deelmann (Hrsg.). Arbeiten mit Managementberatern. Heidelberg: Springer, 37-45

Shapiro, E.C., Eccles, R.G. & Soske, T.L. (1994) So werden Berater richtig eingesetzt. Manager, 1, 109-116

Sniezek, J.A. & Buckley, T. (1995): Cueing and cognitive conflict in judge-advisor decision making. Organizational Behavior and Human Decision Processes, 62, 159-174

Sniezek, J.A. & van Swol, L.M. (2001): Trust, confidence, and expertise in a judge-advisor system. Organizational Behavior and Human Decision Processes, 84, 288-307

Sperling, H.J. & Ittermann, P. (1998): Unternehmensberatung – eine Dienstleistungs-branche im Aufwind (Arbeit und Technik, Bd. 11). Mering: Hampp

Staute, J. (1996): Der Consulting-Report. Vom Versagen der Manager zum Reibach der Berater (2. Aufl.). Frankfurt: Campus

Straub, W., & Forchhammer, L. S. (1995): Berater können erfolgreicher werden. Harvard Business Manager, 3, 9-18

Ubel, P. A., & Loewenstein, G. (1997): The role of decision analysis in informed consent: Choosing between intuition and systematicity. Social Science and Medicine, 44, 647-656

Welpe, I. M. (2008): Die Entstehung von Vertrauen im Kontext von Unsicherheit und Informationsasymmetrie. Zeitschrift für Betriebswirtschaft, 78, 1251-1284

Wigger, B. U. (2006): Grundzüge der Finanzwissenschaft. Heidelberg: Springer, 73-85

Yaniv, I. & Kleinberger, E. (2000): Advice taking in decision making: Egocentric discounting and reputation formation. Organizational Behavior and Human Decision Processes, 83, 260-281

Yaniv, I. (2004): Receiving other people's advice: Influence and benefit. Organizational Behavior and Human Decision Processes, 93, 1-13

Ziele, Anforderungen und Institutionalisierung des Forschungsfeldes Consulting Research

Volker Nissen, Michael Mohe, Thomas Deelmann

1 Unternehmensberatung und Consulting Research[39]

Unternehmensberatung ist im Verständnis dieses Beitrages eine professionelle Dienstleistung, die durch eine oder mehrere, im allgemeinen fachlich dazu befähigte und von den beratenen Klienten hierarchisch unabhängige Person(en) zeitlich befristet sowie meist gegen Entgelt erbracht wird und zum Ziel hat, betriebswirtschaftliche Probleme des beauftragenden Unternehmens interaktiv mit den Klienten zu definieren, strukturieren und analysieren, sowie Problemlösungen zu erarbeiten, und auf Wunsch ihre Umsetzung gemeinsam mit Vertretern des Klienten zu planen und im Unternehmen zu realisieren [Niss2007b, 3].

Unter dem Begriff Consulting Research soll hier die wissenschaftliche Beschäftigung mit der Dienstleistung Unternehmensberatung, den Beratungsunternehmen als Organisationen und dem Beratungsmarkt mit seinen verschiedenen Teilnehmern auf Anbieter- und Nachfragerseite verstanden werden [Niss2007b, 11f.]. Consulting Research bildet ein Teilgebiet der allgemeineren Beratungsforschung (Abb. 1), die ihrerseits eine systematische, auf reflektierten Theorien gründende Auseinandersetzung mit ausgewählten Aspekten der Beratung [Wolf2000, 17] ist.

---

[39] Dieser Beitrag baut auf unseren Vorarbeiten in [Niss2007b] und [MNDe2008] auf.

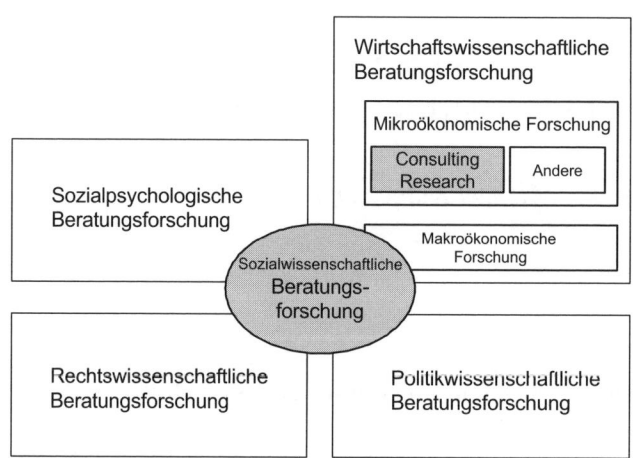

Abbildung 1: Consulting Research als Teilgebiet der sozialwissenschaftlichen Beratungsforschung [Niss2007b, 12]

Consulting Research im Verständnis dieses Beitrags hat zwei zentrale Anliegen. Erstens, die wissenschaftliche Durchdringung des Themas Unternehmensberatung, wobei der von einzelnen Beratungsprojekten abstrahierende wissenschaftliche Erkenntnisgewinn im Mittelpunkt steht. Zweitens, die Übertragung wissenschaftlicher Theorien, Erkenntnisse und Methoden auf die unternehmerische Praxis mit dem Ziel, Aufgaben im Umfeld von Beratungsprozessen und Beratungsunternehmen besser als heute zu lösen. Das letztere Ziel entspringt dem hier vertretenen Verständnis der Betriebswirtschaftslehre als angewandter Sozialwissenschaft, die neben einer theoretischen Erklärungsfunktion auch eine praktische Gestaltungsaufgabe zu erfüllen hat. Consulting Research zielt auf eine Betriebswirtschaftslehre der Unternehmensberatung, wie sie in der Literatur zunehmend gefordert wird.[40]

---

[40] Vgl. stellvertretend [KaSc1995, 1071], [MHPf2002,Vorwort], und [FrEf2002, 274].

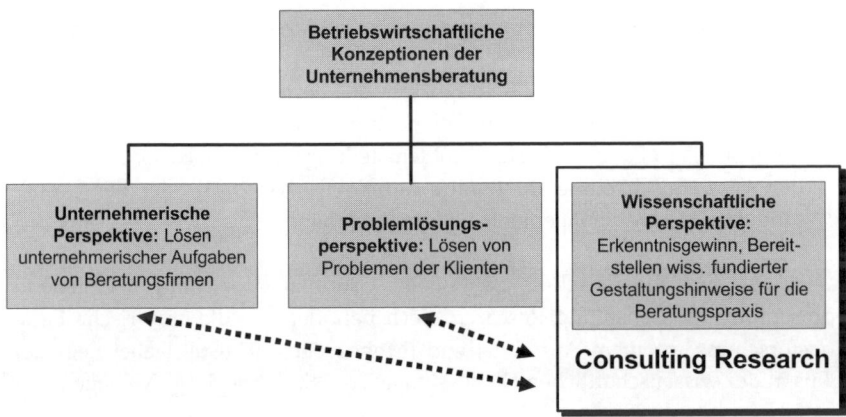

Abbildung 2: Betriebswirtschaftliche Konzeptionen der Unternehmensberatung [Niss2007b, 14]

Consulting Research repräsentiert eine wissenschaftlich geprägte Konzeption der Unternehmensberatung (Abb. 2), bei der es darum geht, ein tiefes Verständnis des Phänomens Unternehmensberatung in all seinen Facetten zu erlangen. Verschiedene Wissenschaftsgebiete können hierzu Beiträge leisten und ihre Perspektiven, Theorien und methodisches Instrumentarium einbringen. Hierzu gehören neben den Wirtschaftswissenschaften insbesondere die Soziologie, Teile der Psychologie und die Wirtschaftsinformatik. Verschiedene Kategorien von Forschungsleistungen innerhalb des Consulting Research sind denkbar und wünschenswert:

- Theorie-orientierte bzw. konzeptionelle Beiträge: Hierbei geht es um die Entwicklung von Konzepten, Modellen und Theorien über das Funktionieren von Beratung und Beratungsmarkt. Dabei können sowohl bestehende sozialwissenschaftlicher Theorien auf die Besonderheiten der Unternehmensberatung angepasst als auch eigenständige Theorien zur Beratung entwickelt werden. Letztendlich muss es auf der Basis von Erklärungsmodellen um das Ableiten von normativen Gestaltungshinweisen für die Beratungspraxis gehen.
- Empirische Beiträge: Hierzu zählen ganz allgemein Bestandsaufnahmen (*state-of-the-art*) zu beratungsrelevanten Aspekten sowie quantitative und

qualitative empirische Beratungsforschung einschließlich der Evaluation von Modellprojekten.

▪ Methodisch-instrumentelle Beiträge: Das Ziel besteht hierbei in der Entwicklung von neuen Methoden und Werkzeugen zur Unterstützung der Beratungspraxis in ganz konkreten Problemstellungen, beispielsweise in Fragen der Aufwandschätzung für Beratungsprojekte [Niss2003] oder der Gestaltung des Wissensmanagements im Unternehmen.

Derzeit ist eine theoretisch-konzeptionelle Grundlagenforschung weitgehend repräsentativ für Consulting Research, doch befindet sich die empirische Beratungsforschung in einem Aufwärtstrend [Mohe2004b, 695-696]. Dabei liegt der Fokus in der wissenschaftlichen Diskussion auf der Strategie- bzw. Managementberatung.

Daneben existieren aus betriebswirtschaftlicher Sicht weitere Beratungskonzeptionen: die unternehmerische Perspektive und die Problemlösungsperspektive. Die unternehmerische Perspektive repräsentiert die Sicht des Managements von Beratungsunternehmen. Primäre Ziele bestehen darin, unternehmerische Aufgaben, wie die Personalbeschaffung oder strategische Planung, erfolgreich zu bewältigen, Gewinn zu erwirtschaften und das langfristige Überleben des Unternehmens sicherzustellen. Im Rahmen der Problemlösungsperspektive gilt es dagegen, ausgehend von individuellen Problemstellungen bei Klienten, geeignete Lösungsansätze zu entwickeln.

Consulting Research erhält Anregungen für Forschungsaktivitäten aus der unternehmerischen wie auch aus der Problemlösungsperspektive und stellt gleichzeitig Lösungen für diese beiden Perspektiven bereit. Damit wird deutlich, dass es zwischen Consulting Research und den beiden anderen betriebswirtschaftlichen Konzeptionen der Unternehmensberatung wichtige Anknüpfungspunkte und Synergiepotenziale gibt (angedeutet durch Pfeile in Abb. 2). Hier sei noch darauf hingewiesen, dass in der Vergangenheit viele einflussreiche Managementkonzepte, mögen es oft auch nur Managementmoden gewesen sein, zunächst in Beratungsunternehmen entwickelt wurden und sich von dort in der Wissenschaft verbreiteten.

2 Formale und inhaltliche Anforderungen an das Forschungsfeld Consulting Research

Im Folgenden sollen einige Anforderungen an Beiträge zum Consulting Research zur Diskussion gestellt werden [Niss2007b, 19-21]. Mit der Gesamtheit dieser (eventuell ergänzungsfähigen) Forderungen wird eine Abgrenzung forschungsorientierter Beiträge zum Consulting Research zur rein praxisorientierten Leitfadenliteratur im Sinne von Wolf [2000, 23] und zur „Enthüllungsliteratur" nach Armbrüster und Kieser [ArKi2001, 691] mit oft tendenziösen, wenig differenzierten Darstellungen der Beratungsbranche (z.b. [Crai2005]) angestrebt.

Die erste Anforderung betrifft den *Anspruch auf Wissenschaftlichkeit* im Sinne der Orientierung an etablierten wissenschaftlichen Grundsätzen. Dies schließt im Sinne nachprüfbarer Kriterien insbesondere ein:

- Klärung der verwendeten Begriffe,
- klare Zielsetzung der Untersuchung, jedoch Unvoreingenommenheit bezüglich des Ergebnisses,
- Berücksichtigung des *status quo* der Forschung,
- methodisch fundiertes, systematisches und kritisch reflektierendes Vorgehen,
- Bereitschaft zur Offenlegung aller Ergebnisse und Details der Vorgehensweise zum Zwecke einer möglichen Überprüfung durch andere.

Zum Kriterium der Berücksichtigung des *status quo* der Forschung ist im Sinne Schrädlers [Schr1996, 74] anzustreben, dass unterschiedliche Forschungsansätze nicht einfach unverbunden nebeneinander gestellt werden, sondern sich eine aktive Auseinandersetzung mit dem Gedankengut Anderer entwickelt. Dies kann entweder zu partnerschaftlichen oder kritischen Theoriebeziehungen führen.

Die von Wolf zusätzlich geforderte „kritische Distanz zum Erkenntnisgegenstand" [Wolf2000, 24] ist als Merkmal der Wissenschaftlichkeit grundsätzlich ebenfalls anzuerkennen, doch sollte man, je nach Forschungsansatz, verschiedene Abstufungen zulassen. So fordert zum Beispiel die Aktionsforschung, praktisches Handeln und kritische Reflexion unter kooperierender Einbeziehung von Praktikern zu verbinden. Der Forscher kann demnach zugleich Beobachtender und Handelnder sein [PrRa1995].

Die hier genannten Kriterien der Wissenschaftlichkeit schließen Drittmittelforschung, finanziert auch aus privatwirtschaftlichen Quellen, nicht kategorisch aus, deuten aber auf potenzielle Probleme, insbesondere bei den Aspekten der Unvoreingenommenheit und Offenlegung.[41]

Eine weitere „weiche" Forderung im Kontext des Anspruchs auf Wissenschaftlichkeit ist die Generierung gänzlich neuen Wissens, also die *Innovation*. Es soll also nicht nur Bekanntes unter neuen Begrifflichkeiten publiziert, sondern wirklich neue Fragen gestellt und Antworten gefunden werden. Die Forderung klingt trivialer als sie ist, wie die aktuelle Diskussion um Moden und Nachhaltigkeit in der Wirtschaftsinformatikforschung eindrücklich belegt.[42] Consulting Research ist dabei besonders gefährdet, weil ihr Untersuchungsgegenstand, die Unternehmensberatung, durch zahlreiche Managementmoden und Pseudo-Innovationen sowie eine aus wissenschaftlicher Sicht undisziplinierte, affektierte Sprache gekennzeichnet ist.

Ein weiterer Anspruch an Beiträge zum Consulting Research ist der *starke Anwendungsbezug*. Bewusst ist hier nicht von „praktischer Relevanz" die Rede. Wissenschaftliche Ergebnisse sind aufgrund unterschiedlicher Wertesysteme und Terminologien oft nicht unmittelbar praxisrelevant. Sie sollten aber relevante Erkenntnisse über die Praxis enthalten oder in praxisrelevante Handlungsmuster, Methoden oder Konzepte überführt werden können. Die Kombination von *relevance* und *rigor* wird hier, in Abhängigkeit vom gewählten Thema und Forschungsansatz für möglich und erstrebenswert gehalten.[43]

Angesprochen ist unter dieser Forderung auch die anzustrebende Kooperation und Integration zwischen Wissenschaft und Praxis der Unternehmensberatung (Berater und Klienten). Von einer solchen Zusammenarbeit können alle Beteiligten profitieren. Nach Schrädlers Auffassung ist sie sogar unerlässlich, um eine ständige Weiterentwicklung der Theorie zur Unternehmensberatung zu gewährleisten und gleichzeitig in der Forschung nicht für die Praxis bedeutungslos zu werden [Schr1996, 84-89]. Der kontinuierliche Dialog und die enge Integration mit der Beratungspraxis und ihren Klienten muss eine Grundlage der Forschung im Consulting Research sein. Dazu wäre auf Seiten der Berater jedoch etwas mehr Bereitschaft notwendig, die eigenen Methoden und Vorgehensmodelle im Lichte wissenschaftlicher Erkenntnisse kritisch zu reflektieren und gegebenenfalls anzupassen. Eine stärkere theoretische Fundierung der Beratung kann nicht zuletzt dazu beitragen, das tendenziell negative Bild des Unternehmensberaters in der Öffentlichkeit wieder zu verbessern und den Gefahren einer De-

---

[41] Zum Verhältnis von Wissenschaft und Wirtschaft siehe auch [Kies2002, 13-15].
[42] Siehe zur Diskussion in der Wirtschaftsinformatik den Aufsatz von Mertens [Mert2006].
[43] Diese Einschätzung teilt beispielsweise auch Shugan [Shug2004, 177].

Institutionalisierung und Legitimitätskrise der Unternehmensberatung, wie Höner sie beschreibt [Höne2008, 313-319], entgegen zu wirken.

Notwendige Voraussetzung, und damit eine weitere Anforderung an die Forschenden im Consulting Research ist, neben der Vertrautheit mit der Wissenschaft, auch eine *genaue Kenntnis der Spezifika im Anwendungsfeld Unternehmensberatung*. Dies betrifft besonders Wertesystem, Ziele, Terminologie und Methoden des Consulting sowie vergleichbare Kenntnisse zu den Beratungsklienten. Das kann beispielsweise durch eigene Erfahrungen in der Unternehmensberatung erreicht werden, die möglichst in einer Tätigkeit außerhalb des Hochschulsystems erworben werden sollten, um die nötige Authentizität zu schaffen. Dies erhöht die Wahrscheinlichkeit, dass erfolgreich zwischen verschiedenen Wertehierarchien vermittelt und gehandelt werden kann und daraus wissenschaftliche Innovation entsteht.

Der letzte Anspruch betrifft den notwendigen Rückfluss von Forschungsergebnissen in die akademische Lehre und Ausbildung von Unternehmensberatern. So fordern bereits Davenport und Markus „(…) we should use our research enterprise and our presence in the classroom (…) to grow the audience of ‚reflective practitioners' (…)" [DaMa1999, 22].

Neben solchem wissenschaftlich verwurzelten Reflexionswissen [Mold2001] gehört auch praktisch-instrumentelles Wissen in den Ausbildungskanon zukünftiger Unternehmensberater an Hochschulen. Es ist nicht einzusehen, warum dies exklusiv den Beratungsfirmen überlassen werden sollte.

3   Untersuchung zur Institutionalisierung von Consulting Research im deutschsprachigen Raum

3.1 Motivation

In den vergangenen Jahrzehnten ist es zu einer permanenten Ausdifferenzierung wissenschaftlicher Disziplinen gekommen. Wurde etwa zu Zeiten von Schmalenbach und Gutenberg mehr oder weniger noch von *der* Betriebswirtschaftslehre gesprochen, haben sich heute zahlreiche Subdisziplinen herausgebildet und etabliert. Weiter verstärkt wird diese Ausdifferenzierung zukünftig durch die Einführung neuer Bachelor- und Masterprogramme und die Fokussierung der Hochschulen auf neue Forschungsfelder.

Der vorliegende Beitrag nimmt diese Ausgangsbeobachtungen zum Hintergrund, um am Beispiel des Forschungsfeldes Consulting Research zu skizzieren, wie sich Forschungsdisziplinen herausbilden können und auf welche Akzeptanz bei Wissenschaftlern und an Wissenschaft interessierten Praktikern der Versuch stößt, die Institutionalisierung eines neuen Forschungsfeldes aktiv zu betreiben. Dass das Feld Consulting Research für die Fragestellung einer disziplinären Institutionalisierung eine besondere Relevanz aufweist, begründet sich wie folgt:

Erstens, zwischen der Beratungspraxis und den Managementwissenschaften gibt es offenbar viele Berührungspunkte. So vertreten beispielsweise Niehaves und Becker die Auffassung, dass Consulting Research neues Wissen hervorbringt, das dann von der Beratungspraxis in die Anwendung getragen wird [NiBe2006, 8]. Wenngleich dieses Verständnis verkürzt erscheint [KiNi2005], fanden doch viele Managementkonzepte ihren Ursprung in der Beratungspraxis und wurden dann erst dann von der Wissenschaft aufgegriffen [PaLu1987] [Deel2007, 50]. Einige der Managementkonzepte wurden bisweilen schon selbst als Wissenschaft bezeichnet, und die Managementwissenschaften definieren sich selbst als Applied Science, die Angebote für die Lösung praktischer Probleme bereitstellt [Nico2004]. Diese Nähe legt auch eine fruchtbare wechselseitige Auseinandersetzung zwischen der Beratungspraxis und einer wissenschaftlichen Forschungsdisziplin, die sich mit der Unternehmensberatung befasst, nahe. Dabei ist zu beachten, dass die Praxis, um handlungsfähig zu sein, nicht auf eine vorausgehende wissenschaftliche Theorie angewiesen ist. Ebenso entwickelt sich Consulting Research zwar nicht unabhängig von der Praxis, aber doch eigenständig und selbstreflexiv [Niss2007b; 16].

Zweitens, wie kaum eine andere Branche verzeichnete die Unternehmensberatung in den letzten Dekaden ein überaus dynamisches Wachstum. So hat sich in Europa der Umsatz der Branche von 1994 bis 2005 fast versechsfacht (von 11,0 auf 61,6 Mrd. Euro) [FEACO2003; FEACO2006]. Eine deutlich positive Entwicklung zeigt sich auch für den deutschen Beratungsmarkt, dessen Umsatzvolumen sich von 1995 bis 2006 mehr als verdoppelt hat (von 7,2 auf 14,7 Mrd. Euro) [BDU2007; 5].

Drittens, bedingt durch ihr enormes Wachstum in den vergangenen Jahren nimmt die Branche der Unternehmensberatung nicht nur Einfluss auf das System „Wirtschaft", sondern vermehr auch auf sozial-gesellschaftliche Bereiche [Faust2006] [Mohe2004a]. Längst wird von der „Beratungsgesellschaft" [FuPa1994; 13], von der von „Beratungsgesellschaften beratenen Gesellschaft" [Nico2000; 228], der „Berater-Republik" [BiNi2004] oder der „McKinsey-Gesellschaft" [Kurb2003; 7] gesprochen.

Viertens, durch wirtschaftliches Wachstum und die Vergrößerung ihres Aktionsradius hat die Unternehmensberatung insbesondere in den letzten Jahren auch das Interesse der Wissenschaft geweckt [CFMS2007]. Abzulesen ist dies etwa an eigenen Konferenzen (z.B. Tagungen der Management Consulting Division der Academy of Management) sowie an Buch- und Artikelpublikationen [ArKi2001] [Mohe2004b] [Niss2007a].

Zusammengenommen bieten die obigen Punkte hinreichende Anknüpfungspunkte dafür, über eine Institutionalisierung dieses Forschungsfeldes nachzudenken. Im Folgenden wird zunächst kurz skizziert, wie sich das Forschungsfeld entwickelt hat und wie sich der derzeitige Status quo darstellt. Daraufhin werden in einem zweiten Schritt eigene empirische Ergebnisse aus einer Meinungsumfrage präsentiert. Ziel der Befragung war es herauszufinden, auf welche Akzeptanz bei Wissenschaftlern und an Wissenschaft interessierten Praktikern der Versuch stößt, die Institutionalisierung des Forschungsfeldes Consulting Research aktiv zu betreiben. Zum Schluss werden die Implikationen und Grenzen der vorliegenden Untersuchung diskutiert.

3.2 Stand des Forschungsfeldes Consulting Research

Institutionalisierung kann gleichermaßen als Prozess und als Zustand definiert werden [Zuck1977, 728]. Die überwiegende Mehrzahl wissenschaftlicher Analysen stellt auf den Zustand der Institutionalisierung ab, den bestimmte Strukturen und Praktiken einnehmen. Demgegenüber interessiert sich eine Prozessbetrachtung für das Entstehen von Institutionen. Tolbert und Zucker gehen dabei von einem dreistufigen Institutionalisierungsprozess aus, der über die Phasen Habitualisierung, Objektivierung und Sedimentation reicht [ToZu1996, 181f.]. In der Phase der *Habitualisierung* erfolgt die Herausbildung neuer struktureller Konfigurationen als Reaktion auf veränderte Marktkräfte, Gesetzgebungen oder Technologien. Kennzeichnend für diese pre-institutionalisierte Phase ist die voneinander unabhängige Formalisierung neuer Strukturen in Organisationen oder organisationalen Feldern. In der semi-institutionellen Phase der *Objektivierung* diffundieren die neuen Strukturen und Praktiken. Begleitet wird diese Phase durch ein Monitoring der neuen Strukturen und Handlungen in anderen Organisationen sowie durch eine Theoretisierung und Verifizierung der Praktiken [StMe1993, 492f.]. Positive Resultate und die Unterstützung der neuen strukturellen Konfigurationen durch Interessengruppen fördern eine zunehmende Anerkennung und abnehmende Skepsis gegenüber den diesen neuen Praktiken [Walg2002, 179]. Eine vollständige Institutionalisierung von Strukturen und Praktiken wird in der Phase der *Sedimentation* erreicht. Institutionalisierte Elemente genießen in diesem

Zustand einen hohen Akzeptanzgrad, werden nicht mehr hinterfragt und als „*taken for granted*" wahrgenommen (ToZu1996, 184).[44]

Es ist kein leichtes Unterfangen, Consulting Research genau einer dieser Phasen zuzuordnen. Einigkeit dürfte allerdings darüber bestehen, dass Consulting Research die Phase der *Habitualisierung* längst durchlaufen hat. So besteht weitestgehender Konsens darüber, dass bereits die Werke von Adam Smith und insbesondere Frederic Winslow Taylor das Beratungswesen maßgeblich beeinflusst haben – wenngleich es in diesen frühen Werken noch nicht um die Erforschung des Beratungswesens an sich ging. Tatsächlich hat eine solche Fokussierung erst wesentlich später stattgefunden. Beispielsweise wurde mit der Herausbildung der Organisationsentwicklung in den 1940er Jahren auch die Rolle des (zumeist externen) Change Agents diskutiert. In den späten 1960er Jahren haben insbesondere die Arbeiten von Edgar Schein dazu beigetragen, das Verständnis unterschiedlicher Beratungsansätze zu schärfen.

Auch die Phase der *Objektivierung* scheint Consulting Research bereits erreicht zu haben. Dafür spricht, dass es mit Beginn der 1970er Jahre zu einer Aktivierung der Publikationen gekommen ist. Mit Blick auf die deutschsprachige Beratungsforschung hat erstmals Steyrer einen „Statusbericht" über den Stand der empirischen Beratungsforschung von 1974 bis 1990 vorgelegt [Stey1991]. Recht ernüchternd fällt jedoch sein Fazit aus: Für seinen Betrachtungszeitraum konstatiert Steyrer zwar eine starke, aber wieder abebbende Konjunktur der empirischen Beratungsforschung [Stey1991, 19]: So wurden 16 der 22 von ihm identifizierten empirischen Untersuchungen seit Beginn der 80er Jahre durchgeführt, den 90er Jahren attestiert er eine „Theorie- und Empirieflaute" [Stey1991, 3].

Demgegenüber zeigt eine jüngere Meta-Analyse, dass seitdem die Anzahl der empirischen Studien jedoch wieder gestiegen ist [Mohe2004b]. Den 22 empirischen Arbeiten, die Steyrer identifizierte, stehen 37 Untersuchungen für die Zeit von 1991 bis 2003 gegenüber. Berücksichtigt man die Betrachtungszeiträume, lässt sich feststellen, dass zwischen 1991 und 2003 erheblich mehr empirische Studien in einem wesentlich kürzeren Zeitraum erstellt wurden.

Auf theoretischer Ebene ist eine stärkere Fundierung von Unternehmensberatung zu beobachten [ArKi2001] [Niss2007a]. Beispiele hierfür sind theoretische Analysen etwa aus Sicht der Neuen Institutionenökonomie [KaSc1995], der neueren Systemtheorie [Wimm1992] [Gütt2007] oder der Dienstleistungstheorie [Dich1998]. Auch Höner bestätigt in seiner Arbeit [2008, 86] ein wachsendes For-

---

[44] Bezogen auf die Institutionalisierung einer Wissenschaftsdisziplin meint dies nicht, dass wissenschaftliche Ergebnisse nicht mehr hinterfragt werden, sondern dass die Wissenschaftsdisziplin als solche akzeptiert ist.

schungsinteresse an Unternehmensberatung sowohl in der deutsch- als auch in der englischsprachigen Literatur. Trotz dieser durchaus als positiv zu beurteilenden theoretischen Verankerung, muss darauf hingewiesen werden, dass allein die bloße Anleihe bei bestehenden theoretischen Ansätzen noch keine Eigenständigkeit von Consulting Research begründet.

Dennoch ist die absolute Anzahl von wissenschaftlichen Publikationen zum Thema Unternehmensberatung vergleichsweise gering und geht in der Masse anderer Beiträge der betriebswirtschaftlich orientierten Fachzeitschriften unter. Das Forschungsfeld hat heute weder ein der wirtschaftlichen Bedeutung des Betrachtungsgegenstandes entsprechendes Gewicht noch eine sonderlich positive Reputation. In der Wahrnehmung von Öffentlichkeit und Beratungspraxis dominiert die auflagenstärkere Leitfaden- und „Enthüllungsliteratur" zur Unternehmensberatung.

Zudem ist eine weitgehende Isolation der wissenschaftlichen Forschergruppen festzustellen, an der sich die mangelnde institutionelle Verankerung des Forschungsfeldes ablesen lässt. So sind relativ unverbunden „Forschungsinseln" [Mohe2004b] entstanden, die trotz der vermehrten Herausgabe von Special Issues unverbunden bleiben (z.B. die Schwerpunktausgaben der Wirtschaftsinformatik 5/2001, der Zeitschrift für Führung + Organisation 05/2002 und der Zeitschrift für Wirtschafts- und Unternehmensethik 3/2002). Zu den wenigen, explizit an Beratung interessierten Zeitschriften zählen die OrganisationsEntwicklung (ZOE) und die Zeitschrift für Unternehmensberatung (ZUb). Beide Zeitschriften bilden allerdings nur Ausschnitte der Beratung ab. Die ZOE fokussiert auf die Beratungsansätze der Organisationsentwicklung und der systemischen Beratung, und die ZUb präsentiert sich als praxisorientierte Zeitschrift mit Beiträgen von Beratern für Berater.

Der Großteil wissenschaftlicher Veröffentlichungen zur Unternehmensberatung thematisiert Aspekte der Strategie- oder Organisationsberatung. Besonders groß ist das Defizit an wissenschaftlicher Auseinandersetzung hingegen mit Themen der IT-orientierten Beratung[45] sowie der Personalberatung i.w.S.. In analoger Weise konzentriert sich die Forschung auf große Beratungsfirmen, während die spezifischen Probleme kleiner und mittlerer Beratungsunternehmen gerade im deutschen Sprachraum oft vernachlässigt werden. Gleichzeitig entfallen aber mehr als die Hälfte des Beratungsumsatzes in Deutschland auf kleine und mittelgroße Beratungsunternehmen bis zu einem Jahresumsatz von 45 Mio. € [BDU2007].

---

[45] Ein Forschungsdefizit in der IT-Beratung beklagen auch Niehaves und Becker [NiBe2006, 7].

Die Beratungspraxis beeinflusst derzeit mehr die Lehre als die Forschung [Shug2004, 174]. Ein intensiver wechselseitiger Austausch zwischen Beratungspraxis und Beratungsforschung ist gegenwärtig mindestens im deutschen Sprachraum noch kaum existent. Ob er in Zukunft zustande kommt, ist offen. Hierzu wäre unter anderem ein Wandel im Selbstverständnis der Berater notwendig, das gegenwärtig eine Nachfrage nach wissenschaftlicher Unterstützung seitens der Beratungspraxis verhindert. Wissenschaftliche Forschung zur Unternehmensberatung wird von Beratern oft als „blutleer" und überflüssig angesehen.[46] Hier bedarf es noch einiger Überzeugungsarbeit und letztlich eines nachweisbaren Mehrwerts solcher Forschung für die Beratungspraxis. Genauso ist manchmal noch an „Berührungsängsten" und Vorurteilen der Wissenschaft gegenüber der Beratungspraxis zu arbeiten.

Vor diesem Hintergrund liegt es nahe, dass Consulting Research die letzte Phase der *Sedimentation* noch nicht erreicht hat. Davon zeugen auch die wenigen Arbeiten, die sich mit der Beratungsforschung als Gegenstand beschäftigen. So argumentiert Wolf, dass das Ausmaß des öffentlichen Interesses an Unternehmensberatung noch zu gering für die Etablierung einer eigenen Forschungsdisziplin sei [Wolf2000, 3]. Auch bei einigen wissenschaftlichen Zeitschriften ruft das Thema der Unternehmensberatung eine gewisse Skepsis hervor. Shugan begründet dies mit der Ansicht, dass das Veröffentlichen zum Thema Unternehmensberatung bei akademischen Fachzeitschriften weniger Interesse und Bedeutung findet als bei Praxiszeitschriften oder Büchern [Shug2004]. Selbst einige ihrer wesentlichen Protagonisten machen Einwände gegen eine Institutionalisierung von Consulting Research geltend. So schreibt etwa Clark: *„Research on consultancy has to be able to contribute to broader debates about management if it is to grow and prosper. If it remains a self-contained scientific discipline it will atrophy"* [CFMS2007, 257].

Darüber hinaus mangelt es an entsprechenden Institutionen, über die sich eine Disziplin unter anderem definiert [Stich1994, 17] wie z.B. Lehrstühle für Unternehmensberatung oder entsprechende Forschungs- oder Promotionsprogramme. Durch die mangelnde institutionelle Verankerung des Forschungsfeldes sind Fortschritte auf Einzelkämpfer und Gelegenheitsforscher angewiesen, die neben ihrem eigentlichen Forschungsschwerpunkt Beratungsforschung im Nebenjob betreiben.

Tatsächlich ist die intensive wissenschaftliche Auseinandersetzung mit den Besonderheiten der Unternehmensberatung noch vergleichsweise jung und

---

[46] persönliche Kommunikation

scheint – vor allem im deutschen Sprachraum – wenig institutionalisiert. Ein möglicher Weg, eine Institutionalisierung anzustreben, könnte darin bestehen, ein eigenes Publikationsorgan zu schaffen, das sich als zentrales Medium des wissenschaftlichen Diskurses zum Thema Consulting Research verstünde. Ein weiterer Weg zur Institutionalisierung wäre, nach dem Vorbild zahlreicher anderer Wissenschaftsdisziplinen, eine Gesellschaft für Consulting Research zu gründen, die insbesondere folgende Ziele verfolgt:

- Weiterentwicklung des Forschungsfeldes Consulting Research
- Steigerung der Wahrnehmbarkeit des Forschungsfeldes Consulting Research, z.B. durch Organisation regelmäßiger Fachtagungen und Vortragsreihen, durch Ausloben von Preisen für ausgezeichnete Dissertationen und Diplom-/Masterarbeiten
- Integration der verschiedenen Forschergruppen des Consulting Research im deutschsprachigen Bereich unter einem organisatorischen Dach mit dem Ziel verbesserter Koordination und Kooperation sowie Förderung des „Networking"
- Schaffung einer Organisation als Ansprechpartner für Verbände der Beratungspraxis, Fördereinrichtungen, ausländische Forschungsorganisationen usw.

Um die beiden genannten Institutionalisierungsmöglichkeiten auszuloten, wurde eine Umfrage durchgeführt, deren Ergebnisse nachfolgend präsentiert und diskutiert werden.

3.3 Methode und Stichprobe

Im Rahmen einer empirischen Untersuchung wurden Ende 2007 sowohl Wissenschaftler als auch Praktiker (Berater) aus den Feldern der Managementberatung und der IT-Beratung kontaktiert, um deren Einschätzung zu den beiden genannten Projektideen in Erfahrung zu bringen. Dafür wurde 65 Personen aus Deutschland, Österreich und der Schweiz per Mail ein Kurzfragebogen nebst kurzer Erläuterung zugesendet. Für die Auswahl war maßgeblich, dass diese Personen in der Vergangenheit einen Beitrag zum (quasi-)wissenschaftlichen Consulting Research-Diskurs geliefert haben. Gleichwohl erhebt diese Auswahl keinen Anspruch auf Vollständigkeit oder Repräsentativität der befragten Personengruppen.

Tabelle 1 informiert über die Struktur der Stichprobe. Von 65 angeschriebenen Personen reagierten 47 (= verwertbare Stichprobe, entspricht 100% der ausgewerteten Fragebogen). Die hohe Rücklaufquote von 72,3% ist besonders positiv hervorzuheben, weil sie nicht nur erheblich zur Absicherung der Schlussfolgerungen aus der Umfrage beiträgt, sondern darüber hinaus über den normalerweise eher geringen Rücklaufquoten aus E-Mail-Befragungen liegt [MiGi2006]. Auf eine erneute Erinnerung der Befragten im Sinne von Dillmans „Total-Design-Methode" [Schn2005, 360f.] ist deshalb verzichtet worden.

	Gesamt	Beratungsfeld		Berufsgruppe	
		Manage-ment	IT	Wissen-schaft	Praxis
Stichproben-größe	65/ 100%	50 / 76,9% [100%]	15/23,1% [100%]	40/61,5% [100%]	25/38,5% [100%]
Rücklauf	47 / 72,3% (100%)	34/[68%] (72,3%)	13/[86,7%] (27,7%)	27/ [67,5%] (57,4%)	20/[80,0%] (42,6%)

Tabelle 1: Stichprobengröße, -verteilung und Rücklaufquoten[47]

Hinsichtlich der Beratungsfelder ist die Managementberatung, welche die Strategie- und die Organisationsberatung umfasst, in der verwertbaren Stichprobe mit insgesamt 34 Antworten leicht überrepräsentiert. Gleichwohl spiegelt dieses Sample die Struktur auf dem deutschen Beratungsmarkt gut wider.

Die Antworten aus der Wissenschaft überwiegen mit 27 Rückläufern jene aus der Praxis mit 20 Rückläufern. Allerdings wurden auch mehr Wissenschaftler als Praktiker angeschrieben, was sich aus dem eher wissenschaftlichen Charakter der oben angesprochenen Institutionalisierungsmöglichkeiten erklärt. Positiv ist indes hervorzuheben, dass 80% der kontaktierten Praktiker an der Befragung teilnahmen, was auf ein grundsätzliches Interesse am Diskurs mit der Wissenschaft im Themenfeld Unternehmensberatung schließen lässt.

---

[47] Gegenüber [MNDe2008] wurde 1 Umklassifizierung notwendig.

3.4 Ergebnispräsentation und -diskussion

3.4.1 Auswertung

Alle Personen wurden nach dem Grad ihrer Zustimmung (Skalierung: 1 = stimmt genau bis 5 = stimmt gar nicht) zu den folgenden Aussagen befragt:

- Die Gründung einer Gesellschaft für Consulting Research würde ich sehr begrüßen.
- Ich würde mich persönlich sehr stark in der Gründungsphase der Gesellschaft engagieren
- Die Herausgabe einer eigenen Zeitschrift, die sich dem Thema Consulting Research widmet, würde ich sehr begrüßen.
- Die Zeitschrift sollte englischsprachig ausgerichtet sein.
- Ich bin bereits Mitglied in einer Gesellschaft, die das Forschungsfeld „Consulting Research" angemessen abdeckt.

Die Ergebnisse werden im Folgenden entlang dieser fünf Fragen präsentiert und diskutiert. Im Wesentlichen werden dafür die Häufigkeitsverteilungen und die jeweiligen Mittelwerte herangezogen. Um differenzierte Rückschlüsse ziehen zu können, sind die Antworten weiter zwischen den beiden Berufsgruppen Management- und IT-Beratung sowie nach Wissenschaftlern und Praktikern unterschieden worden. Alle Daten sind in Tabelle 2 dargestellt. Abbildung 3 illustriert zudem die differenzierte Verteilung der Mittelwerte.

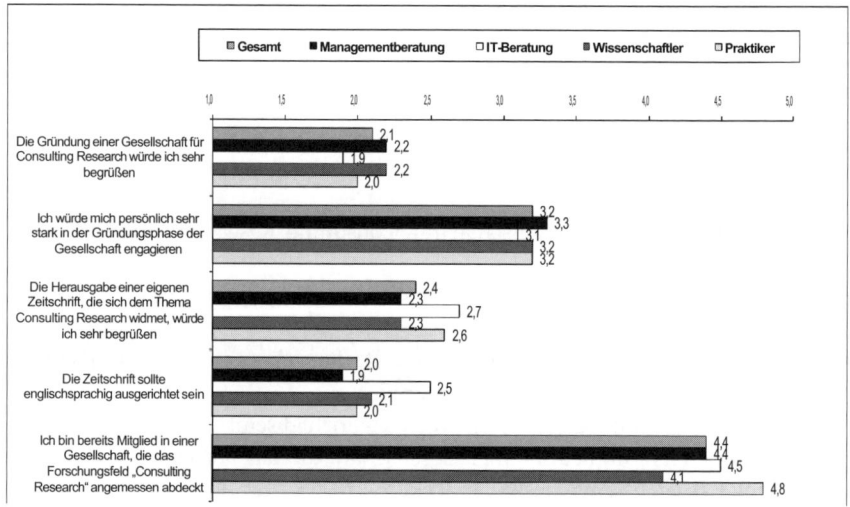

Abbildung 3: Differenzierte Verteilung der Mittelwerte (1 = starke Zustimmung, 5 = starke Ablehnung)

Item	Skali erung (1=stimmt genau; 5 = stimmt ga r nicht)	Gesamt	Manag ement - beratung	IT -Ber atung	Wissen - schaftler	Praktiker
Die Grü ndung einer Gesellschaft für Consulting R esearch würde ich sehr begr üßen.	1	36.2	32.4	46.2	33.3	40.0
	2	38.3	38.2	38.5	37.0	40.0
	3	10.6	11. 8	7.7	11.1	10.0
	4	8.5	11. 8	0	14.8	0
	5	6.4	5.9	7.7	3.7	10.0
	Mitte lwert	2.1	2.2	1. 9	2.2	2.0
Ich würde mich persö nlich sehr stark in der Gründung sphase der Gesel lschaft engagi eren	1	10.6	8.8	15.4	7.4	15.0
	2	21.3	20.6	23.1	22.2	20.0
	3	25.5	26.5	23.1	25.9	25.0
	4	21.3	23.5	15.4	29.6	10.0
	5	21.3	20.6	23.1	14.8	30.0
	Mitte lwert	3.2	3.3	3.1	3.2	3.2
Die Herau sgabe einer eigenen Zei tschrift, die sich dem Thema Consulting Research wi dmet, würde ich sehr begr üßen	1	23.4	29.4	7.7	29.6	15.0
	2	31.9	29.4	38.5	29.6	35.0
	3	29.8	26.5	38.5	25.9	35.0
	4	8.5	8.8	7.7	7.4	10.0
	5	6.4	5.9	7.7	7.4	5.0
	Mitte lwert	2.4	2.3	2.7	2.3	2.6
Die Zei tschrift sollte englisc hsprachig ausg erichtet sein.	1	46.8	55.9	23.1	40.7	55.0
	2	17.0	14.7	23.1	25.9	5.0
	3	23.4	17.6	38.5	22.2	25.0
	4	10.6	8.8	15.4	7.4	15.0
	5	2.1	2.9	0	3.7	0
	Mitte lwert	2.0	1.9	2.5	2.1	2.0
Ich bin bereits Mi tglied in einer Gesel lschaft, die das Fo rschungsfeld „Consu lting Research" ang emessen abdeckt	1	4.3	6.1	0	7.7	0
	2	2.3	3.0	0	3.8	0
	3	15.2	12.1	23.1	19.2	10.0
	4	6.5	6.1	7.7	7.7	5.0
	5	71.7	72.7	69.2	61.5	85.0
	Mitte lwert	4.4	4.4	4. 5	4.1	4.8

Tabelle 2: Häufigkeitsverteilungen in % (etwaige Abweichungen von 100% sind rundungsbedingt) und Mittelwerte

3.4.2   Gründung einer Gesellschaft für Consulting Research

Mit einem gesamten Mittelwert von 2,1 fällt die Zustimmung zur Idee der *Gründung einer Gesellschaft für Consulting Research* unter allen Antwortenden relativ hoch aus. Deutlich wird dies auch daran, dass 36,2% aller Befragten der Gründung einer solchen Gesellschaft voll zustimmten. Nimmt man die nächste Zustimmungskategorie hinzu, sind es sogar 74,5%, die sich hier positiv äußerten. Dabei ist die Zustimmung im Bereich der IT-Beratung (Mittelwert 1,9) höher als bei der Managementberatung (Mittelwert 2,2). Abzulesen ist dies auch daran, dass 46,2% der Befragten aus dem Bereich der IT-Beratung hier ihre volle Zustimmung gaben, während aus dem Bereich der Managementberatung etwa jeder Dritte voll zustimmte. Dies könnte die generell zu beobachtende Vernachlässigung des Themas IT-Beratung in Relation zur vergleichsweise höheren wissenschaftlichen Aufmerksamkeit für das Thema Managementberatung ausdrücken. Sowohl Praktiker als auch Wissenschaftler signalisieren Zustimmung zur Gründung einer solchen Gesellschaft (Mittelwerte 2,0 bzw. 2,2).

Geht es dagegen um das *persönliche Engagement* in der Gründungsphase einer solchen Gesellschaft, so relativiert sich die Situation. Der Mittelwert der Bereitschaft zu aktiver persönlicher Mitwirkung liegt insgesamt bei einem Wert von 3,2. Mit 10,6% fällt die volle Zustimmung für ein persönliches Engagement recht gering aus. Für die Antwortenden aus dem Bereich der IT-Beratung ergibt sich hier ein Mittelwert von 3,1 und für die Managementberatung ein Mittelwert von 3,3. Die volle Zustimmung ist bei den Personen aus dem Bereich der IT-Beratung (15,4%) höher als bei den Antwortenden aus dem Bereich der Managementberatung (8,8%). Die Bereitschaft zur aktiven Beteiligung ist unter den Praktikern (Mittelwert 3,2) und den Wissenschaftlern (Mittelwert 3,2) vergleichbar. Interessant ist ein Blick auf die Häufigkeitsverteilung. Mehr als doppelt so hoch (15%) ist der Anteil an Praktikern, die einem persönlichen Engagement voll zustimmte, gegenüber den Wissenschaftlern mit 7,4%. Die Diskrepanz zwischen der generell positiven Zustimmung zur Gründung einer Gesellschaft und dem zurückhaltenden persönlichen Engagement kann unter anderem durch die hohen arbeitszeitlichen Belastungen beider Berufsgruppen erklärt werden: Der Beratungsberuf ist gekennzeichnet durch überdurchschnittliche Reisetätigkeiten und Arbeitszeiten bei gleichzeitig stattfindenden internen Leistungsturnieren (z.B. „up-or-out"-Prinzipien) [FrPu 2000]. Bei den Wissenschaftlern kann die Zurückhaltung bei der Frage nach dem persönlichen Engagement sicherlich auch als Ergebnis der zahlreichen Strukturreformen an Universitäten (z.B. Einführung und Akkreditierung von Bachelor- und Masterstudiengängen, Evaluationen) betrachtet werden, die nur noch wenig Zeit für zusätzliche Aktivitäten lassen.

3.4.3   Gründung einer Fachzeitschrift für Consulting Research

Die mögliche *Gründung einer eigenen Fachzeitschrift*, die sich explizit mit dem Thema auseinandersetzt und sich beratungsfeldübergreifenden Themen des Consulting Research widmet, sahen die Befragten insgesamt ebenfalls positiv

(Mittelwert 2,4), wenn auch mit etwas geringerer Zustimmung als bei der Gründung einer entsprechenden Gesellschaft. Als Hintergrund hierfür könnte vermutet werden, dass sich die Zeitschriftenlandschaft gerade in der jüngeren Zeit enorm ausdifferenziert hat, sodass die Wellen der „Publikationsflut" schon jetzt kaum mehr zu überschauen und zu bewältigen sind.

Insgesamt stimmte dennoch etwa jeder Vierte (23,4%) der Gründung einer Fachzeitschrift voll zu. Unter Hinzunahme des nächst niedrigeren Zustimmungsgrads erhöht sich dieser Anteil auf 55,3%. Erwartungsgemäß waren die Wissenschaftler (Mittelwert 2,3) tendenziell mehr an der Gründung einer Fachzeitschrift interessiert als die Praktiker (2,6). Dies zeigt sich auch daran, dass 29,6% der Wissenschaftler einem solchen Projekt voll zustimmten, während lediglich 15% der Praktiker dies voll unterstützten. Interessant ist auch, dass die volle Zustimmung der Personen aus dem Bereich der Managementberatung (29,4%) für ein solches Vorhaben deutlich höher ausfiel als bei den Antwortenden aus dem Bereich der IT-Beratung (7,7%). Die größere Zustimmung im Bereich Managementberatung relativ zur IT-Beratung lässt sich eventuell dadurch erklären, dass die meisten bisherigen Publikationen, die dem Consulting Research zugerechnet werden können, sich mit der Managementberatung befassen und insofern hier bereits erhebliche Erfahrungen und dadurch eine gewisse Vertrautheit mit solchen Publikationen vorliegen.

Auf die Frage nach der Publikationssprache wurde *Englisch* mit einem Gesamtmittelwert von 2,0 bevorzugt. Ein Blick auf die Häufigkeitsverteilungen bestätigt dieses klare Bild: Fast die Hälfte aller Befragten (46,8%) stimmte dieser Option voll zu. Wesentlich gestützt wurde dieses Ergebnis durch die Personen aus dem Bereich der Managementberatung, die bei einem Mittelwert von 1,9 und einer vollen Zustimmung von 55,9% einer englischsprachigen Zeitschrift den Vorrang gaben.

Zusammengenommen deutet dieses klare Votum auf ein Bedürfnis hin, durch ein englischsprachiges Publizieren die Wahrnehmung deutschsprachiger Forschung in der internationalen Scientific Community zu stärken. So spricht etwa Simon von einem „schwarzen Loch" der deutschsprachigen Betriebswirtschaftslehre, da sie im internationalen Kontext keine wesentliche Rolle spielt [Simo1993]. Etwa zehn Jahre später gelangt eine empirische Studie von Matzler et al. zum Strategischen Management zu einem ebenso ernüchternden Ergebnis: „The international scientific community is practically unaware of what is done in the German speaking countries" [MHFS2003; 148]. Am Beispiel der systemischen Beratung lässt sich dies gut illustrieren: So gelangen Armbrüster und Kieser [ArKi2001] in Ihrer Sammelrezension zu dem Befund, dass die systemische Beratung, die in deutschsprachigen Publikationen einen hohen Stellenwert aufweist [Kühl2001], im englischsprachigen Raum nicht existent ist (s. auch [CFMS2007]).

3.4.4 Abdeckung des Themas Consulting Research durch existierende Organisationen

Das eindeutigste Ergebnis lieferten die Antworten auf die Frage, ob das Forschungsfeld Consulting Research bereits durch andere wissenschaftliche Organisationen hinreichend repräsentiert ist. Nach der überwiegenden Mehrheit der Befragten ist dies nicht der Fall. Lediglich 4,3% stimmten dieser Option bei einem gesamten Mittelwert von 4,4 voll zu. 71,7% der Befragten konnten hier überhaupt nicht zustimmen. Insbesondere wird dies von den befragten Praktikern so gesehen. Mit 85% absoluter Nicht-Zustimmung und einem Mittelwert von 4,8 fiel ihr Votum zu dieser Frage besonders deutlich aus. Hierbei ist sicherlich zu berücksichtigen, dass der Überblick über potenziell geeignete Institutionen in der Beratungspraxis geringer als bei den Wissenschaftlern sein dürfte. Allerdings sehen auch die Wissenschaftler bei einem Mittelwert von 4,1 keine organisatorische „Heimat", die das Forschungsfeld Consulting Research bereits adäquat abdeckt, wenngleich immerhin 7,7% angaben, bereits Mitglied in einer solchen Gesellschaft zu sein.

3.4.5 Ergänzende statistische Zusammenhangsanalyse

Abschließend wurde noch nach statistisch relevanten Zusammenhängen in den Antworten der von uns befragten Personen gesucht. Für die Gesamtgruppe (N=47) kann dabei Folgendes festgestellt werden – angegeben sind die Korrelationen (Pearsons „r") sowie das Signifikanzniveau * $\alpha = 0,05$ und als schärfere Prüfung ** $\alpha = 0,01$:

- Wer die Gründung einer Gesellschaft für Consulting Research begrüßt, ist tendenziell auch bereit, sich dort zu engagieren (r = +0,57 **).
- Wer die Gründung einer Gesellschaft für Consulting Research begrüßt, steht tendenziell auch der Gründung einer Fachzeitschrift positiv gegenüber (r = +0,65 **).

Vergleicht man die beiden Gruppen der Wissenschaftler und Praktiker in ihren Antworten, so lässt sich festhalten, dass die oben genannten Zusammenhänge bei den Wissenschaftlern besonders stark ausgeprägt sind (r > 0,7 in beiden Fällen). Bei den Praktikern gibt es dagegen keinen signifikanten Zusammenhang zwischen der Zustimmung zur Gründung einer Gesellschaft für Consulting Research und der Bereitschaft, sich dort selbst zu engagieren. Jedoch weisen die Praktiker einen zusätzlichen Zusammenhang zwischen der Zustimmung zur Herausgabe einer Zeitschrift für Consulting Research und der Entscheidung für die Publikationssprache Englisch auf (r = +0,57 **).

Bei einem Vergleich zwischen den Gruppen Management- und IT-Beratung bestätigen sich die in der Gesamtgruppe gefundenen zwei Zusammenhänge jeweils etwa gleich stark. Für die Managementberater ergibt sich daneben ein inverser Zusammenhang zwischen der Einstellung zur Herausgabe einer Fachzeitschrift und der Antwort auf unsere letzte Frage nach einer bereits gegebenen institutionellen Heimat für das Thema Consulting Research (r = -0,38 *).

3.5 Zusammenfassung und Fazit der Studie

Die Antworten der von uns befragten Personen lassen sich zu folgenden Ergebnissen zusammenfassen:

1. Die Gründung einer Gesellschaft für Consulting Research wird tendenziell begrüßt.
2. Die Bereitschaft, sich persönlich in der Gründungsphase zu engagieren, ist zwar bei einigen der befragten Personen durchaus stark ausgeprägt, jedoch lässt sich hier überwiegend eine gewisse Zurückhaltung konstatieren.
3. Die Gründung einer eigenen Fachzeitschrift, die sich den Themen des Consulting Research widmet, wird prinzipiell positiv beurteilt.
4. Falls es zur Gründung einer entsprechenden Fachzeitschrift käme, sollte diese bevorzugt Englisch als Publikationssprache wählen.
5. Der Großteil der befragten Personen ist nicht Mitglied in einer bereits existierenden Gesellschaft, die das Thema Consulting Research adäquat abdeckt.

Zusammengenommen deuten diese Befunde darauf hin, dass es durchaus wünschenswert wäre, die Forschungsanstrengungen im Consulting Research stärker zu bündeln und nach Außen sichtbarer zu machen. Vor diesem Hintergrund lassen sich die folgenden Thesen aufstellen:

These 1: Eine (stärkere) Institutionalisierung des Forschungsfeldes Consulting Research wird sowohl von Beratungswissenschaftlern als auch Beratungspraktikern begrüßt.

Die empirische Studie gibt deutliche Hinweise, dass eine Gesellschaft für Consulting Research und auch eine damit assoziierte Fachzeitschrift als sinnvoll angesehen werden. Bemerkenswerterweise findet sich diese Einschätzung auch unter den befragten Beratungspraktikern wieder. Gleichzeitig wurde deutlich, dass andere wissenschaftliche Organisationen, die das Thema Consulting Research vertreten könnten, überwiegend nicht bekannt sind, als zu wenig repräsentativ empfunden werden oder nicht vorhanden sind.

These 2: Die Gründung einer nationalen oder deutschsprachigen Gesellschaft für Consulting Research steht nicht im Widerspruch zu bereits existierenden internationalen Organisationen im Ausland wie beispielsweise der Management Consulting Division der Academy of Management.

Unternehmensberatung gliedert sich in unterschiedliche Beratungsfelder. Während speziell für den Bereich der Managementberatung schon internationale Organisationen bestehen, deren deutsche Untergruppen als Interessenvertretung fungieren können, gilt dies gerade für die IT-Beratung nicht im gleichen Maße. Das Thema Consulting Research sollte grundsätzlich nicht in mehrere Beratungsfelder und deren Institutionen zersplittert betrachtet werden. Notwendig ist vielmehr eine übergreifende Sichtweise, um Gemeinsamkeiten, aber auch Unterschiede zwischen den einzelnen Beratungsfeldern wissenschaftlich besser untersuchen und verstehen zu können [NiKi2008]. Wie die Ergebnisse der empirischen Befragung zeigen, haben bestehende internationale Organisationen, die sich mit Fragen des Consulting Research beschäftigen, hierzulande recht wenige Mitglieder und erreichen daher nur einen kleinen Teil der wissenschaftlichen Gemeinschaft.

These 3: Sowohl die Gründung einer Gesellschaft als auch einer Zeitschrift für Consulting Research können die internationale Sichtbarkeit deutschsprachiger Forschung stärken.

Eine Abschottung einer deutschsprachigen oder nationalen Gesellschaft gegenüber bereits existierenden Gesellschaften ist weder erstrebenswert noch sinnvoll. Eine national oder deutschsprachige Gesellschaft für Consulting Research sollte daher von Anfang an mit verwandten bzw. themenaffinen Organisationen im In- und Ausland kooperieren (z.B. Gesellschaft für Informatik, Management Consulting Division der Academy of Management) und den kreativen Dialog suchen. Zugleich würde dies dazu beitragen, die Sichtbarkeit und Wahrnehmung der aus dem deutschen Sprachraum stammenden Forschungsergebnisse in der internationalen wissenschaftlichen Gemeinschaft zu erhöhen. Auch eine eigene Fachzeitschrift zum Consulting Research in englischer Sprache könnte die internationale Breitenwirkung der deutschsprachigen Forschung erheblich vergrößern,

Abschließend sei nochmals darauf hingewiesen, dass die vorliegende empirische Untersuchung zwar das Ziehen recht eindeutiger Rückschlüsse erlaubt; allerdings kann aufgrund der Stichprobe keineswegs ein Anspruch auf Repräsentativität der Ergebnisse erhoben werden. Zudem kann das Vorliegen eines *bias* nicht ausgeschlossen werden. Dieser könnte zum einen darin bestehen, dass die befragten Gruppen möglicherweise unterschiedliche Definitionen mit dem Begriff der Unternehmensberatung, der Intention einer Gesellschaft für Consulting Research und einer entsprechenden Fachzeitschrift verbunden haben. Zum anderen wurden Akteure befragt, die bereits zum (quasi-)wissenschaftlichen Diskurs beigetragen haben, weshalb positive Verzerrungseffekte nicht ausgeschlossen werden können.

Insofern versteht sich der vorliegende Beitrag als ein Baustein, den Status quo des Forschungsfeldes Consulting Research und mögliche Weiterentwicklungen transparenter zu machen und erste Vorschläge für eine stärkere Institutionalisierung einzubringen. Wünschenswert wäre es, wenn dadurch weitere Diskussionen in der Praxis als auch der Wissenschaft stimuliert würden. Eine Option zur Fortsetzung einer solchen Diskussion könnte es sein, die Situation der (universitären) Berateraus- und Weiterbildung einzubeziehen [Mohe2006]. Bemerkenswerterweise wird eben dies bereits im Ausland auf Tagungen und in Publikationen diskutiert [ADZA2004].

Als eine Konsequenz der hier vorgestellten Ergebnisse wurde im Dezember 2007 unter Beteiligung der Autoren die Gesellschaft für Consulting Research (GCR) e.V. mit Sitz in Bonn gegründet (http://www.tu-ilmenau.de/fakww/GCR-e-V.2930.0.html). Mit ihr sollen heute getrennt stattfindende Forschungsaktivitäten verbunden und ein schnellerer Erkenntnisfortschritt sowie eine größere Sichtbarkeit dieser Disziplin erreicht werden.

Literatur

[ADZA2004] Adams, S.M.; Zanzi, A.: Academic Development for Careers in Management. In: Consulting Career Development International, 9 (2004) 6, S. 559 – 577.

[ArKi2001] Armbrüster, T.; Kieser, A.: Unternehmensberatung – Analysen einer Wachstumsbranche. In: DBW 61 (2001) 6, S. 688 – 709.

[BDU2007] Bund Deutscher Unternehmensberater e.V. (Hrsg.): Marktstudie Facts & Figures zum Beratermarkt 2006/7, Bonn, 2007.

[BiNi2004] Bittner, J.; Niejahr, E.: Die Berater-Republik. In: Die Zeit, (2004) 7, 05.02.2004, S. 9 – 12.

[CFMS2007] Clark, T.; Fincham, R.; Mohe, M.; Sturdy, A.: Perspectives on Management Consulting Research. In: Arbeit – Zeitschrift für Arbeitsforschung, Arbeitsgestaltung und Arbeitspolitik, 16 (2007) 3, S. 255-264.

[Crai2005] Craig, D.: Rip-Off! The Scandalous Inside Story of the Management Consulting Money Machine. London: Original Book Company, 2005.

[DaMa1999] Davenport, T.H.; Markus, M.L: Rigor vs. Relevance Revisited: Response to Benbasat and Zmud. In: MIS Quarterly 23 (1999) 1, S. 19 – 23.

[Deel2007] Deelmann, T.: Beratung, Wissenschaft und Gesellschaft - Interdependenzen und Gegenläufigkeiten. In: [Niss2007a], S. 39 – 54.

[Dich1998] Dichtl, M.: Standardisierung von Beratungsleistungen, Wiesbaden: DUV, 1998.

[Faust2006] Faust, M.: Soziologie und Beratung – Analysen und Angebote. In: Soziologische Revue, 29 (2006), S. 277 – 290.

[FEACO2003] FEACO (European Federation of Management Consultancies Association): Survey of the European Management Consulting Market 2003, Brussels 2003.

[FEACO2006] FEACO (European Federation of Management Consultancies Association): Survey of the European Management Consulting Market 2005/2006, Brussels 2006.

[FrPu2000] Franck, E.; Pudack, T.: Unternehmensberatung und die Selektion von Humankapital – Eine ökonomische Analyse. In: Die Unternehmung, 54. (2000) 2, S. 145 –155.

[FrEf2002] Fritz, W.; Effenberger, J.: Strategische Unternehmensberatung. Verlauf und Erfolg von Projekten der Strategieberatung. In: Bamberger, I. (Hrsg.): Strategische Unternehmensberatung. Konzeptionen – Prozesse – Methoden, 3. Aufl., Wiesbaden: Gabler, 2002, S. 273 – 298.

[FuPa1994] Fuchs, P.; Pankoke, E.: Auf dem Weg zur Beratungsgesellschaft? Zur Theorie einer diffusen Praxis, Schwerte: Katholische Akademie 1994.

[Gütt2007] Güttel, W.H.: Anschlussfähigkeit, Akzeptanz oder Ablehnung von Interventionen in Beratungsprozessen. In: [Niss2007a], S. 281 – 294.

[Höne2008] Höner, D.: Die Legitimität von Unternehmensberatung. Metropolis: Marburg, 2008.

[KaSc1995] Kaas, K.P.; Schade, C.: Unternehmensberater im Wettbewerb. Eine empirische Untersuchung aus der Perspektive der Neuen Institutionslehre. In: ZfB 65 (1995) 10, S. 1067 – 1089.

[Kies2002] Kieser, A.: Wissenschaft und Beratung. Heidelberg: C. Winter, 2002.

[KiNi2005] Kieser, A.; Nicolai, A.: Success Factor Research: Overcoming the Trade-off between Rigor and Relevance? In: Journal of Management Inquiry, 14 (2005) 3, S. 275 – 279.

[Kühl2001] Kühl, S.: Systemische Organisationsberatung – beobachtet. In: Bardmann, T. M.; Groth, T. (Hrsg.): Zirkuläre Positionen 3: Organisation, Management und Beratung. Wiesbaden, 2003, S. 221 – 226.

[Kurb2003] Kurbjuweit, D.: Unser effizientes Leben. Die Diktatur der Ökonomie und ihre Folgen. Reinbek bei Hamburg, 2003.

[MHFS2003] Matzler, K.; Hinterhuber, H.H.; Friedrich, S.A.; Stahl, K.H.: Core Issues in German Strategic Management Research. In: Problems & Perspectives in Management, Issue 1/2003, S. 148 – 160.

[Mert2006] Mertens, P.: Moden und Nachhaltigkeit in der Wirtschaftsinformatik. In: HMD Praxis der Wirtschaftsinformatik (2006) 250, S. 109 – 118.

[MiGi2006] Michaelidou, N.; Gibb, S.: Using Email Questionnaires for Research: Good Practice in Tackling Non-response. In: Journal of Targeting, Measurement and Analysis for Marketing, 14 (2006) 4, 289 – 296.

[Mohe2004a] Mohe, M.: Zur Programmatik einer kulturwissenschaftlichen Beratungsforschung. In: FUGO (Forschergruppe Unternehmen und gesellschaftliche Organisation): Perspektiven einer kulturwissenschaftlichen Theorie der Unternehmung. Marburg: Metropolis, 2004, S. 573 – 600.

[Mohe2004b] Mohe, M.: Stand und Entwicklungstendenzen der empirischen Beratungsforschung. Eine qualitative Meta-Analyse für den deutschsprachigen Raum. In: DBW 64 (2004) 6, S. 693 – 713.

[Mohe2006] Mohe, M.: What Consulting Firms from Graduates and Universities expect? Empirical Insights from the German Consulting Market. In: Deelmann, T.; Mohe, M.: Selection and Evaluation of Consultants, Mering: Hampp, S. 53– 68.

[MHPf2002] Mohe, M.; Heinecke, H.J.; Pfriem, R. (Hrsg.): Consulting – Problemlösung als Geschäftsmodell: Theorie, Praxis, Markt, Stuttgart: Klett-Cotta, 2002.

[MNDe2008] Mohe, M.; Nissen, V.; Deelmann, T.: Einige Überlegungen und Daten zur Institutionalisierung einer Forschungsdisziplin. In: Loos, P., Breitner, M.; Deelmann, T. (Hrsg.): Proceedings der Teilkonferenz „IT-Beratung" der Multikonferenz Wirtschaftsinformatik, Berlin: Logos, 2008, S. 75 – 88.

[Mold2001] Moldaschl, M.: Reflexive Beratung. Einer Alternative zu strategischen und systemischen Ansätzen. In: Degele, N.; Münch, T.; Pongratz, H.J.; Saam, N.J.

(Hrsg.): Soziologische Beratungsforschung. Perspektiven für Theorie und Praxis der Organisationsforschung. Opladen: Leske und Budrich, 2001, S. 133 -157.

[NiBe2006] Niehaves, B.; Becker, J.: Design Science Perspectives on IT-Consulting. In: Lehner, F.; Nösekabel, H.; Kleinschmidt, P. (Hrsg.): Tagungsband 1 der Multikonferenz Wirtschaftsinformatik in Passau 2006. Berlin: GITO, 2006 , S. 7 – 17.

[Nico2000] Nicolai, A.T.: Die Strategie-Industrie: Systemtheoretische Analyse des Zusammenspiels von Wissenschaft, Praxis und Unternehmensberatung. Wiesbaden: DUV, 2000.

[Nico2004] Nicolai, A.T.: Der „trade-off" zwischen „rigour" und „relevance" und seine Konsequenzen für die Managementwissenschaften. In: ZfB 74 (2004) 2, S. 99 – 118.

[Niss2003] Nissen, V.: Wissenskonservierung mittels eines fuzzy-regelbasierten Systems für die Aufwandsplanung von Beratungsprojekten. In: Zeitschrift für Planung und Unternehmenssteuerung, 14 (2003) 3, S. 243 – 258.

[Niss2007a] Nissen, V. (Hrsg.): Consulting Research. Unternehmensberatung aus wissenschaftlicher Perspektive. Wiesbaden: Gabler Edition Wissenschaft, 2007.

[Niss2007b] Nissen, V.: Consulting Research – eine Einführung. In: [Niss2007a], S. 3 – 38.

[NiKi2008] Nissen, V.; Kinne. S.: IV- und Strategieberatung – eine Gegenüberstellung. In: Loos, P., Breitner, M.; Deelmann, T. (Hrsg.): Proceedings der Teilkonferenz „IT-Beratung" der Multikonferenz Wirtschaftsinformatik in München 2008, Berlin: Logos, 2008, S. 89 – 106.

[PaLu1987] Payne, A.F.T.; Lumsdum, C.: Strategy Consulting – A Shooting Star?. In: Long Range Planning 20 (1987) 3, S. 53 – 64.

[PrRa1995] Probst, G.; Raub, S.: Action Research: Ein Konzept angewandter Managementforschung. In: Die Unternehmung (1995) 1, S. 3 – 19.

[Schn2005] Schnell, R.; Hill, P.; Esser, E.: Methoden der empirischen Sozialforschung. München: Oldenbourg Verlag, 2005.

[Schr1996] Schrädler, J.: Unternehmensberatung aus organisationstheoretischer Sicht. Wiesbaden: DUV, 1996.

[Shug2004] Shugan, S.M.: Consulting, Research, and Consulting Research. In: Marketing Science, 23 (2004) 2, S. 173 – 179.

[Simo1993] Simon, H.: Die deutsche Betriebswirtschaftslehre im internationalen Wettbewerb – ein Schwarzes Loch? . In: ZfB, Ergänzungsheft 3/1993, S. 73 – 83.

[Stey1991] Steyrer, J.: Unternehmensberatung – Stand der deutschsprachigen Theorienbildung und empirischen Forschung. In: Hofmann, M. (Hrsg.): Theorie und Praxis der Unternehmensberatung. Bestandsaufnahme und Entwicklungsperspektiven. Heidelberg 1991, S. 1 – 44.

[Stich1994] Stichweh, R.: Wissenschaft, Universität, Professionen – Soziologische Analysen. Frankfurt a. M., 1994.

[StMe1993] Strang, D; Meyer, J.W.: Institutional Conditions for Diffusion. In: Theory and Society, 22 (1993) 4, S. 487 – 511.

[ToZu1996] Tolbert, P.S.; Zucker, L.G.: The Institutionalization of Institutional Theory. In: Clegg, Stewart R.; Hardy, Cynthia; Nord, Walter R (Hrsg.).: Handbook of Organization Studies. London: Sage Publications, 1996, S. 175 – 190.

[Walg2002] Walgenbach, P.: Neoinstitutionalistische Organisationstheorie – State of the Art und Entwicklungslinien. In: Schreyögg, G.; Conrad, P. (Hrsg.): Theorien des Managements: Managementforschung 12. Wiesbaden: Gabler, 2002, S. 155 – 202.

[Wimm1992] Wimmer, R.: Was kann Beratung leisten? Zum Interventionsrepertoire und Interventionsverständnis der systemischen Organisationsberatung. In: Wimmer, R. (Hrsg.): Organisationsberatung. Neue Wege und Konzepte. Gabler: Wiesbaden, 1992, S. 59 – 111.

[Wolf2000] Wolf, G.: Die Krisis der Unternehmensberatung: Ein Beitrag zur Beratungsforschung. Wiesbaden: Gabler 2000.

[Zuck1977] Zucker, L.G.: The Role of Institutionalization in Cultural Persistence. In: American Sociological Review, 42 (1997) 10, S. 726 – 743.

Guter Beratung eine stärkere Position verschaffen

Warum der Versuch, einen beratungswissenschaftlichen Diskurs zu gestalten, sich lohnen kann

Jörg Fellermann und Bernhard Lemaire

Immer mehr Beraterinnen und Berater, immer mehr Organisationen, die Beraterinnen und Berater ausbilden und auch immer mehr wissenschaftlich Tätige beginnen immer häufiger das Wort „Beratungswissenschaft" zu nutzen und in den verschiedensten Zusammenhängen und mit den verschiedensten Absichten einzusetzen.

Weil aber das Wort „Beratungswissenschaft" – von einem Begriff soll hier noch nicht gesprochen werden – auftauchte und sich begann, seinen Weg in Aufsätze, Bücher, Studiengangsbeschreibungen und Positionspapiere zu bahnen, soll hier doch ein kurzer und gänzlich unsystematischer Blick zurück versucht werden – auch wenn es schwierig und vielleicht nicht Aufgabe dieses Beitrages ist im Detail nachzuzeichnen, wie es dazu kommen konnte. Und in diesem individuellen „Blick zurück" auf die neue „beratungswissenschaftliche Bewegung" – hier wird behauptet, dass eine solche im Entstehen und zunehmend gewollt ist – wird bereits etwas Wesentliches deutlich: Viele Beteiligte werden viele Fragen, Themen und Motive aus vielerlei Blickwinkeln beschreiben, begründen und fortentwickeln wollen, *etwas Gemeinsames jedoch existiert noch nicht.* Ob es existieren soll und kann, und welcher Nutzen daraus zu ziehen sei – darum hat das Diskutieren und Ringen nun begonnen.

Einige Ereignisse also sollen vorgestellt werden, deren kurze Erwähnung und Beschreibung veranschaulichen sollen, wie und warum es dazu kam, dass im Herbst 2008 das 1. Beratungswissenschaftliche Symposion durch die Universität Kassel und die Deutsche Gesellschaft für Supervision e.V. (DGSv) ausgerichtet werden konnte. Vorab aber sei noch einmal deutlich darauf hingewiesen, dass hier nicht jedwede Art von Beratung gemeint ist, deren wissenschaftlicher Diskurs sich nun konturiere, sondern ein Sektor, der hier holzschnittartig als „Beratung in der Arbeitswelt" bezeichnet werden soll und Beratungspraxen meint, in denen Menschen und Organisationen bezüglich der Gestaltung von Erwerbsarbeit – zunehmend aber auch anderer Tätigkeiten – sich beraten lassen, um „gut" arbeiten oder „gut" tätig sein zu können.[48] Zurück aber zur Frage nach der Entstehung einer „beratungswissenschaftlichen Bewegung".

Die *Universität Kassel* ist jener Ort, an dem 1974 ein Aufbaustudiengang zum „Diplom-Supervisor für Soziale Berufe" eingerichtet wurde, dessen Nachfolger „Mehrdimensionale Organisationsberatung" auch heute noch angeboten wird. Mit der Einrichtung einer Professur im Arbeitsgebiet „Theorie und Methodik der Beratung" setzte dieselbe Hochschule 2007 einen weiteren Akzent zur wissenschaftlichen Fundierung von Beratung.

Seit 2006 bildet die *Hochschule der Bundesagentur für Arbeit* (vormals und seit 1972 ein Fachbereich der Mannheimer Fachhochschule des Bundes für öffentliche Verwaltung) in wissenschaftlichen Studiengängen Beraterinnen und Berater für Aufgaben im Zuständigkeitsbereich der Bundesagentur für Arbeit aus.

Mit der Initiative von Wissenschaftsministern aus Mitgliedsstaaten der Europäischen Union zur *Schaffung eines europäischen Hochschulraumes* – bekannter unter dem Namen „Bologna-Prozess" – entstand eine Vielzahl neuer Studiengänge, die eine anwendungsorientierte wissenschaftliche Qualifizierung auch für personen- und organisationsbezogene Beratungstätigkeiten in der Arbeitswelt anbieten. Zahlreiche deutsche Hochschulen – Fachhochschulen wie Universitäten – führen solche Studiengänge durch.[49]

Insgesamt lässt sich eine steigende öffentliche Aufmerksamkeit für Fragen der Beratung feststellen.[50] In diesen Diskussionen tauchen bestimmte Themen häufiger auf als andere: „Macht und Ohnmacht", „Scharlatanerie" oder „Komplexität", um nur drei Stichworte beispielhaft zu nennen. Mit der steigenden öffentlichen Aufmerksamkeit werden somit Fragen nach der *Qualität von Beratungspraxis,* nach der *gesellschaftlichen Stellung und Funktion von Beratung* oder nach der *Verantwortlichkeit der Beraterinnen und Berater* gestellt. Zur Beantwortung

---

[48] Vgl. zur Frage dieser Akzentuierung auch den Schluss dieses Beitrages, der die Frage der Gegenstandsbestimmung einer Beratungswissenschaft noch einmal aufgreift.

[49] Einige Informationen zu diesem Bereich sind zum Beispiel erhältlich unter www.vhbc.de; die Vereinigung von Hochschullehrerinnen und Hochschullehrern zur Förderung von Beratung/Counseling in Forschung und Lehre e.V. (VHBC) stellt dort die von ihren Mitgliedern (mit) verantworteten Studiengänge vor (Zugriff vom 04.06.2009); vgl. zudem z.B. die Informationen zum Studiengang „Master in berufs- und organisationsbezogener Beratungswissenschaft" an der Universität Heidelberg unter www.beratungswissenschaft.de (Zugriff vom 04.06.2009).

[50] Das stellen vermehrt auch wissenschaftliche Autorinnen und Autoren fest und untersuchen dieses Phänomen aus verschiedenen Blickwinkeln, so z.B. Rainer Schützeichel und Thomas Brüsemeister (Hg.)(2004) in ihrem Sammelband „Die beratene Gesellschaft. Zur gesellschaftlichen Bedeutung von Beratung", Wiesbaden: VS Verlag.

dieser Fragen wird immer wieder auch – zu Recht – die Inanspruchnahme wissenschaftlicher Diskurse vorgeschlagen.

Verbunden mit der steigenden Aufmerksamkeit für Beratungsthemen ist zugleich eine *steigende Anforderung an die Qualifizierung von Beraterinnen und Beratern.* Kann das bisher weit verbreitete Prinzip, dass gute und erfahrene Praktikerinnen und Praktiker zugleich auch die Qualifizierung des professionellen Nachwuchses sicher stellen können und sollen, kann dieses „Meister-Prinzip" auch zukünftig die gestellten Anforderungen erfüllen?

Der Markt für Beratung ist so schnell nicht präzise zu beschreiben und zu bewerten. Leicht aber lässt sich feststellen, dass zumindest auf der Anbieterseite ein Zuwachs zu verzeichnen ist, der nahezu unumgänglich zu einer Differenzierung auf eben dieser Angebotsseite führen wird. Die Ausdifferenzierung von Beratung in der Arbeitswelt ist somit immer auch ein Markterfordernis, *ohne den Kontext Markt ist die sich herausbildende „beratungswissenschaftliche Bewegung" nicht ausreichend beschreib- und erklärbar.*

In Deutschland lassen sich in den letzten Jahren vor allem *zwei Ordnungsinitiativen für den Sektor Beratung* ausmachen: Mit Gründung der Deutschen Gesellschaft für Beratung e.V. (DGfB) haben sich 2004 erstmals in der Form eines Dachverbandes Beraterinnen und Berater sowie Ausbildungsverantwortliche unterschiedlichster Herkunft und mit verschiedenen Profilen – von der Berufsberatung bis zur Erziehungsberatung, von der betrieblichen Sozialberatung bis zur Supervision, vom Coaching bis zur Eheberatung – miteinander verbunden, um letztlich für gemeinsame Qualitätsaussagen in der Öffentlichkeit einzutreten. Hier handelt es sich um eine Ordnungsinitiative, die zuvorderst die innere *fachliche und professionelle Gemeinsamkeit* sucht und diese mittelfristig als Grundlage für eine Interessensvertretung in der Öffentlichkeit nutzen will.[51] 2006 gründete sich hiervon zunächst unabhängig das Nationale Forum für Beratung in Bildung, Beruf und Beschäftigung e.V. (nfb), das im Gefolge bildungspolitischer Aktivitäten der Europäischen Union zur Gestaltung der Beratung an den Systemübergängen des Erwerbslebens (Schule-Beruf, Familienzeit-Erwerbszeit, Arbeit-Arbeitslosigkeit u.v.m.) zur Wahrung und Vertretung fachlicher Interessen im Rahmen öffentlich gewollter – und zum Teil öffentlich finanzierter – Beratung auftritt. Im Rahmen dieser Initiative hat die *Interessensvertretung und -aushandlung von Beginn an den*

---

[51] Die Deutsche Gesellschaft für Beratung e.V. (DGfB) hat in ihrem Positionspapier „Beratungsverständnis" bspw. ausdrücklich auf die wissenschaftliche Fundierung von beraterischen Handlungskonzepten Wert gelegt. Vgl. http://www.dachverband-beratung.de/pa_060711jmt/Dok_Berat_061.htm (Zugriff vom 04.06.2009).

Vorrang gehabt.[52] Gleichwohl stellt sich auch hier drängend die Frage, auf der Basis welcher fachlichen Gemeinsamkeit diese Interessensvertretung unternommen werden kann. In beiden Ordnungsinitiativen spielen Wissenschaft und Forschung zunehmend eine wichtige Rolle: Handlungskonzepte müssen aus Praxis und Wissenschaft begründet sein, Qualitätsaussagen müssen wissenschaftlich fundiert getroffen werden,[53] Qualifikationsanforderungen müssen wissenschaftlich begründet werden, insgesamt hält eine Praxis ohne Wissenschaft – und auch eine Wissenschaft ohne Praxis – keiner Diskussion im Rahmen dieser Initiativen mehr stand.

Ganz überwiegend fachlich ausgerichtete Initiativen, Beratung umfassender oder übergreifender als bislang zu diskutieren, d.h. anlass-, themen- oder settingbezogene Sektoren der Beratung nicht mehr voneinander separierend zu diskutieren, zeichnen sich auch in der Fachliteratur sichtbar ab und stellen ebenso einen Versuch dar, durch eine veränderte Rahmung der Diskussionen die „beratungswissenschaftliche Bewegung" zu unterstützen.[54]

Ganz praktisch gab eine Fachtagung der Österreichischen Vereinigung für Supervision (ÖVS) und des Instituts für Bildungswissenschaften der Universität Wien im Oktober 2007[55] den letztlich auch operativ wirksamen Anstoß, eine Ini-

---

[52] Das so genannte „mission statement" des Nationalen Forums für Beratung in Bildung, Beruf und Beschäftigung e.V. (nfb) verweist im Abschnitt „Handlungsfelder" ausdrücklich auf das Erfordernis z.B. von wissenschaftlicher Evaluation von Beratung, vgl. http://www.forum-beratung.de/cms/front_content.php?idcat=2 (Zugriff vom 04.06.2009).

[53] Zur Frage der Qualitätsentwicklung vgl. auch den Band von Christiane Schiersmann, Miriam Bachmann, Alexander Dauner und Peter Weber (2008): Qualität und Professionalität in Bildungs- und Berufsberatung. Bielefeld: W. Bertelsmann Verlag; dieser Band ist ein Ergebnis einer vom Bundesministerium für Bildung und Forschung (BMBF) geförderten Studie, die den Prozess der Qualitätsentwicklung im Bereich der Beratung in Bildung, Beruf und Beschäftigung unterstützen soll; darin enthalten sind auch Eckpunkte zu einer „systemisch-ressourcenorientierten Theorie der Beratung".

[54] Bspw. sind die Arbeiten von Gerhard Fatzer (Hg.)(2005): Gute Beratung von Organisationen. Auf dem Weg zu einer Beratungswissenschaft. Bergisch Gladbach: EHP Verlag, sowie von Frank Nestmann, Frank Engel und Ursel Sickendiek (Hg.)(2004): Handbuch der Beratung Band 1 Disziplinen und Zugänge, Band 2 Ansätze, Methoden und Felder. Tübingen: dgvt Verlag, auch in eben dieser Sicht als unterstützend und an Neuformung interessiert zu werten. Auch die Arbeit von Hilarion G. Petzold (2007): Integrative Supervision, Meta-Consulting, Organisationsentwicklung. Ein Handbuch für Modelle und Methoden reflexiver Praxis, 2. Auflage. Wiesbaden: VS Verlag, gehört in diesen Kontext.

[55] Österreichische Vereinigung für Supervision (ÖVS) und Institut für Bildungswissenschaften der Universität Wien: Fachtagung „Supervision lernen: Neue Entwicklungen" am 19./20.10.2007 in Wien; vgl. auch den Beitrag von Angela Gotthardt-Lorenz (2008): Supervision und Beratungswissenschaft: Kooperation der Zukunft? In: supervision 4.2008, S. 26-31, der das „Erlernen" von

tiative zur Gestaltung des Diskurses um eine „beratungswissenschaftliche Bewegung" herum zu starten. Auch wenn das 1. Beratungswissenschaftliche Symposion in Deutschland stattgefunden hat, die „beratungswissenschaftliche Bewegung" lässt sich sicher nicht auf ein Land beschränken, die Entwicklungen in anderen europäischen Ländern sind ebenso wertvoll, zu berücksichtigen und im Rahmen des Leistbaren einzubeziehen.

Mit der Eröffnung eines breiteren beratungswissenschaftlichen Diskurses, der versucht, die verschiedenen oben skizzierten Tendenzen des Beratungsmarktes, des Weiterbildungsmarktes, der Bildungspolitik und der fachgebundenen Diskussionen einzelner Beratungssparten und auch der gesellschaftlichen Entwicklung miteinander in Beziehung zu setzen, entstehen eine ganze Reihe von wissenschaftlich auszuformulierenden und zu beantwortenden Fragen:

- Ganz grundsätzlich: Ist eine eigenständige Disziplin Beratungswissenschaft überhaupt erforderlich?
- Wenn die Notwendigkeit/der Reiz zur Formung einer Beratungswissenschaft vorhanden ist: Ist eine transdisziplinäre oder gar projektförmige Wissenschaft möglicherweise angemessener als die Idee einer weiteren aufwändig abgrenzbaren eigenen Disziplin? Und wo wäre dann die Grenze zu ziehen? Ist die weiter oben vorgeschlagene Fokussierung auf einen Sektor „Arbeitswelt" z.B. sinnvoll und angemessen?
- Bereits heute arbeiten Wissenschaftlerinnen und Wissenschaftler ganz unterschiedlicher Disziplinen zu Beratungsthemen zusammen:[56] Was verbindet sie? Was trennt sie? In welch unterschiedlicher Tiefe oder Breite ist ihre Theorieentwicklung vorangeschritten, ihr Forschungsstand entwickelt?
- Auch heute kommt bereits niemand in der Beratungspraxis, in der Ausbildung von Beraterinnen und Beratern und in der Wissenschaft, die Beratung erforscht, ohne Referenztheorien, Grundannahmen und Anleihen aus verschiedenen wissenschaftlichen Disziplinen aus: Wie ist diese noch wenig

---

Beratung, hier: des Beratungskonzepts Supervision in einen größeren Rahmen stellt und erörtert, wie beratungswissenschaftliche Diskussionen für die praktische Ausbildung von Supervisor/innen nutzbar gemacht werden können – und andersherum.

[56] Ein interessantes Beispiel, wie Wissenschaftler/innen verschiedener Disziplinen gemeinsam mit Berater/innen Beratung erforschen und dabei gleichzeitig Wissenschaft und Praxis entwickeln können, beschreibt der Band von Joachim Ludwig (Hg.)(2008): Interdisziplinarität als Chance. Wissenschaftstransfer und Beratung im lernenden Forschungszusammenhang. Bielefeld: W. Bertelsmann Verlag.

systematische „Gemengelage" handhabbar und nutzbar zu machen und mit welchem Ziel?

Einige Überlegungen zu Ziel und Nutzen, die „beratungswissenschaftliche Bewegung" aufzugreifen und nicht dem „Lauf der Dinge" zu überlassen, seien hier angeschlossen.

Die Entwicklung und Förderung eines beratungswissenschaftlichen Diskurses soll zunächst bisher sehr vereinzelten Entwicklungen einen *gemeinsamen Kristallisationsort* bieten und *persönliche und fachliche Bezüge auf einer breiteren Basis* ermöglichen.

Der sich bildende beratungswissenschaftliche Diskurs soll mit dazu beitragen, die *Praxis der Beratung* – hier: der Beratung in der Arbeitswelt – *gründlicher und vielschichtiger zu erforschen,* um das gewonnene Wissen für Bildungs- und Gestaltungsprozesse in der Arbeitswelt zur Verfügung zu stellen.

Die Professionalisierung von Beratung kommt nach verbreiteter Meinung nicht aus, ohne deutlich mehr als bislang „übergreifend" zu denken, zu forschen, zu qualifizieren. Qualifizierungs-, Handlungs- und Professionalisierungskonzepte, die eng geführt werden auf ein bestimmtes Anwendungsfeld, eine bestimmte konzeptionelle „Schule" oder einen bestimmten Beratungsanlass sind möglicherweise in naher Zukunft nicht mehr ausreichend, um professionelle Beraterinnen und Berater grundständig für eine anspruchsvoller werdende Praxis zu rüsten.[57]

Die Qualifizierung von Beraterinnen und Beratern erfordert aufgrund der steigenden Komplexität und Tiefe der zu übernehmenden Aufgaben zukünftig ein breiteres und zugleich tieferes Fundament. *Ohne eine deutlichere wissenschaftliche Akzentuierung als derzeit wird die Qualifizierung der Zukunft nicht zu leisten sein.* Wer heute Beraterin oder Berater werden will, der/die benötigt nicht nur gutes Handwerkszeug und ein gutes persönliches Rüstzeug (Kompetenz zur Selbstreflexion) sondern umfangreiches Hintergrundwissen aus Soziologie, Politologie, Arbeitswissenschaft, Psychologie, Erziehungswissenschaft, Ökonomie und anderen Disziplinen, um sich die zu beratende Realität zu erschließen und die eigene Funktion darin bewusst zu bestimmen.[58]

---

[57] Vgl. hierzu z.B. die Gedanken von Kurt Buchinger (2008): Ideen zur Grundlegung einer Beratungswissenschaft. In: supervision 4.2008, S. 3-11; Buchinger fordert nicht nur die Verbindung von verschiedenen Handlungs- und Professionalisierungskonzepten, sondern ebenso die ganz praktische Kooperation von Berater/innen in Netzwerken, Büros etc., damit Kooperation keine bloße Forderung bleibe. Beratungswissenschaft habe hier, so Buchinger, die Aufgabe der „Bewusstseinsbildung".

[58] Vgl. hierzu auch den in Anmerkung 8 erwähnten Beitrag von Angela Gotthardt-Lorenz.

Letztlich dient die Entwicklung und Förderung des beratungswissenschaftlichen Diskurses auch – und aus der Sicht der Professionspolitik: *besonders* – der gesellschaftlichen Positionierung von Beratung und von Beraterinnen und Beratern. *Beraterinnen und Berater müssen auch öffentlich als verantwortliche, wertorientierte und klar positionierte Partnerinnen und Partner gesellschaftlicher Entwicklung erkennbar sein.* Gesellschaftliche und politische Themen müssen von Beraterinnen und Beratern im eigenen und im übergreifenden Interesse mit bearbeitet werden. Diese *kalkulierte Vergesellschaftung von Beratung* wird allerdings sehr gründlich und differenziert zu diskutieren und ganz sicher auch nicht unumstritten sein.[59] „Was derzeit fehlt, ist eine umfassende und integrative Erörterung der gesellschaftlichen Relevanz von Beratung ..." Dieser Einschätzung von Rainer Schützeichel und Thomas Brüsemeister (vgl. Anm. 2; S. 9) ist – fast – nichts hinzuzufügen, nur dies: Die von Schützeichel und Brüsemeister beschriebene Situation kann und soll so nicht bleiben und Vertreterinnen und Vertreter aus Wissenschaft, Ausbildung, Praxis und Berufspolitik müssen sich dafür einsetzen, diese Erörterung mit dem Ziel größerer Relevanz zu ermöglichen.[60]

---

[59] G. Günter Voß gab 2007 auf einer Tagung der Deutschen Gesellschaft für Beratung e.V. (DGfB) hierzu bereits einige wichtige Anstöße, die Veränderungen in Gesellschaft und Arbeitswelt zum Anlass nahmen, deutliche fachliche und gesellschaftliche Positionierungsaufforderungen an Berater/innen zu richten; vgl. www.dachverband-beratung.de/Dokumente/Gesellschaftlicher_Wandel_und_Beratung.pdf (Zugriff vom 04.06.2009)

[60] Die Gedanken von Brigitte Hausinger (2008): Beratungswissenschaft – Skizzierung von Schwierigkeiten und Möglichkeiten. In: supervision 4.2008, S. 22-25 geben ein erstes Bild für diese Herausforderung ab.

Umrisse einer Beratungswissenschaft

Brigitte Hausinger

Würde eine Beratungswissenschaft Sinn machen? Für wen und wozu? Am Ende dieses Bandes möchte ich drei Dimensionen, Wissenschaft, Gesellschaft und Praxis im Kontext von Beratungswissenschaft diskutieren und die sich daraus ergebenden Möglichkeiten und Anforderungen für und an eine Beratungswissenschaft in Umrissen skizzieren.

1 Beratung und Wissenschaft

Wie die einzelnen Beiträge zeigen, wird die Frage, ob es eine Beratungswissenschaft braucht, so schnell nicht mit einem klaren ja oder nein beantwortet werden können. Beratungswissenschaft als eine Disziplin nach gängigen wissenschaftlichen Vorstellungen zu etablieren, wird allerdings überwiegend eine Absage erteilt, weil dies all den genannten Bedenken, Einwänden, Anliegen und Bedarfen widersprechen würde. Zugleich werden damit aber hohe Herausforderungen an eine mögliche Fundierung verbunden: Über alle Disziplinen hinweg, d.h. gemeinsame Denkprozesse herstellen (Transdisziplinarität), sowie alle Disziplinen miteinbeziehend (Interdisziplinarität), d.h. auch Disziplinen zu Kooperationen zu bewegen sowie Theorie, Forschung, Lehre, Ausbildung und eine vielfältige Praxis zu integrieren (multidisziplinärer Ansatz).

Die einzelnen Beiträge zeigen zudem, dass uns weder Grundannahmen und theoretische Zugänge einen, noch das Bedürfnis nach gemeinsamen Grundlagen unterstellt werden darf. Hier schimmert zum einen die Schwierigkeit durch, dass Beratung etwas Einmaliges aufweist, Beratung von Fall zu Fall variiert, also je nach Aufgabe und Praxisfeld unterschiedlich ist und eine Personengebundenheit aufweist, die die Eigenheit hat, sich ungern vereinheitlichen oder standardisieren zu lassen.[61]

Zum anderen liegen weitere Schwierigkeiten für eine Theorie der Beratung darin, dass Beratungen zu sehr an einzelne Teile der Gesellschaft gebunden sind, gleichzeitig nicht eindeutig gesellschaftlichen Bereichen wie Schule, Familie, Gesundheit, Politik, etc. zugeordnet werden können (z.b. Erziehungsberatung), verschiedene Anwendungsdimensionen und eine enorme empirische Phänomenvielfalt aufweisen. Das was unter der Überschrift „Beratung" firmiert, ist sehr divers und weitläufig – von der hoch spezialisierten Beratungstätigkeit bis hin zu kleinen Beratungssequenzen in Tätigkeiten – und lässt sich kaum adäquat in einer Theorie oder gar in einer Profession einfangen (vgl Hausinger 2008). Beratung als eine homogene Disziplin zu entwickeln, die sich aus allen bisherigen Beratungstheorien und -konzepten zusammensetzt und den Anspruch aufrecht erhält, dass eine Theorie in sich konsistent sein sollte, ist schwerlich vorstellbar.[62]

Trotz aller unterschiedlichen Zugänge und Bedenken existiert der Wunsch, bestehende Wissensbestände zu heben und zu bündeln sowie einen gemeinsamen Wissensstand über Beratung zu fördern. Gemeinsam beschäftigen die Fragen „Was ist gute Beratung?" und „Was zeichnet gute Beratung jeweils aus?". Was gut ist, kann aber von Fall zu Fall verschieden interpretiert werden, gute Beratung ist äußert komplex und das Gütekriterium wird entsprechend differenziert beantwortet. Beratungen sind nicht per se erfolgreich, nützlich oder gut und je nach Kontext und Anliegen in einem hohen Maße mehrdeutig. Beratung selbst zeichnet sich meist durch Standards oder Konzepte, durch Adaption, durch freies Experimentieren und/oder Agieren/Reagieren in der Situation aus. Gewünscht wird deshalb auch eine Beratungsforschung mit trans- und interdisziplinären Ansätzen sowie mit vielfältigen methodischen Zugangsweisen, um die gestellten Fragen in ihrer Komplexität und Mehrdeutigkeit beantworten zu können.

Ein weiteres Anliegen ist die theoretische Reflexion über Annahmen in und von Beratung sowie ihre normativen Implikationen, da Beratungsansätze vielfach Leitbildern folgen ohne diese explizit zu kennen oder zu nennen (z. B. Ansatz des

---

[61] An den Stellen wo Beratung sich ansatzweise standardisieren lässt, als informatives Ratgeben, als effektives Informieren, als pragmatische Anleitung, werden beispielsweise Sprachcomputer eingesetzt. Dies löst schnell Unmut aus, lässt es sich doch mit den Beratungswünschen und -anliegen von KundInnen oft schwer vereinbaren.

[62] Diese Annahme wäre allerdings einer Überprüfung wert und eine Aufgabe von einer Beratungswissenschaft. An dieser Stelle ist auch zu unterscheiden zwischen einer Theorie der Beratung und einer Beratungswissenschaft.

homo oeconomicus, des homo sociologicus oder Ansätze, die sich auf den Pragmatismus, den Konstruktivismus, die Phänomenologie, etc. beziehen). Beratung ist in der Praxis, Theorie und Forschung auf eine philosophische und geisteswissenschaftliche Fundierung angewiesen, sollte sie sich nicht willkürlich, manipulativ, esoterisch, etc. ausbreiten und mit vielen nicht einzuhaltenden Versprechungen zu Markte gehen. Auch dies könnte eine theoretische wie forschende Aufgabe einer Beratungswissenschaft sein.

Als Fazit kann gelten, dass sich Beratungswissenschaft nicht als eine Disziplin im herkömmlichen Sinne etablieren soll, sondern als ein trans- und multidisziplinärer sowie gegenstands- und anwendungsorientierter Ansatz, der in der Lage ist, alle Disziplinen und Konzepte, die sich mit Beratung beschäftigen, zu berücksichtigen.[63]

Wie bereits von *Heidi Möller* kurz skizziert, könnte folglich Beratungswissenschaft ein Ort und Raum für Kommunikation – Austausch, Verständigung, Dialog und Diskurs – sein, der sich auf

- disziplinäre Vielfalt und Zugänge,
- interdisziplinäre Widersprüche und Konflikte der Referenztheorien,
- Übersetzungsschwierigkeiten zwischen den disziplinären Kulturen,
- verschiedene Wissensstrukturen und (Struktur-)Logiken von Wissenschaft, Forschung, Ausbildung und Beratungspraxis,
- differente Beratungstheorien, -ansätze, -methoden und -interventionen

einlässt (vgl. dazu ausführlich die verschiedenen Beiträge in diesem Band!).

2 Beratung und Gesellschaft

Eine besondere und immens hohe Relevanz erhielte die Etablierung einer Beratungswissenschaft allerdings aus dem sich stetig ausweitenden Phänomen Beratung und den anwachsenden Bedarf nach Beratung in der Gesellschaft (vgl. *Fellermann/Lemaire, Nissen/Mohe/Deelmann*). Es ist davon auszugehen, dass Beratung Einfluss auf weite Teile der Gesellschaft nimmt und zahlreiche Wirkungen auf

---

[63] Dies würde auch bedeuten, dass eine Beratungswissenschaft keine neue Profession herausbildet, also den Berater oder die Beraterin, sondern Grundlagen, Kriterien und Modelle liefert, die zu einer nachhaltigen Stärkung der Professionalität bereits bestehender Beratungsprofessionen und Beratungsformen oder Beratungskompetenzen beiträgt.

Lebens-, Arbeits-, Denk- und Verhaltensweisen zeigt (vgl. Voß 2008). Beratungen wurden in den letzten Jahren in der Öffentlichkeit vielfach skandalisiert (v.a. die Branche der Unternehmensberatung, die zugleich in viele Bereiche der Gesellschaft wie Wirtschaft, Kultur, Soziales, Religion und Alltag Einzug hielt, so wie aktuell die Finanzberatung). Kritisiert wurde/wird das Vertreten von Eigeninteressen der BeraterInnen und der unkontrollierte, nicht transparente und nicht legitimierte Einfluss auf gesellschaftliche Schnitt- und Entscheidungsstellen (vgl. Kurbjuweit 2004).

Beratung befindet sich im Spannungsfeld zwischen einer signifikanten Bedeutung als gesellschaftliche Strukturbildung (alles und jede/r wird beraten bzw. berät) und einer Unbehelligkeit durch Politik, Verbraucherschutz, Wissenschaft, etc. (alles kann als Beratung tituliert und verkauft werden, die Entscheidung/Verantwortung liegt bei den AbnehmerInnen bzw. KäuferInnen). Daraus können mehrere Konsequenzen für eine Beratungswissenschaft gezogen werden:

1. Die Größe und Bedeutung des Beratungsmarktes antworten auf allgemeine Problemlagen (Individualisierung, Globalisierung, Entgrenzung, Subjektivierung, Pluralisierung). Es gilt also Erkenntnisse über die Funktionen, Aufgaben und Besonderheiten von Beratung in der Gesellschaft zu gewinnen, denn in Beratung werden Merkmale und Eigenheiten moderner Gesellschaft produziert und reproduziert (vgl. Blättel-Mink et al 2008).

2. Es gibt eine hohe quantitative Verteilung von Beratung ohne eine qualitative Absicherung. Inwieweit nun eine qualitative Absicherung notwendig ist, für welche Bereiche und Anliegen oder wer dies gewährleisten sollte und wie, sind Fragen an eine Beratungswissenschaft. Auffällig ist zudem, dass im Verhältnis zu der hohen Beratungsintensität in der Gesellschaft sowie der Tatsache, dass Beratung meist ein interaktives Geschehen ist, der Beratungsfähigkeit wenig Beachtung geschenkt wird und zwar auf allen Seiten. Wissenswertes über Beratung wäre zu generieren auch mit dem Ziel KlientInnen (Person, Gruppe/Team, Organisation) im Umgang mit Beratung zu professionalisieren (vgl. Mohe 2005). Dazu gehört auch immer eine Beratungsskepsis zu fördern (Blättel-Mink et al 2008, Voß/Rieder 2005).

3. Es ist eine Omnipräsenz von Beratung in unserer Gesellschaft zu verzeichnen. Das Phänomen Beratung bezieht sich auf Vieles und erscheint in den vielfältigsten Formen (beratene Gesellschaft). Die Fragen aber, wie konstitutiv Beratung für Lebens- und Arbeitsbereiche ist, die immer mehr zum Gegenstand von Beratung werden oder welche Macht und welchen Einfluss Beratung tatsächlich hat oder wie viel Gestaltungsmacht über Personen,

Gruppen und Organisationen besteht oder worauf Macht und Einfluss beruht[64] oder gar wie Zusammenhänge und Wechselwirkungen von Gesellschaft, Politik und Beratung aussehen, können nicht mal annähernd beantwortet werden. Es fehlt ein übergreifender Diskurs über die gesellschaftliche
sowie gesellschaftspolitische Bedeutung und (Aus-)Wirkung von Beratung
(vgl. dazu ausführlich Schützeichel/Brüsemeister 2004). Diesen zu implementieren könnte Inhalt einer Beratungswissenschaft sein.

3 Beratung und Praxis

Wie steht es nun um das Verhältnis (Beratungs)Wissenschaft und Praxis? Ein
zentraler Aspekt ist, dass eine erfolgreiche Beratungspraxis nicht zwangsläufig
auf wissenschaftliche Befunde und Erkenntnisse zurückgreifen muss oder diese
benötigt, um beratend tätig zu sein. Zwar basiert eine Beratungspraxis in der
Regel auf unterschiedlichen Formen des Wissens, dazu zählen beispielsweise
Erfahrungswissen, Wissen über Methoden und Interventionen, betriebswirt-
schaftliches, juristisches, psychologisches, pädagogisches, organisationales Wissen und viele andere Wissensformen mehr. Inwieweit eine jeweilige Beratungspraxis neben dem Bezug auf die eigene Beratungsvorstellung/Beratungskonzep-
tion und subjektive Wissensbestände jedoch Bezug auf theoretisches und an wissenschaftlichen Erkenntnissen orientiertes Wissen nimmt, ist offen. Auch eine
Praxis entwickelt und erzeugt Wissen, anders als akademisches Wissen erzeugt
wird (vgl. *Lackner, Moldaschl, Möller*). Eine Beratungswissenschaft müsste folglich
anerkennen, dass Wissensproduktion an zahlreichen Orten stattfindet und in
Anwendungskontexte eingebunden ist und dafür Sorge tragen, dass die akademische Wissenschaft sich öffnet und Wissensproduktion nicht hierarchisierend
differenziert wird.

Zwei weitere wichtige Aspekte sind: Erstens wird von Auftraggebenden an
Beratung immer häufiger die Forderung gestellt, sich wissenschaftlich zu erklären und zu legitimieren und ein Qualitätsversprechen abzugeben, zweitens greift
die Praxis vermehrt im Zuge ihrer Professionalisierung und/oder Marktsicherung
auf Wissenschaft und/oder Forschung zurück.

Es ist aber sehr fraglich, teilweise auch fragwürdig, ob eine Beratungswissenschaft in der Lage sein kann, die zuletzt genannten Aspekte zufriedenstellend

---

[64] Vgl. dazu auch *von Rosenstiel* sowie *Kauffeld/Jonas/Schneider*, die auf der Ebene der Mikropolitik
Zusammenhänge von Macht/Einfluss erörtern und erforschen.

zu bedienen. In der Beratungspraxis haben wir es mit einer unüberschaubaren und sehr komplexen Vielfalt unterschiedlicher (sozialer) Situationen, Anliegen und Phänomenen zu tun, da greift die Vorstellung, dass jegliche Beratungspraxis auf eine Theorie oder auf eine Wissenschaftsdisziplin Bezug nehmen könnte, viel zu kurz (vgl. *Bergknapp*).[65] Auch der Anspruch ein umfassendes Beratungswissen, dass sich über eine sehr breit gefasste Vielzahl von Theorien aus unterschiedlichen Wissensgebieten erstreckt, für die Praxis zu gewährleisten, ist ein hoher Anspruch, für den es vieler Anstrengungen und Ressourcen bedarf. Interessante allgemeine Fragestellungen dazu gäbe es allerdings: Besteht über alle Beratungen hinweg so etwas wie eine „innere" Beratungslogik, der jegliche Praxis folgt – von der Steuerberatung bis zur Eheberatung (vgl. dazu auch *Schiersmann/Thiel*)? Gibt es gemeinsame Kriterien wie Vertrauen, Beziehung, Kenntnis, Erfahrung, Wissen? Ziehen sich postulierte Grundhaltungen für Beratung wie Akzeptanz, Empathie und Kongruenz durch alle Formate durch? Welchen Einfluss haben Hintergrundentscheidungen zur Inanspruchnahme von Beratungen? Welche (latenten) Funktionen erfüllen Beratungen (Kompensation, Erkenntnis, Verbesserung, Legitimation, etc.)? Welche übergreifenden Anliegen, Annahmen und Fragestellungen haben verschiedene Beratungsformen oder Beratungsberufe? Und welche Berufsgruppen oder Beratungsformen werden als professionell wahrgenommen und warum?

4 Resümee

Denkt man die angeführten Dimensionen Wissenschaft, Gesellschaft und Praxis zusammen, kann folgendes kurzes Resümee gezogen werden:

Die Wissens- und Erkenntnisproduktion zu und über Beratung zieht sich durch die gesamte (Arbeits-)Gesellschaft. Wissen, Erkenntnis und Erfahrung werden in vielfältigsten Situationen, Sequenzen und an verschiedenen Orten generiert, kombiniert und weiterentwickelt. Eine Beratungswissenschaft als Disziplin im traditionellen Sinne zu etablieren wäre fatal. Kennzeichnend für die Fundierung einer Beratungswissenschaft sollte sein, dass sie sich aufgrund ihres Gegenstandes Beratung in einer neuen Art und Weise konstituiert, um Wissen, Erkenntnisse und Erfahrungen aus Praxis, Forschung und Wissenschaft aufzugreifen und zudem in der Lage ist, diese an allen Orten wiederum weiter zu ent-

---

[65] Dabei ist mitzubedenken, dass die Praxis oft inkonsistent ist und sich zudem verschiedener Interventionen, Methoden oder Konzepte bedient.

wickeln. Eine Beratungswissenschaft würde sich für die „Praxiswende in der zeitgenössischen Wissenschaft" (Bammé 2009) allein aufgrund ihres Gegenstandes Beratung hervorragend eigen, da Beratung in Anwendungskontexte eingebunden ist und Wissen über Beratung an vielen Stellen entsteht. Zudem könnte sie aufgrund ihres Themas Beratung all die damit verknüpften Probleme und Möglichkeiten formulieren und reflektieren, die genau mit dieser „Praxiswende" verbunden sind (qualitativer Wandel des Verhältnisses Wissenschaft und Gesellschaft, Verwissenschaftlichung des Alltags; immens angewachsene Kooperationsanforderungen zwischen den gesellschaftlichen Bereichen und Disziplinen).[66]

Eine gut aufgestellte Beratungswissenschaft könnte ein sehr vielfältiges Bild über Beratung in modernen Gesellschaften zeichnen, dass die einzelnen Bereiche für sich nutzen könnten. Alles rund um die Beratung sowie ihrer Verwissenschaftlichung ist hoch komplex, ambivalent und widersprüchlich. Dies ist der Beratung in unserer zeitgenössischen Gesellschaft, wie immer man sie gerade beschreiben mag, Dienstleistungsgesellschaft, Risikogesellschaft, reflexive Moderne, Wissensgesellschaft, Informationsgesellschaft, Beratungsgesellschaft, etc. immanent.

Beratungswissenschaft als Raum und Ort der Kommunikation hat also aus meiner Sicht vor allem ihren Sinn darin, eben einen Raum und Ort für Diskurse über diese Komplexität, Widersprüche/Paradoxien, Mehrdeutigkeiten etc. zu schaffen. So kann sie in der Vielfalt der Situationen mit den enthaltenen Kontingenzen, Erkenntnisse, vielleicht auch Orientierung anbieten und somit der Beratung als einer zeitgenössisch relevanten gesellschaftlichen Funktion aus und mit einer wissenschaftlichen Perspektive gerecht werden.

Literatur

Bammé, Arno (2009): Die „Praxiswende" in der zeitgenössischen Wissenschaft. In: Thaler, Anita/Wächter Christine (Hrsg): Geschlechtergerechtigkeit in Technischen Hochschulen. München, Wien: Profil
Blättel-Mink, Birgit et al. (Hrsg.) (2008): Beratung als Reflexion. Berlin: edition sigma
Hausinger, Brigitte (2008): Beratungswissenschaft – Skizzierung von Schwierigkeiten und Möglichkeiten. In: Supervision 2008.4. Weinheim: Beltz
Kieser, Alfred (2002): Wissenschaft und Beratung. Heidelberg: Universitätsverlag C. Winter

---

[66] Vgl. dazu ausführlich Bammé (2009), Kieser (2002) sowie *Lackner* und *Moldaschl* in diesem Band.

Kurbjuweit, Dirk (2004): Unser effizientes Leben – Die Diktatur der Ökonomie und ihre Folgen. Hamburg: Rowohlt

Mohe, Michael (Hrsg.) (2005): Innovative Beratungskonzepte. Ansätze, Fallbeispiele, Reflexionen. Leonberg: Rosenberger Fachverlag

Nestmann, Frank/Engel, Frank (Hrsg.) (2002): Die Zukunft der Beratung. Tübingen: dgvt-Verlag

Schützeichel, Rainer/Brüsemeister, Thomas (Hrsg.) (2004): Die beratene Gesellschaft. Zur gesellschaftlichen Bedeutung von Beratung. Wiesbaden: VS Verlag für Sozialwissenschaften

Voß, G. Günter/Rieder, Kerstin (2005): Der arbeitende Kunde. Wenn Konsumenten zu unbezahlten Mitarbeitern werden. Frankfurt: Campus

Voß, G. Günter (2008): Gesellschaftlicher Wandel und seine Wirkung auf Beratung. In: Supervision 2008.4. Weinheim: Beltz

Autoren

Andreas Bergknapp, Prof. Dr. rer. pol., Studium der Sozioökonomie an der Universität Augsburg, 2001 Promotion (Ärger in Organisationen – eine systemische Strukturanalyse), 2007 Habilitation (Supervision und Organisation – Zur Logik von Beratungssystemen), Coach, Berater, Gutachter beim dvct und Geschäftsführer des Instituts für Coaching und Organisationsberatung, Privatdozent an der Universität Augsburg und Professor für Sozialwissenschaften, insbesondere Organisationsentwicklung und Personalmanagement an der Fachhochschule Nordhausen.

Thomas Deelmann, Dr., verantwortet den Bereich Strategieentwicklung bei dem ICT-Dienstleister T-Systems. Parallel folgt er seinen Forschungs- und Lehrinteressen in den Domänen Beratungsforschung, Business-IT-Alignment sowie IT-Management. Er ist Vorstand der Gesellschaft für Consulting Research (GCR) e.V. und stellvertretender Sprecher des Arbeitskreises „IV-Beratung" in der Gesellschaft für Informatik e.V.

Jörg Fellermann, M.A., seit 1997 Geschäftsführer der Deutschen Gesellschaft für Supervision e.V. (DGSv), von 2004 bis 2007 zudem Vorsitzender der Deutschen Gesellschaft für Beratung e.V. (DGfB), Köln.

Brigitte Hausinger, Dr. phil., Dipl. Supervisorin, Lehrbeauftragte an der Universität Kassel (Masterstudiengang „Mehrdimensionale Organisationsberatung: Supervision, Coaching und Organisationsentwicklung) und an der Universität Salzburg (Universitätslehrgang Supervision/Coaching), Redaktionsleitung der Fachzeitschrift Supervision, Vorstandsmitglied der Deutschen Gesellschaft für Supervision (DGSv). Arbeitsschwerpunkte: Veränderungen der Arbeitswelt in ihrer Relevanz für die Supervision, Supervisionsforschung.

Eva Jonas, Univ-Prof. Dr., Diplom-Psychologin und Diplom-Volkswirtin, 2000 Promotion zum Dr. phil., 2000-2002 Post-doc an der University of Arizona, Tucson, USA (Prof. Jeff Greenberg), 2002 Bayerischer Habilitationsförderpreis, 2004

Habilitation (venia legendi für Psychologie), Ernennung zur Privatdozentin, 2005-2006 Professorin für Wirtschaftspsychologie an der Universität Duisburg-Essen. Seit 2006 Professorin für Sozialpsychologie an der Universität Salzburg.

Simone Kauffeld, Univ.-Prof. Dr., Studium der Psychologie und Betriebswirtschaftslehre. Eineinhalbjährige Tätigkeit als Junior Consultant in einem Organisationsentwicklungsprojekt in der Automobilindustrie. 1999 Promotion und 2005 Habilitation am Institut für Arbeitswissenschaft der Universität Kassel. Zahlreiche Beratungsprojekte in der Industrie, Gastprofessur an der City University of New York, Professur an der Hochschule für Psychologie der FH Nordwestschweiz. Seit 2007 Professorin für Arbeits-, Organisations- und Sozialpsychologie an der TU Braunschweig. 2008 Gründung von 4A-SIDE. Forschungsschwerpunkte: Kompetenzdiagnose, -entwicklung und -management, Training und Transfer, Teamdiagnose und -entwicklung, Berater-Klienten-Interaktion, Innovation.

Karin Lackner, Univ.-Prof. Dr., Professorin für Organisationsberatung, Supervision und Coaching an der Universität Kassel. Gründung und Leitung des Instituts für Organisationsdynamik. Beraterin, Trainerin, Supervisorin (DGSv), Coach in freier Praxis. Lehr-Trainerin und Lehr-Beraterin bei der ÖGGO (Österreichische Gesellschaft für Gruppendynamik und Organisationsberatung). Entwicklung und Durchführung von Universitätslehrgängen und Weiterbildungslehrgängen in Kooperation mit Wirtschaftsunternehmen und anderen Trägerorganisationen. Wissenschaftliche Leitung des Masterstudiengangs „Mehrdimensionale Organisationsberatung MDO" an der Universität Kassel. Internationale Beratungstätigkeit in Organisationen.

Bernhard Lemaire, Prof. Dr. rer. soc., Professor für Sozialpädagogik in der Sozialen Arbeit und Direktor des Instituts für Fort- und Weiterbildung, Forschung und Entwicklung an der Kath. Stiftungsfachhochschule München, Vorsitzender der Deutschen Gesellschaft für Supervision e.V. (DGSv).

Michael Mohe, Prof. Dr., Juniorprofessor für Business Consulting, Leiter der Forschergruppe Consulting Research und Koordinator des Masterstudiengangs Management Consulting an der Universität Oldenburg, Zweiter Vorsitzender der Gesellschaft für Consulting Research e.V., Bonn, Aktuelle Forschungsschwerpunkte: Managerial & Organizational Behaviour, Beratungs- und Konsultationsforschung.

Manfred F. Moldaschl, Prof. Dr. phil. habil. Dr. rer. pol., Studium der Psychologie, Geschichte, Literatur- und Kulturwissenschaft, Soziologie und Informatik in Tübingen, Berlin und München. Tätigkeiten am Max Planck Institut für Bildungsforschung Berlin, der TU-Berlin, dem Institut für Sozialwissenschaftliche Forschung ISF München und dem Institut für Sozialwissenschaften der TU München. Seit 2001 Lehrstuhl für Innovationsforschung und nachhaltiges Ressourcenmanagement an der TU Chemnitz und Direktor des Instituts für Innovationsmanagement und Personalentwicklung, Chemnitz. 2007 Gründung des Unternehmens Reflexive Consulting & Research in München. Arbeitsgebiete: Sozioökonomie, Wissensökonomie und Innovation, Unternehmenstheorie, Intervention, Sozialkapital, Reflexivität und Lernen, Wand- und Schluchtforschung.

Heidi Möller, Univ.-Prof. Dr., Studium der Psychologie, Philosophie und Soziologie, Universität Münster und Bochum. (Lehr-)Psychotherapeutin, Psychoanalytikerin, Organisationsberaterin, Supervisorin, Coach. Promotion 1994, Habilitation 2000, TU Berlin Klinische Psychologie, 2002-2007 Universität Innsbruck, Institutsvorstand „Institut für Kommunikation in der Arbeitswelt und Psychotherapie" und Dekanin der Fakultät für Bildungswissenschaften. Seit Oktober 2007 an der Universität Kassel, Lehrstuhlinhaberin des Arbeitsgebietes „Theorie und Methodik der Beratung".

Volker Nissen, Univ.-Prof. Dr., ist Leiter des Fachgebietes Wirtschaftsinformatik für Dienstleistungen an der TU Ilmenau. Seine Forschungsschwerpunkte liegen u.a. in den Bereichen Professional Services, IT-Management und Wissensmanagement. Er ist Vorsitzender der Gesellschaft für Consulting Research e.V., Bonn, und Sprecher des Arbeitskreises „IV-Unternehmensberatung" der Gesellschaft für Informatik e.V..

Lutz von Rosenstiel, Univ.-Prof. Dr. Dr. h.c., Studium der Betriebswirtschaftslehre und Philosophie in Freiburg/Breisgau und München, Diplom in Psychologie 1963, Promotion zum Dr. phil. 1968 in München, Habilitation 1974 an der Wirtschafts- und Sozialwissenschaftlichen Fakultät der Universität Augsburg. Ab 1977 Leiter des Institutsbereichs Organisations- und Wirtschaftspsychologie an der Universität München, jetzt emeritiert. (Mit-)Autor bzw. (Mit-)Herausgeber von Fachbüchern, (Mit-)Autor von zahlreichen Beiträgen in Sammelwerken und Fachzeitschriften zu Themen der Organisations- und Marktpsychologie sowie der Psychologischen Diagnostik. Beratung einer größeren Zahl von Unternehmen auf den Gebieten der Personal- und Organisationsentwicklung sowie des Aufbaus von Image- und Marketingkonzepten.

Christiane Schiersmann, Univ.-Prof. Dr., Studium der Erziehungswissenschaft, Soziologie, Germanistik, Anglistik und Politikwissenschaft an den Universitäten in Kiel und Göttingen. 1973 Staatsexamen für das Lehramt an Gymnasien. 1976 Promotion zum Dr. phil. an der Universität Göttingen. 1976 bis 1985 wissenschaftliche Assistentin an der Universität Münster. Dort 1990 Habilitation für das Fach Erziehungswissenschaft. 1985 bis 1990 stellvertretende bzw. kommissarische Leiterin des Forschungsinstituts Frau und Gesellschaft in Hannover. 1990 Berufung als Professorin für Erziehungswissenschaft mit dem Schwerpunkt Weiterbildung und – ab 2003 – Beratung an die Universität Heidelberg

Henrike Schneider, Dipl.-Psych., studierte Psychologie in Braunschweig. Nach mehrjähriger Tätigkeit in der Jugendberatung ist sie seit 2007 wissenschaftliche Mitarbeiterin bei Prof. Dr. Simone Kauffeld in der Abteilung Arbeits-, Organisations- und Sozialpsychologie der TU Braunschweig. Ihre Forschungsschwerpunkte sind Vertrauen, strategisches Verhalten und soziale Einflussnahme in Beratung. Neben ihrer Forschungstätigkeit ist sie als Beraterin in Personal- und Organisationsentwicklungsprojekten und als Trainerin handlungsbezogener Kompetenzen tätig.

Heinz-Ulrich Thiel, Dr., Studium der Theologie, Psychologie, Philosophie und Soziologie; Akad. Rat am Pädagogischen Seminar der Universität Göttingen; Lehre und Forschung im ‚Schwerpunkt Beratung'; Supervisor (BDP), OE-Berater sowie Aus- und Fortbildung von OE-Beratern.

WILLST DU DIESES KIND?

Gretchen muß nicht fragen

heiraten, weil ein Kind kommt – Richard Kelly II steht mit seinem Entschluß nicht allein. Er steht damit sogar auf der Seite der Mehrheit, die auch in diesem Fall eine schweigende ist. Denn daß in dem Teil der Welt, mit dem wir uns hier hauptsächlich befassen – dem wohlhabenden –, mehr als die Hälfte der Ehen über eine Schwangerschaft zustande kommt, ist ein erstaunlich wenig kommentierter Sachverhalt. Wohl auch wegen der Folgen, die dies für den zeremoniellen Teil der Vertragsunterzeichnung hätte. Müßte die Frage vorm Altar dann doch eigentlich auf die Bejahung des Ungeborenen zielen: *Willst du dieses Kind…?*

Freilich könnte man sich hier die Frage an die Braut ersparen: Wenn sie dieses Kind nicht wollte, bekäme sie es nicht. Es ist der Bräutigam, den man fragen sollte, und sei es nur aus Höflichkeit, denn nützen könnte ihm seine Weigerung kaum. Oft ist sein Kleines zu dem Zeitpunkt sogar schon geboren. Man wollte mit der Legalisierung lediglich warten, bis die Mutter wieder in ein weißes Kleid der Größe sechsunddreißig paßt.

Woher kommt sie, diese magische Nebenwirkung der Schwangerschaft? Ein Kind hat sich angemeldet – *unser* Kind –, und schon können wir uns zu etwas entscheiden, was uns ein paar Tage vorher noch wie das Ende der Welt erschienen wäre.

Die Stimme des Blutes? Die rief wohl eher zur Stunde des Zeugungsakts, und der ist schon länger her. Die Stimme des Gewissens? Unmöglich. Denn solange wir leben, werden wir dieses hilflose Wesen ja ohnehin nicht verhungern lassen, und für den Todesfall wäre eine Lebensversicherung effizienter. Damit das Kind einen Namen hat? Aber es hat doch einen – ist uns der seiner Mutter nicht gut genug? Weil wir dokumentieren möchten, daß die Bindung an den anderen Elternteil unauflöslich ist? Aber gerade das ist sie ja nicht, weil es nun die Scheidung gibt. (Das Unauflösliche an dieser Bindung ist das Kind selber: Die Eigenarten ihres gemeinsam gezeugten Kindes werden diese beiden Erwachsenen für immer aneinander erinnern.) Weil es uns nach einer symbolischen Handlung dürstet, die der Größe des Ereignisses entspricht? Aber welche Symbolik sollte dazu taugen? Wir haben gemeinsam mit dem anderen einen neuen Menschen erschaffen – die verwegenste aller menschlichen Taten. Die Ankunft eines Kindes mit dem Firlefanz einer Hochzeit feiern, das ist, als wollte man den Fang eines Walfisches damit krönen, daß man eine Dose Ölsardinen verspeist.

Nun, dann wollen wir eben heiraten, weil wir kinderlieb sind. Kinder sind das schwächste Glied unserer Gesellschaft und haben damit ein Anrecht auf unseren ganz besonderen Schutz. Schutz wovor? Nun, vor der Diskriminierung durch seine Mitbürger beispielsweise: Man kann sagen, was man will, doch unehelich geborene Kinder haben es auf dieser Welt auch heute noch schwerer. Schutz vor der Diskriminierung durch seine späteren Spielkameraden: Kinder sind grausam, wie man weiß, jede Schwäche wird gnadenlos ausgenützt. Schutz vor der Diskriminierung durch Staat und Gesetz: Es ist doch immer noch so, daß in den meisten Ländern gerade beim Erbrecht zwischen legitimen und illegitimen Nachkommen unterschieden wird.

Ach so. Aber wären das alles dann nicht eher Gründe zur Verweigerung der Ehe? Müßte im Fall einer Schwangerschaft nicht gerade jemand, der Kinder liebt, den Gang zum Standesamt unterlassen? Müßte einer, der *kinderlieb* ist, sich nicht auf die Seite der unehelichen Kinder schlagen und dazu beitragen – hier durch sein eigenes, unehelich geborenes Kind –, daß ihrer immer mehr werden und so die Diskriminierung durch Staat und Gesellschaft endlich aufhört?

Und was das Ungeborene selbst betrifft: Machen wir es durch diese Heirat nicht zum Schuldigen, noch ehe es auf die Welt kommt? Seinetwegen haben Vater und Mutter auf ihre Freiheit verzichtet – bei jedem Ehekrach wird ihm das später durch die Wände zugebrüllt. Rührt nicht das Unglück vieler Kinder gerade daher, daß ihre Eltern per Gesetz aneinander gebunden sind? Nur wo man ohne Formalität fortkann, ist man wirklich zu Hause. Wo die Käfigtür offensteht, muß sich niemand mit dem Wärter zanken.

Auch liegt es ein gut Teil an der Ehe selbst und an denen, die sie so generös »in seinem Interesse« eingegangen sind, daß dieses Kind dann bei der oft trotzdem unvermeidbaren Scheidung leidet. *Scheidungswaise* – ein brutalerer Ausdruck ist zur Bezeichnung eines Kindes wohl nie erfunden worden: Ein Vater, der die Kindesmutter nicht mehr liebt, ist ein toter Vater. Doch vielleicht kann man mit dieser verbalen Brutalität den einen oder anderen Kinderlieben tatsächlich am Verlassen des Ehebettes hindern: Er will doch seine eigenen Kinder nicht zu Waisen machen?

Die eigenen Kinder. Denn Kinder lieben wir ja gar nicht – wir lieben *unser* Kind. Und dieses haben wir nicht aus Liebe gezeugt – wie könnte man einen Menschen lieben, dem man noch gar nicht begegnet ist? –, sondern weil wir uns aus dieser Zeugung Vorteile für uns selbst erhofften. Wenn es anders wäre – wenn Kinder uns hauptsächlich Nachteile brächten – würden ja zumindest in Ländern mit funktionierender Geburtenkontrolle längst keine mehr geboren. Doch das Kinderkriegen hat viele Vorteile:

o Ein Kind ist die populärste Methode, dem eigenen Leben einen Sinn zu verleihen. Wer sich zu einem Kind entschließt, braucht sich zumindest während der nächsten zwanzig Jahre nicht mehr zu fragen, *wofür* er am Leben ist: Er hat für ein Kind zu sorgen, basta.

○ Ein Kind ist für religiöse Menschen ein Garant für ein Leben nach dem Tode. Denn aus machtpolitischen Gründen wünschen so gut wie alle Kirchen und Sekten, daß ihre Anhänger sich vermehren. Viele drohen für den Fall eines Schwangerschaftsabbruchs mit Ausschluß und Höllenqualen.

○ Ein Kind ist für nichtreligöse Menschen ein Garant für ein Weiterleben auf Erden. Falls die Menschheit durchhält, ist noch in hundert Jahren anhand vergilbter Fotos festzustellen, daß ein bestimmtes Neugeborenes sein Muttermal vom Urgroßvater hat. Zumindest von Zeit zu Zeit wird also jemand an uns denken.

○ Ein Kind bedeutet Macht. Welcher Mensch wird je wieder so andächtig unseren Worten lauschen und auf so totale Weise auf uns angewiesen sein?

○ Ein Kind bedeutet Sicherheit. Falls unsere Rentenanstalten bankrott gehen, wird – so wir in der Kinderzeit lieb zu ihm waren und es richtig anstellten, ein Gewissen in ihm zu züchten – noch immer unser Nachkomme für uns sorgen.

○ Ein Kind ist eine diskrete Möglichkeit, auf unsere Unwiderstehlichkeit hinzuweisen. Jeder kann sehen, daß wir zumindest irgendwann einmal von einem anderen Menschen bis zum Wahnsinn geliebt worden sind. Hätte er sonst ein Kind von uns gewollt?

○ Ein Kind ist die Geisel, mit deren Hilfe wir einen geliebten Menschen auch nach Abklingen seiner Leidenschaft bei uns halten können. Wenn er dann eines Tages uns nicht mehr mag, mag er vielleicht noch das Kleine?

o Ein Kind kann unsere Sehnsucht nach Schönheit befriedigen: Es gibt keine häßlichen Kinder.

o Ein Kind kann unsere Sehnsucht nach Reinheit befriedigen: Alle Kinder sind unschuldig.

o Ein Kind hat Unterhaltungswert: Nichts ist für Eltern amüsanter, als von den Streichen ihrer Nachkommen zu berichten.

o Ein Kind ist die zuverlässigste Art von Arbeitsplatzbeschaffung, weil uns hier niemand kündigen kann. Wer sich ein Kind gebärt, wird im gleichen Augenblick unabkömmlich.

Und selbstverständlich werden wir diesen kleinen Menschen, der uns noch vor seinem Erscheinen dermaßen viele Vorteile garantiert, beim späteren Kennenlernen auch zu *lieben* beginnen. Doch das ist weder ein Kunststück noch eine Leistung, gibt es doch auf der ganzen Erde nichts, was leichter zu lieben wäre als ein Kind. *Unser* Kind – jenes, das uns »gehört«.

Mit anderen Worten: Es gibt heute keinen einzigen wirklich respektablen Grund, Kinder zu gebären, während die Gründe, sich der eigenen Fortpflanzung zu entziehen, allesamt hochrespektabel sind. Auf eine Welt, in der man Kinder mißhandelt und in Kriegen zerfetzt, in der man sie prostituiert und verhungern läßt, wird ein den Gesetzen des sittlichen Handelns verpflichteter Mensch keine weiteren Kinder bringen. Jene, die wir so gern als Egoisten beschimpfen, weil sie ihre Vermehrung willentlich verweigern, dürften die einzigen sein, die wahrhaft kinderlieb sind.

Und natürlich wollen wir auch Kinder, weil Mütterchen Natur sie von uns will. Auf das Vermehren programmiert, möchten wir uns mit dem Nachkommen ein biologisches Bedürfnis erfüllen. Dabei konnte uns nicht entgehen, wie unersättlich diese Dame ist: Wir wollen ein oder höchstens zwei neue Lebewesen von ihr haben, sie möchte mit unserer Hilfe gleich ein paar Dutzend in Umlauf bringen. Und darum baten wir Väterchen Erfinder, hier einen Riegel vorzuschieben, hießen ihn die Pille für davor und für danach erfinden und gleich noch ein paar weitere Methoden, falls diese oder jene versagt. Als er damit fertig war, ließen wir ihn das alles an Ratten, Hunden und Schimpansen ausprobieren und sahen, daß es gut war. Gut für uns. Denn jetzt müssen wir nur noch so viele Kinder kriegen, wie wir wirklich möchten.

Wir von ihm. Für sich selbst hat Väterchen Erfinder bis heute so gut wie nichts erfunden, was ihn vor der eigenen Vermehrung bewahren könnte. Der Abbruch einer bereits begonnenen Schwangerschaft käme für ihn erst recht nicht in Frage. Hier entscheidet das Gefäß über den Inhalt: Es ist zwar sein Kind, aber unser Bauch. Und so hat er denn in Sachen Ehe zu seinem ersten, naturgegebenen Joch, das ihn dazu verurteilt, sich nur mit Frauen paaren zu können, die er auch wirklich begehrt, noch ein zweites, selbstgeschaffenes zu tragen.

Dank seines Erfindungseifers ist es heute er, der beim Liebesakt »geschwängert« wird: Wenn die Schöne in seinen Armen ein Kind von ihm möchte, muß er es auch bekommen.

Kurz: Der Mann hat den Strick geflochten, an dem er nun baumelt. Denn uns, den Frauen, hat er so die Möglichkeit für das perfekte Verbrechen eröffnet.

PASSIVE

VERGEWALTIGUNG

Wenn der Erwählte sich

störrisch zeigt

daß in den wohlhabenden Ländern des Westens mehr als die Hälfte der Eheschließungen über eine Schwangerschaft zustande kommt, ist für den Statistiker leicht festzustellen: Er vergleicht die Heiratsdaten der Eltern mit den Geburtsdaten ihrer Kinder (und rechnet gewissenhaft die Frühgeburten heraus). Schwerer läßt sich ergründen, wie viele dieser Eheschließungen sich *harmonisch* aus dem Vorleben der Partner ergeben (die Ehe war längst beschlossen, man hatte noch auf einen konkreten Anlaß gewartet, und dieser war dann das Kind) und wie vielen der Tatbestand der *Nötigung* zugrunde liegt. Niemand wird ausgerechnet dieses Geheimnis – das ja neben der eigenen Intimsphäre auch die seines Kindes berührt – einer Statistik anvertrauen. Da aber jeder von uns gleich mehrere solcher Bündnisse zwischen Opfer und Henker kennt, darf man davon ausgehen, daß diese einigermaßen häufig sind.

Außerdem geht gerade hier die Rechnung zuweilen

nicht ganz auf. Und darum wird diese den Kandidaten im Erfolgsfall zum Vertragsabschluß motivierende Methode von Frauen wie Antonia Puig auch nur als Ultima ratio angewendet. Bei der Kalkulation männlicher Reaktionen gibt es wie bei jeder anderen Fehlerquoten: Da muß ein bestimmter Mann zwar gegen seinen Willen Vater werden und Kind und Kindesmutter seinem Einkommen entsprechend versorgen, doch das, was man sich eigentlich von ihm erhoffte, den Gang zum Standesamt, hat er sowohl während der Schwangerschaft als auch nach der Geburt seines Kindes ungerührt verweigert. Vielleicht wollen Männer alle das gleiche, aber gleich sind sie nicht.

Daß der Störrische auch dafür einen Preis zahlen wird, ist unter den gegebenen Umständen ein spärlicher Trost. Und auch die Tatsache, daß dieser Preis die Serie männlicher Eigentore in Sachen Heirat auf die absurdeste Weise abrundet, kann man kaum belächeln. Als Gesetzesmacher haben die Männer es sich nämlich selbst untersagt, mit einem Kind zu verkehren, dessen Mutter sie nicht geheiratet haben: Wenn die uneheliche Mutter es nicht will, hat der uneheliche Vater in den meisten westlichen Ländern auch heute noch kein Umgangsrecht mit seinem Kind. Selbst wenn die Mutter des Kindes stirbt, kann er das Sorgerecht nicht erstreiten. Es kommt dann vielleicht zu Menschen, die er verabscheut oder nicht einmal kennt – er muß weiterhin für das Materielle sorgen, aber ein Recht, es zu sehen, hat er auch jetzt noch nicht. Auch diese Verfügung stammt aus der Blütezeit des sogenannten Patriarchats, und man darf wohl sagen, daß die Justiz das Verbrechen noch nie so effizient gefördert hat.

Und dieses Verbrechen ist, wie gesagt, perfekt. Perfekt, weil es in keinem Gesetzbuch steht, und perfekt, weil man es auch dann nicht verfolgen könnte, wenn es offiziell als Straftat gälte: Es handelt sich um die vorsätzliche, ohne seine Zustimmung und aus niederen Beweggründen erfolgte »Schwängerung« eines Mannes. Da in einem solchen Fall dem Opfer, wenn auch indirekt, sexuelle Gewalt angetan wurde, sollte man die Tat konsequenterweise als sexuelle Vergewaltigung des Mannes bezeichnen. Sie ist ein ebenso brutales und verabscheuungswürdiges Verbrechen wie die Vergewaltigung der Frau, und wahrscheinlich ist sie häufiger.

Um die sexuelle Vergewaltigung der Frau von der des Mannes zu unterscheiden, sollte man von aktiver und passiver Vergewaltigung sprechen. Denn die beiden Vergehen sind vor allem im Tathergang voneinander verschieden und ließen sich aus juristischer Sicht vielleicht so definieren:

o *Aktive Vergewaltigung* ist der erzwungene Sexualverkehr mit einer Person des weiblichen (seltener auch des eigenen) Geschlechts, der zum Ziel hat, den eigenen Sexualtrieb zu befriedigen. Die auf das Opfer ausgeübte Gewalt fällt hier mit dem Zeitpunkt der Tat zusammen (wenn man einmal von den Fällen absieht, in denen eine Vergewaltigung zur Schwangerschaft führt).

o *Passive Vergewaltigung* ist der nicht erzwungene Sexualverkehr mit einer Person des männlichen Geschlechts, der zum Ziel hat, materielle oder immaterielle Vorteile zu erlangen. Ein materieller Vorteil wäre zum Beispiel Versorgung, ein immaterieller die durch die Existenz eines Kindes erzwungene Lebensgemeinschaft mit der Täterin. Die auf ihn ausgeübte Gewalt empfindet der Vergewaltigte erst, wenn die Tat längst vorüber ist.

Wenn man die beiden kriminellen Handlungen von ihren Konsequenzen her vergleicht, fallen folgende Unterschiede auf:

o Während das Opfer einer männlichen Vergewaltigung in keinem fortschrittlichen Land gezwungen wird, die Frucht des Verbrechens auszutragen, kann dem Opfer einer weiblichen Vergewaltigung nicht gleiches gestattet werden: Der Mann muß das Kind bekommen, das hier die Folge der vorsätzlich an ihm verübten Gewalttat ist.

o Während man den männlichen Vergewaltiger für Jahre hinter Gitter bringt und seine Reputation – zu Recht – für immer ruiniert, könnte man für den weiblichen Vergewaltiger solches nicht einmal in Betracht ziehen: Wer sollte die Kinder aufziehen?

o Während man vom Opfer einer männlichen Vergewaltigung niemals verlangen wird, mit dem Täter später gesellschaftlich zu verkehren, ist ein an seinem Kind interessierter Mann dazu angehalten, mit der Täterin ein Leben lang freundschaftlichen Kontakt zu pflegen, weil er anderenfalls sein Kind ja nicht einmal zu sehen bekäme.

o Während das Opfer einer männlichen Vergewaltigung niemals gezwungen wird, später für den Unterhalt des Täters aufzukommen – nach Möglichkeit wird es für die Tat entschädigt –, muß das Opfer einer weiblichen Vergewaltigung gerade dieses tun. Es ist dem vergewaltigten Mann sogar anzuraten, die Täterin zu ehelichen, weil er nur so das Recht erhält, mit der Frucht dieses Verbrechens, die immerhin sein Sohn oder seine Tochter sein wird, als Vater zu verkehren.

o Während die Opfer der Vergewaltigung durch den Mann in der Regel jung sind und der Unterschicht entstammen – hier hat man die wenigsten Mittel, sich zu schützen –, trifft die Vergewaltigung durch die Frau Männer jeder Altersgruppe, wobei hier die Opfer jedoch vorzugsweise den mittleren und gehobenen Kreisen angehören. Zeugungsfähige Männer mit besonders hohem Einkommen oder Sozialprestige werden auch im fortgeschrittenen Alter noch zu Opfern. Statistisch gesehen sind also wohlhabende Frauen und arme Männer am wenigsten gefährdet.

Na und, dann zahlt er eben, lautet hier ein gängiger Kommentar: Er hat ja auch sein Vergnügen gehabt, oder? Dem ist entgegenzuhalten, daß es zwar unwahrscheinlich, aber immerhin möglich ist, daß auch die Täterin am Tathergang ihre Freude hatte. Und daß heute kein ethisch denkender Mensch und keine Feministin einer Frau zumuten würde, ein Kind auszutragen, für das sie sich nicht aus freien Stücken entschieden hat. Dies allein schon im Interesse des ungeborenen Kindes, für dessen Glück dies die denkbar schlechteste Voraussetzung wäre.

Außerdem ist ja gerade für sensible Männer hier nicht das Finanzielle ausschlaggebend. Die Folge des niemals gesühnten Verbrechens an seiner Person ist das Leben eines neuen Menschen – eines Menschen, der sein Kind ist und dies für immer bleiben wird –, doch dieser Akt der Schöpfung geschah ganz ohne seine Einwilligung!

Vielleicht wollte dieser Mann aus prinzipiellen Erwägungen keine Kinder – die ja, wie wir sahen, alle hochrespektabel sind. Vielleicht wollte er schon Kinder, aber nicht zu diesem Zeitpunkt: Er hat noch nichts erlebt, fühlt sich zu jung, um soviel Verantwortung zu tragen. Vielleicht sehnt er sich sogar nach Kindern, aber nicht von der Täterin. »Die Mutter seiner Kinder«, jahrelang hat er sie sich vorgestellt – und jetzt ist es die!

Ist ein schrecklicheres Gefühl der Ohnmacht vorstellbar als das eines auf so brutale Weise um seine Träume gebrachten Menschen? Ist eine gemeinere Demütigung denkbar als diese unter dem Mantel der Zärtlichkeit vollbrachte Infamie? Gibt es einen Alptraum, der, wie dieser, ein ganzes Leben lang dauert?

Zum Glück – zu *ihrem* Glück – sehen die meisten Opfer die Sache nicht ganz so dramatisch. Erstens ist das Verbrechen nicht eindeutig nachzuweisen – und daß diese

Frau nicht abtreiben möchte, macht sie das nicht eher verehrungswürdig? Außerdem ist die ritterliche Haltung der Vor-Pillen-Ära auch heute noch gefühlsmäßig tief verwurzelt: Noch immer meint der Mann, daß er es ist, der die Frau »in andere Umstände« bringt, und ein schwangeres Mädchen kann man nicht sitzenlassen, das wäre doch schändlich. Irgendwann wäre ihm das mit dem Heiraten so und so passiert – warum also nicht diese Frau, und dann lieber gleich! Denn sonst kommen die Leute noch auf die Idee, daß ein Kerl wie er sich zu einem solchen Schritt zwingen läßt. Zudem hat er ja nun wirklich gerne mit ihr geschlafen.

So ist es jedenfalls bei Antonia Puig und Richard Kelly II. Auch hier liegt der Tatbestand einer kriminellen Handlung vor, wenn auch eine der milderen Form. Nicht weil die Täterin in ihrem Vorgehen weniger brutal gewesen wäre – sie wollte reich werden, vergaß die Pille und wurde reich –, sondern weil ihr Opfer die Brutalität nicht empfindet. Denn Richard Kelly II ist ja tatsächlich in sie vernarrt – die Chancen, daß er ihr irgendwann einen Antrag gemacht hätte, standen zum Zeitpunkt ihres Megacoups vielleicht fünfzig zu fünfzig. Warum sich dann nicht jetzt entscheiden – für diese bildschöne Puertorikanerin, die *sein* Kind in sich trägt? Hat sein Vater nicht erst kürzlich gesagt, daß es Zeit werde, an einen Erben zu denken?

Ein bißchen wird unsere Antonia dann aber schon noch bestraft. Denn während ihr Richard tapfer zu seiner Entscheidung steht, wird ihr Trick natürlich von einer anderen Frau, seiner Mutter, durchschaut. Dieses

Mädchen sei doch nur hinter seinem Vermögen her – man werde sie selbstverständlich abfinden, doch ein Heiratsgrund sei diese Schwangerschaft nicht. Erst im zweiten Monat? Durchaus möglich, daß sie sich doch noch für eine Abtreibung entscheide, wenn er hart bleibe. Warten wir also ab. Da die hellsichtige Mrs. Kelly auch ihren Gatten von ihrer Strategie überzeugen kann, wird das Familienklima für einige Zeit mehr als frostig. Sogar mit Enterbung droht man dem ungeschickten Sohn: Für den Balg eines puertorikanischen Hürchens hat Richard Kelly I kein Imperium aufgebaut.

Antonia nimmt auch diese letzte Hürde mit Geschick. Sie könne das Mißtrauen seiner Eltern ja begreifen, sagt sie zu Richard, doch ihr gehe es weder um einen Trauschein noch um Geld – Hauptsache, sie dürften bei ihm leben, sie und das Kind. Und so streckten die Eltern nach zwei kampferfüllten Monaten schließlich die Waffen. Und sind natürlich entzückt, als sie Antonia kennenlernen. Sobald sie allein sind, schlägt der Vater dem Sohn anerkennend auf die Schulter: Ein solches Prachtstück von einer Frau sei noch ganz andere Sünden wert.

In aller Eile – Antonia ist mittlerweile Anfang des fünften Monats – wird jene Hochzeitszeremonie vorbereitet, die wir miterlebt haben. Richards Mutter begleitet die künftige Schwiegertochter persönlich zum Salon von Caroline Herrera und hilft ihr bei der Auswahl jenes Kleides, das dann ihren Zustand so geschickt kaschiert. Als ein paar Monate später Richard Kelly III geboren wird, herrscht in der Familie eitel Freude.

DAS JAWORT

Der Wechselkurs des Teufels

Weil die Ehe für den Mann das größere materielle Opfer bedeutet, sagten wir, ist es auch heute noch üblich, daß *er* den Heiratsantrag macht. Die Frau schmückt sich und wartet und sagt dann ja oder nein. Und dieses Ja sagt sie eben lieber zu einem Bewerber, der sie sich leisten kann.

Diese These läßt sich mit einem zweiten Argument untermauern: Wie gesagt, ist auch heute bei der überwältigenden Mehrheit der Eheschließungen der Bräutigam um etliche Jahre älter als die Braut, und an diesen Zahlen ist abzulesen, daß das Jawort der Dame in Weiß auch heute noch einen doppelten Boden hat – anstatt nach erotischen Maßstäben wird auch im Zeitalter weiblicher Berufstätigkeit unter praktischen Gesichtspunkten entschieden.

Damit soll nicht behauptet werden, daß es zwischen einem Mann und einer um etliche Jahre oder gar Jahrzehnte jüngeren Frau keine echte Leidenschaft geben kann. Wie wir wissen, ist gerade auf sexuellem Gebiet jede nur vorstellbare Abweichung möglich: Wie es Männer gibt, die es nach ihren Töchtern oder Müttern gelüstet, gibt es Frauen, die ganz ehrlich mit ihren Söhnen oder Vätern ins Bett gehen möchten. Doch wenn dann in so gut wie allen Ehen der Mann mit einer Tochter und die Frau mit einem Vater das Lager teilt, liegt der Verdacht nahe, daß bei dem Auswahlverfahren etwas nicht stimmt. Wenn Männer und Frauen das gleiche Maß an sexuellem Verlangen empfinden – und darüber ist man sich wohl einig –, die Frauen sich aber trotzdem immer mit einem älteren Partner zufriedengeben, heißt das, daß eine der beiden Parteien bei der Entscheidung zur Ehe seine Lust an die zweite Stelle rückt.

Natürlich ist diese weibliche Strategie – wir wiederholen es – ehedem reine Notwehr gewesen. Bis zum Anfang dieses Jahrhunderts blieb uns Frauen nichts anderes übrig, als uns »aushalten« zu lassen, und dazu war meist nur der um etliche Jahre ältere Mann in der Lage. Daß wir uns auch heute noch ältere Partner nehmen, ist jedoch entlarvend. Vom Erotischen her wäre es selbstverständlich, daß nun auch wir uns um jüngere Partner bemühten. Und auch wenn deren Zahl nicht unendlich ist: Zumindest bei der Hälfte der Eheschließungen müßte nun von Rechts wegen der Bräutigam der Jüngere sein, und im statistischen Durchschnitt wären die Hochzeiter gleich alt. Das sind sie aber nicht.

Nun wird gerade mit statistischen Argumenten gerne begründet, daß wir armen Frauen uns ja leider meist mit älteren Partnern begnügen müßten, weil wir überall auf der Welt hoffnungslos in der Überzahl seien. Das ist jedoch ein Trugschluß: Der enorme Frauenüberschuß tritt nur bei den älteren Generationen auf und könnte daher frühestens bei der Heiratsentscheidung der Vierzig- bis Fünfzigjährigen eine wichtige Rolle spielen. Zur Zeit der Erstheirat sind die jungen Männer in der Überzahl: Da stets mehr Knaben als Mädchen geboren werden, steht jeder Frau im heiratsfähigen Alter mindestens ein Bewerber ihres eigenen Jahrgangs gegenüber. Und dennoch ist auch bei der Erstheirat der Bräutigam im Schnitt schon drei Jahre älter als die Braut. Obwohl es für diese keinen einzigen Grund mehr gibt, sich einen älteren Ehemann zu nehmen – es gibt überhaupt keinen Grund für einen Ehemann –, tut sie es nach wie vor.

Von außen betrachtet ist das alles gespenstisch. Wie die Generation ihrer Mütter und Großmütter nützt auch die neue Generation von Frauen ihre ganze Macht, um mit vollen Segeln auf die ewig gleiche Sandbank zu steuern. Wie ihre Mütter und Großmütter behaupten junge Mädchen ungerührt, daß ein Mann ja nicht schön sein müsse und daß sie ältere Männer ohnehin attraktiver fänden. Das heißt, sie helfen beim Errichten des weiblichen Kerkers und sperren sich gleich selbst mit ein.

Denn leider ist diese Wahl nach dem weiblichen Lustprinzip nicht nur eine Milchmädchenrechnung, sondern ein wahrhaftiger Satanspakt. Das auf dieser Grundlage ausgehandelte Ja mag den »neuen« Frauen kurzfristig Vorteile bringen – ihre Versorgung ist nun meist gesichert –, doch auf lange Sicht bedeutet es nichts anderes als eine kollektive weibliche Katastrophe.

Denn die Spätfolgen dieses Jaworts treffen das ganze Geschlecht und haben folgende Konsequenzen:

o Zwang zu ewiger Jugendlichkeit,
o Einsamkeit im Alter,
o sexuelle Frustration,
o unglückliche Ehen.

WILLST DU DIESE FRAU?

Das ewig schöne Geschlecht

es gebe für einen Mann nur einen Grund, freiwillig zum Altar zu schreiten, sagten wir: wenn er verliebt ist und fürchtet, daß die Geliebte sich anderenfalls aus dem Staub macht. Ganz freiwillig erfolgt das Gelübde also auch in diesem Fall nicht – man könnte es eher als Angsthandlung bezeichnen –, doch wir wollen hier nicht so genau hinsehen. Schon um diesen Entschluß aus Furcht und Begehren von der mehr oder weniger erpreßten Ehe zu unterscheiden, die er nach seiner »Schwängerung« aus schlechtem Gewissen und Verantwortungsbewußtsein einzugehen pflegt.

Könnte es außer Liebe und Pflichterfüllung weitere Heiratsgründe für ihn geben? Daß er eigene Kinder haben möchte, sagen die einen. Doch bei etwas Klarsicht weiß er, daß man einem Mann seine Kinder ohnehin immer nur leihweise überläßt: Falls die Ehe scheitert, ist es die Mutter, die sie behalten wird. Wirklich eigene Kinder, die zumindest während der ersten eineinhalb Jahrzehnte auch garantiert unter dem gleichen Dach hausen, hat nur eine Frau.

Weil auch ein Mann versorgt sein möchte, sagen die anderen. Versorgt womit? In seiner Muttersprache ist ein von seiner Partnerin mit materiellen Gütern versorgter Mann ein ausgehaltener Mann, und das möchte er natürlich auf keinen Fall werden. Was die berühmte Versorgung mit Essen und frischer Wäsche betrifft, so hat sich auch bei den Männern herumgesprochen, daß es Waschmaschinen, Trockner und Geschirrspülautomaten gibt. Und Tiefkühlkost, aber kochen tun sie meist ohnehin gern.

Wegen des Namens, Titels, Prestiges oder gar Ruhmes der Dame, die ihm die Hand zum Bund fürs Leben reichen möchte? Doch der Name eines Mannes ändert sich bei der Hochzeit ja nur in den allerseltensten Fällen, und auch das Adelsprädikat der Gattin wird ihn nachher nicht zieren. Während seine Angebetete mitunter schon vor dem ersten Rendezvous ausprobiert, wie gut ihr Vorname zum Nachnamen des Kandidaten paßt, wäre jenem nichts unangenehmer, als wenn man ihn dann eines Tages mit dem ihren ansprechen würde, egal wieviel besser er klingt. Und das Prestige eines Mannes wird ohnehin immer an seiner eigenen Leistung und niemals an der seiner Frau gemessen. Von weiblicher Prominenz hält er schon gleich gar nichts. Während Frauen sich im Ruhm ihrer Partner sonnen und so selbst der häßlichste V.I.P. noch attraktive Verehrerinnen findet, wird einen Mann der Ruhm seiner Frau eher stören, weil er ihn an sein eigenes »Versagen« erinnert. Ein Mann muß schon sehr selbstsicher oder selbst sehr prominent sein, um das Leben neben einer prominenten Frau zu ertragen: Lieber als mit einer schönen Berühmten schmückt er sich mit einer hübschen Unbekannten.

Auch Torschlußpanik ist für den Mann kein Heiratsgrund. Da Ehe für ihn die Notwendigkeit zu vermehrtem Geldverdienen und somit lebenslanges Gehetze bedeutet, werden Junggesellen von den anderen Männern beneidet, und von den Frauen werden sie ja sowieso hofiert! Wenn es eine entsprechende Bezeichnung für über die konventionelle Grenze hinaus ledige Männer gäbe: Es wäre für sie schicker, eine »alte Jungfer« zu werden (wenn wir hier den Homosexualitätsverdacht einmal außer acht lassen).

Gesellschaftlich diskriminiert wird ein ohne Trauschein mit einer Dame lebender Herr schon gar nicht. Denn »die Gesellschaft« sind ja die Frauen, und sie diskriminieren nur Frauen, die ohne Trauschein leben. Falls diese sich dabei allzu wohl fühlen sollten, käme womöglich die ganze Heiraterei aus der Mode: Was würde dann aus ihnen, den Ehefrauen?

Beide Geschlechter wünschen sich also die Ehe, selbst wenn das eine intensiver dahinter her ist als das andere. Doch wenn der Mann seine Partnerin aufgrund ihrer Eignung zum *Lustobjekt* wählt und die Frau ihren Partner wegen seiner Eignung zum »*Beschützer*«, hat dies logischerweise zur Folge, daß die Geschlechter ihren eigenen Wert an unterschiedlichen Kriterien messen.

Der Maßstab des Mannes ist die Karriere, die er macht – denn je höher er aufsteigt, desto sicherer wird ihm die Leidenschaft begehrenswerter Damen zuteil. Die Frau mißt ihren Wert an ihrer Jugend und Schönheit – denn je begehrenswerter sie dem anderen Geschlecht erscheint, desto größer wird ihre Auswahl und desto rascher erscheint der Märchenprinz, der sie auf seinen Armen in ein besseres Leben trägt. An dieser brutalen Mathematik hat sich trotz aller Beschwörungen bis heute nichts geändert: Auch heute noch kann eine schöne Frau so dumm sein wie ein Schimpanse und wird trotzdem die Aufmerksamkeit kluger Männer finden. Eine unansehnliche Frau kann so gescheit sein wie Albert Einstein – wenn sie will, daß ein Mann ihr zuhört, muß sie einen öffentlichen Vortrag halten.

Sie hat ihm die besten Jahre ihres Lebens geopfert, heißt es daher auch heute noch in den Unterhaltsklagen der Scheidungsanwälte. *Ich habe ihm meine Jugend geschenkt*, echot die schluchzende Klientin beim Gerichtstermin. Und diese Verzweiflung ist ehrlich: Sie ist bereits vierzig, ihr Kapital hat in diesen fünfzehn Jahren der Ehe eine gravierende Wertminderung erfahren. Denn der Wert einer Frau bemißt sich an einem faltenfreien Gesicht, an prallen Brüsten und festen Schenkeln. So sieht es ihr Anwalt, so sieht es der Richter, so sieht sie es selbst.

Und darum gilt es als ungalant, eine Dame nach ihrem Alter zu fragen. Darum verschweigen wir Frauen, wann immer möglich, unser Geburtsjahr. Darum leugnen und fälschen wir es. Denn ein Mensch, der sich als

Frischfleisch begreift und das bleiben möchte, wird irgendwann an seinem Verfallsdatum manipulieren. So kommt dann keiner dahinter, daß man eigentlich schon längst nichts mehr wert ist.

Und darum werfen Frauenzeitschriften Woche um Woche in abermillionen Exemplaren ihre Rezepte zur weiblichen Wertsteigerung auf den geschlechtsspezifischen Käufermarkt: Wie kriege ich meine Falten weg, wie erturne ich mir einen strammen Hintern, wie simuliere ich eine Wespentaille, wie kaschiere ich die ersten grauen Haare, was tun gegen Orangenhaut? Mein Mann hat eine Geliebte, die zehn Jahre jünger ist: Wieviel kostet eine Gesichtsstraffung?

Na und, was ist dagegen einzuwenden? Was ist daran verwerflich, daß Frauen für Männer schön sein möchten – schön für die Liebe? Eigentlich nichts, bis auf dies: daß die Herren sich diese Mühe ganz offensichtlich nicht machen. Natürlich gibt es unterdessen auch schon Männer, die sich liften lassen, doch sie tun es niemals, um der Dame ihres Herzens zu gefallen, sondern für den Job. Schön sein um der Liebe willen möchten normalerweise nur die Schwulen.

Und in den Diskussionsecken und Kummerspalten der auf weibliche Belange spezialisierten Gazetten kommt dann das eigentliche Elend zu Wort: Wie grausam die Gesellschaft doch zu uns Frauen ist. Wie für die beiden Geschlechter auch heute noch zweierlei Maß angelegt wird. Wieso ein Herr mit grauen Schläfen als begehrenswert und seine gleichaltrige Gemahlin als besserer Ausschuß gilt. »Nach der Kindheit wird das Geburtsjahr einer Frau ihr Geheimnis, ihr Privatbesitz«, schreibt Susan Sontag in ihrem berühmten Essay über die Doppelmoral beim Altern der Geschlechter. »Es ist so etwas wie ein schmutziges Geheimnis. Eine wahrheitsgemäße Antwort ist immer indiskret.«

Ja, aber warum ist das so? Wer macht die Maßstäbe, an denen hier so konstant gelitten wird? Wer verzichtet bei der Auswahl des Heiratskandidaten auf Jugend und behauptet, daß ein Mann nicht schön sein muß? Wer schwört diesen reifen Herren, sie brächten einen um den Verstand, wenn sie einen nicht einmal mehr zum Orgasmus bringen? Wer teilt das Bett des ältlichen Ministers und läßt ihn glauben, daß Macht *tatsächlich* erotisierend wirkt? Wer lächelt neben dem ergrauten Filmstargatten in die Kamera und erklärt dem Reporter, daß dieser geriatrische Hippie in jeder Beziehung die Erfüllung sei? Das sind doch wir, die Frauen – und nicht selten die attraktivsten unter uns. Und anstatt diese Verkäuferinnen ihrer fleischlichen Ware auszugrenzen und als das zu bezeichnen, was sie sind, beschimpfen wir die Herren, die deren geheuchelte Leidenschaften mit dem Heiratsbonus vergüten.

Und natürlich hat auch unsere Mrs. Richard Kelly II keine Kritik zu befürchten, jedenfalls nicht öffentlich. Obwohl Antonias Foto nun schon dank ihres Aussehens häufig in den New Yorker Klatschspalten ist, scheint der hier stattgefundene Ausverkauf weiblicher Selbstachtung den sonst so hellhörigen Feministinnen dieser Stadt zu entgehen. Von den übrigen Frauen wird sie so ausgiebig bewundert, wie ihr Mann von den Männern um sie beneidet wird. Schön müßte man sein, seufzen erstere. Geld müßte man haben, meditieren die zweiten.

Schönheit für Geld, Geld für Schönheit – der Handel von damals und heute. Doch jetzt wird an dieser grausamen Börse der Wechselkurs von Damen bestimmt, die das Geld der Herren eigentlich längst nicht mehr bräuchten.

WILLST DU

DIESEN MANN?

Wer die Witwen macht

doch es kommt schlimmer. Denn kaum, daß für die Frauen die Verpflichtung zum ewigen Jungsein vorüber ist, beginnt das Martyrium ewiger Einsamkeit. Aus der Dame in Weiß ist eine in Schwarz geworden – die strahlende Braut von damals ist nun eine Witwe. Und damit stehen ihre Aussichten auf männliche Gesellschaft praktisch bei null, weil ja auch die Männer der anderen Frauen ihres Jahrgangs meist schon unter der Erde liegen. Von den wenigen verwitweten Männern in ihrer Umgebung wünschen sich die Gutsituierten dann bald eine Jüngere, und nach bewährtem Muster bekommen sie diese auch. Die Ärmeren sehen in einer weiteren Ehe wenig Sinn: Seinerzeit ging es ihnen um die Erfüllung sexueller Träume, und die haben sie nun nicht mehr. Vielleicht würde man bei einem jungen Ding noch einmal schwach, doch für diese alten Schachteln kann man sich beim besten Willen nicht begeistern.

Doppelter Grund also, die trauernde Hinterbliebene mit unserer Aufklärung zu verschonen. Ihr nicht vorzuhalten, daß es in unserer Gesellschaft die umworbenen jungen Frauen sind, die die abgeschobenen alten Frauen quasi am Fließband produzieren, und daß seinerzeit auch sie zu den Umständen beitrug, unter denen sie jetzt zu leiden hat. Denn auch die »Witwenmacher« sind bei uns nicht die Männer: Durch unsere Prioritäten bei der Partnerwahl machen wir Frauen uns selbst zu den einsamen Alten, die wir dann später sind. Doch was könnte *diese* Frau jetzt noch ändern? Falls sie überhaupt begriffe, was wir hier meinen – würde sie wirklich versuchen, ihrer neunzehnjährigen Enkelin die Ehe mit diesem vielversprechenden und darum eben auch acht Jahre älteren Doktoranden auszureden?

Und darum bedauern wir angesichts dieser schwarzgekleideten Dame nicht den Herrn, der so frühzeitig unter die Erde mußte, sondern sie, die ihn so wohlversorgt überlebt. Ein guter Mann, ja, das ist er gewesen. Vielleicht manchmal ein bißchen schwierig, aber welcher Mann ist das nicht? Und für seine Familie hat er immer gesorgt, das muß man ihm lassen. Denn mit der Altersversorgung ist doch sicher alles geregelt? Eine schwere Zeit ist das für sie gewesen, das kann man sich denken – denn zuletzt war sie ja nur noch seine Krankenschwester! Ja, dieser Mann hat mit ihr wirklich Glück gehabt. Eigentlich haben sie alle Glück, die Männer. Bis zuletzt werden sie von uns Frauen gehegt und gepflegt. Das stelle man sich einmal umgekehrt vor: Wer von denen würde sich so aufopfernd um unsereins kümmern? Die holen eine junge Pflegerin ins Haus und kneifen sie in den Hintern!

Normal wäre, wie gesagt, daß bei verheirateten Paaren im einen Fall der männliche und im anderen der weibliche Partner der Ältere wäre. Doch normal ist, daß so gut wie überall der Ehemann älter ist. Drei Jahre beträgt der Altersunterschied im Durchschnitt bei der ersten Ehe. Hinzu kommt, daß in den westlichen Ländern die Männer eine um sieben Jahre niedrigere Lebenserwartung haben. Das bedeutet für die hübsche Braut, die in diesem Augenblick ihr Jawort haucht, daß sie nach der statistischen Wahrscheinlichkeit dann später zehn Jahre allein verbringt.

Wir haben schon darüber spekuliert, wie die verheerend geringe Lebenserwartung ihres Partners zu erklären ist, doch hier sind sich bisher auch die Wissenschaftler nicht einig. Die einen führen eine genetische Schwäche des starken Geschlechts ins Feld – eine These, an der vor allem Feministinnen ihre Freude haben, macht sie doch unser Geschlecht nicht nur zum physisch überlegenen, sondern spricht es zugleich von jeder Verantwortung für den frühen Exitus der Gegenseite frei. Die anderen machen vor allem den männlichen Berufsstreß und Erwerbszwang dafür verantwortlich. Dies ist die wahrscheinlichere Hypothese, wird sie doch von der Beobachtung gestützt, daß die Lebenserwartung von Karrierefrauen auf ähnlich drastische Weise sinkt. Selbst wenn diese ihre Familien selten allein versorgen, arbeiten und konkurrieren sie doch wie Männer. Daß Mönche unter allen Männern die höchste Lebenserwartung haben, sei in diesem Zusammenhang ebenfalls erwähnt.

Aber was auch immer der Grund sein mag, das Faktum des statistisch früheren Todes der Männer ist unbestreitbar. Und müßte die logische Konsequenz nicht lauten, daß Frauen, wenn sie schon heiraten, sich wenigstens einen jüngeren Partner nehmen? Wenn Menschen eine Ehe unter anderem auch darum eingehen, damit sie am Ende ihres Lebens nicht allein sind, wäre es wohl das Vernünftigste, wenn der weibliche Teil der ältere wäre. So wie heute das Gros der Männer würden in dem Fall eben die Frauen warten, bis sie um die Dreißig sind, und dann einen entsprechend jüngeren Mann für sich wählen. Empfehlenswert wäre eine Altersdifferenz, die die niedrigere Lebenserwartung ihres Partners ausgleicht, das heißt ein im Schnitt um sieben Jahre jüngerer Ehemann.

Und dieses frühe Alleinsein beim Warten auf den Richtigen wäre für die Frauen weitaus vergnüglicher als das späte Alleinsein beim Warten auf den Tod. Eine Frau unter Dreißig ist selten einsam, weil sich schon aus demographischen Gründen nie wieder so viele Männer für sie interessieren werden wie jetzt. Und dann, als Frau über Siebzig, wenn sie keine Verehrer mehr hat, könnte sie wenigstens die Gesellschaft ihres Angetrauten genießen.

Daß sie während dieser Wartezeit automatisch auch ihre berufliche Position ausbaut, würde die jetzigen Verhältnisse noch gründlicher revolutionieren. Denn zur

Zeit der Entbindung von ihrem ersten und heute meist einzigem Kind hätte in der Regel die Frau das höhere Einkommen. Dies hätte zur Folge, daß zumindest hie und da der Kindsvater für das Baby pausieren würde – sein Verdienstausfall käme die Familie ja weniger teuer zu stehen. Und dieser entspanntere Rhythmus wirkt sich dann wiederum günstig auf dessen Lebenserwartung aus. Denn wenn Männer wirklich das genetisch schwächere Geschlecht sind, wäre es ja klüger, wenn wir Frauen sie vor allzugroßer Anstrengung schützten.

Mit dieser doppelten Strategie – Wahl eines jüngeren Partners, dem man dann zugleich einen gemächlicheren Lebensrhythmus ermöglichen könnte – wäre die einsame alte Witwe irgendwann einmal passé. Es würde ja dann eine ähnlich große Zahl von einsamen alten Witwern geben.

Zehn Jahre Einsamkeit haben wir den Frauen prophezeit, die sich in puncto Altersdifferenz bei ihrer ersten Ehe an den Durchschnitt halten. Wie wird sich das Alter der Frau in dem Fall gestalten, wo diese einem gleich sechzehn Jahre älteren Mann das Jawort gibt – einer Frau wie Antonia Puig, der die reiche alte Taube in der Hand lieber ist als der arme junge Spatz auf dem Dach? Da für ihren Richard das Gesetz der geringeren Lebenserwartung trotz seines Reichtums gültig bleibt, muß sie ja damit rechnen, daß sie die letzten dreiundzwanzig Jahre ihres Lebens allein sein wird. Und wenn man hier Schönheit nach dem engen, meist ausschließlich sexuellen Maßstab des Durchschnittsmannes definiert, ist sie dann nicht mehr schön, sondern nur noch reich – eine reiche Witwe. Falls sie wirklich vorhaben sollte, bis zum Ende bei diesem Richard Kelly II auszuharren, ist ein größeres Minus als ihr heutiges Plus kaum denkbar.

Doch das kümmert unsere schöne Antonia jetzt noch nicht. Und selbst wenn sie ihrem Richard in dieser kleinen Kirche in den Hamptons ewige Treue geschworen hat, ist sie ihm dann ja nicht treu geblieben.

EHELICHE TREUE

Die zweite Jungfräulichkeit

der Frau

ein älterer Mann geht die Straße entlang, als ihn ein Frosch anspricht. »Wenn du mich aufhebst und küßt, werde ich mich in eine wunderschöne Frau verwandeln«, sagt der Frosch. Der Mann hebt den Frosch auf und steckt ihn in seine Tasche. Der Frosch protestiert: »Wirst du mich denn nicht küssen? Ich werde dann zu einem phantastischen Weib, und du kannst mich haben, sooft du willst!« »Ich habe lieber einen sprechenden Frosch in meiner Tasche«, antwortet der Mann.

Der Witz steht in Gail Sheehys aufsehenerregender Studie über die Wechseljahre des Mannes – ein Phänomen, das so alt ist wie ihr weibliches Pendant, über das jedoch erst seit Erscheinen ihres Buches* öffentlich debattiert wird. Denn während es bei den Wechseljahren der Frau kaum einen Aspekt gibt, der von einer

* Gail Sheehy: Is There a Male Menopause? New York: Vanity Fair 1993

116

hauptsächlich männlichen Medizin nicht untersucht und durchleuchtet worden ist, hat es über die des Mannes und ihre weit verheerendere Folge, die sexuelle Impotenz, seit dem 1948 erschienenen Kinsey-Report selbst in den so wissenschaftsfreudigen USA nur eine einzige größere Untersuchung gegeben, deren Ergebnisse jedoch bis heute nicht publiziert sind. Als dort im Dezember 1992 die National Institutes of Health ihre allererste Konferenz zu diesem Thema abhielten, konnten sich die Teilnehmer nicht einmal auf eine Definition von Impotenz einigen. Denn dieses Thema ist wohl eines der letzten Tabus in unserer ansonsten so aufklärungsbeflissenen Zeit: Das Nachdenken über ihre schwindende Liebeskraft ist offenbar sogar für die Mediziner unter den Männern ein Problem.

Die uns zur Verfügung stehenden Daten sind daher entsprechend widersprüchlich und vage. Vielleicht könnten Sexualforscherinnen ein wenig Licht in diese verdunkelte Zone bringen, doch weibliche Fachleute scheinen sich für männliche Sexualität so gut wie gar nicht zu interessieren. Auch mit der ihres eigenen Geschlechts, das bei dieser Sache das paritätisch mitleidende ist, befassen sie sich nur ausnahmsweise: Obwohl unter den Medizinstudenten sich inzwischen die beiden Geschlechter fast überall die Waage halten, bleibt die Anzahl weiblicher Gynäkologen nach wie vor gering. Von diesen wenigen kann man jedoch erfahren, daß sich bei ihren Patientinnen die Klage über sexuelle Entbehrungen alarmierend häufen. Gerade bei beruflich aktiven, erfolgreichen Männern scheine die Impotenz immer früher aufzutreten, und entsprechend trist sei eben das Leben der Frauen, die diese letzte Phase mit ihnen teilen.

Schon in den mittleren Jahren werde die männliche Liebeslust geringer, sagt auch Sheehy – die männlichen Wechseljahre beginnen zuweilen schon im Jahrzehnt, das dem vierzigsten Geburtstag folgt. Physisch machen sie sich durch ein Nachlassen der Muskelkraft bemerkbar, die verbreiteten psychischen Symptome sind Lethargie, Depression, gesteigerte Irritierbarkeit, Launenhaftigkeit und ein allgemein verringertes Wohlbefinden. Während ihres sechsten Lebensjahrzehnts haben dann viele Männer schon ernsthafte Erektionsprobleme, und bei einem Drittel von ihnen ist ein Mangel des Hormons Testosteron festzustellen. Dieses entscheidet darüber, ob ein Mann potent ist oder nicht und ob er überhaupt Lust auf Liebe hat.

Durch eine andere – jüngere – Sexualpartnerin kann dieser Abstieg vorübergehend gestoppt werden. Doch die Spätwirkung eines solchen Partnerwechsels ist um so verheerender – sobald der Reiz des Neuen vorbei ist, kehrt auch die Verzweiflung zurück, weil sich dann auch hier das Versagen rasch bemerkbar macht. Ein Versagen, das seine junge Partnerin weder jetzt noch später an sich selbst erleben wird. Doch auch mit seinesgleichen kann er nicht darüber sprechen, weil ein Mann dieses Problem offiziell ja gar nicht kennen darf. Ein Leben lang hat man Witze gerissen über solche, »denen er nicht mehr steht«. Nun soll man dazugehören? Den berüchtigten »Penisneid« gibt es wohl ausschließlich unter Männern.

Hier beginnt dann das lange Drama der älteren Frauen – und erst recht das der jungen, die sich, wie Antonia Puig, für bedeutend ältere Partner entscheiden. Wohl kommt es auch bei der Frau in den Wechseljahren zu einer bedeutenden Veränderung im Hormonhaushalt, deren Folge wie beim Mann Nachlassen der Muskelkraft und die klassischen psychischen Symptome der Menopause sind. Doch diese Senkung des Hormonspiegels betrifft in ihrem Fall lediglich das Hormon Östrogen: Der Anteil an Testosteron, das auch bei der Frau verantwortlich für die Lust auf Liebe ist, bleibt konstant. Und darum wird auch ihre Sehnsucht nach Sexualität nicht geringer.

So gehen dem Tod einer Frau normalerweise an die zwei Jahrzehnte sexueller Enthaltsamkeit voraus. Denn erinnern wir uns an die Daten: Sie hat eine um sieben Jahre höhere Lebenserwartung und nimmt sich im Durchschnitt einen um drei Jahre älteren Mann. Selbst wenn das sexuelle Desinteresse ihres Partners erst nach dem sechzigsten Lebensjahr auftritt, hat sie auf diese Weise zehn Jahre lang einen mehr oder weniger müden Mann zur Seite, den sie schließlich auch noch um zehn Jahre überlebt. Mit einer durchschnittlichen Abstinenz von zwanzig Jahren dauert die zweite Keuschheitsperiode des weiblichen Geschlechts heute also um ein Viertel länger als seine erste. Und darum wird vorgeschlagen, diese lange Zeit unfreiwilliger Enthaltsamkeit, die noch immer ein Tabu ist, mit einem eigenen Begriff zu belegen: *die zweite Jungfräulichkeit der Frau.* Dank der Leichtfertigkeit, mit der diese sich in jungen Jahren für einen älteren Bräutigam entscheidet, liegt sie nun jahrzehntelang neben einem Herrn ohne Unterleib. Und gibt sich die Schuld an dessen Problemen auch noch selber: Wenn sie jung und hübsch wäre, könnte er sich bestimmt für sie begeistern.

Für das, was hier durchlitten wird, kennt wiederum der Mann keine Parallele. Er hat vielleicht zuweilen neben einer Frau gelegen, die ihn nicht lieben mochte, aber niemals neben einer, die ihn nicht lieben *konnte*. Die Fabel vom Fischer und der Nixe ist hier vielleicht eine gute Illustration: Die Dame in seinem Netz ist von der Taille abwärts als Fisch gestaltet und somit für das eine, an das er in seiner Einsamkeit immer nur denkt, auf keinen Fall zu gebrauchen. Und so wirft er sie schließlich ins Meer zurück.

Doch während die weibliche Nixe ausschließlich in der Erzählung existiert, gibt es die männliche in der Wirklichkeit. Und während der Fischer seine falsche Jungfrau dem Meer zurückgeben kann, muß die Ehefrau neben dem seinerzeit geangelten Jüngling im Ehebett verharren, bis daß der Tod ihn von ihr scheidet. In einer *Liebesehe* wird sie ihm sagen, wie großartig es dennoch mit ihm sei und daß es ihr genüge, einfach so neben ihm zu liegen. Denn worauf es einer Frau wirklich ankomme, sei Zärtlichkeit. Und jetzt brauche sie ja auch endlich nicht mehr eifersüchtig zu sein, nicht wahr?

Zumindest das letztere ist richtig. Nie mehr fürchten müssen, daß da eine Jüngere kommt, die ihn ihr abspenstig macht, das muß für eine liebende Ehefrau tatsächlich eine Erleichterung sein. Was immer diesem Mann fehlen mag, er ist noch da und gehört ihr nun ganz allein. Und darum wird es auch Zeit für den äußersten Liebesbeweis. Denn während sie dem Geliebten die Gewißheit seines sexuellen Bankrotts nicht nehmen kann, ist es gerade deswegen nun ihre Pflicht, ihm treu zu sein und wenigstens vor den anderen sein Image als satisfaktionsfähiger Gatte zu pflegen. So macht sie es, so machen es die anderen liebenden Ehefrauen. Und so wird aus einem Sexualleben eine Sexualfarce. Denn für Sex ohne Penetration, wie ihn die Lesbierinnen pflegen, sind nur wenige dieser Partner zu gewinnen: Es mangelt ihnen ja nicht nur an der Erektionsfähigkeit, sondern auch an der Lust. Wenn nur das Fernsehen nicht all diese Liebesfilme brächte!

Die Weisheit der Natur, hier kann man sie wirklich bezweifeln. Zwar ist es sicher weise, dem Mann in den letzten Lebensjahrzehnten die Potenz zu entziehen – wie könnte er die spät gezeugten Kinder noch ernähren? Doch wenn die Natur den Ehemännern die Lust auf die Liebe nimmt – warum beläßt sie sie ihren Frauen? Kein Alter bewahrt sie davor, sich weiterhin nach Umarmungen zu sehnen, keine hormonelle Veränderung gibt ihren Körpern ein Signal, doch endlich dieses absurde Verlangen einzustellen. So ab vierzig, wenn der Testosteronspiegel des Mannes zu sinken beginnt, steigt ihrer meist sogar an.

Oder soll der gleichbleibende, sich oft sogar erhöhende Anteil an Testosteron bei den alternden Frauen –

der letztlich bei beiden Geschlechtern die Lust auf Sex bestimmt – ein Hinweis der Natur sein, sich nach einem Jüngeren umzusehen? Ihnen wird ja aus der Befriedigung ihrer Lust kein Nachkomme mehr entstehen: Mit dem Eisprung ist es vorbei, die körpereigene Produktion von Östrogen und Gestagen ist nicht mehr möglich – verantwortungslos wäre solches Tun also nicht. Doch diesen Ausweg haben die Frauen sich selbst verbaut: Indem sie es in jungen Jahren zulassen, daß die Männer den Wert einer Frau an der Frische ihres Fleisches messen und dann für ihre Ware Höchstpreise kassieren, vermitteln sie aller Welt das Gefühl, daß eine Frau jenseits der Menopause in sexueller Beziehung nicht mehr viel wert sein kann. Die Männer haben das weibliche Angebot längst verinnerlicht und ihre Nachfrage danach ausgerichtet.

Doch auch die Frauen selbst haben sich dem für sie so verheerenden Maßstab angepaßt. Im Gegensatz zu älteren Männern, die ihre jungen Geliebten stolz herumzeigen – was könnten sie sonst mit ihnen treiben? –, werden ältere Frauen die ihren eher heimlich und verschämt genießen. Um Frauen mit jungen Liebhabern mehr Selbstbewußtsein zu geben, hat sich daher in den USA der »Mutual Admiration Club« konstituiert, wo sich Frauen zwischen vierzig und sechzig mit Männern in den Zwanzigern und Dreißigern vergnügen. Das größte Problem des Vereins sind laut seiner Gründerin Doe Gentry die Drohanrufe erboster Mütter, die ihre Söhne »diesen kranken und pervertierten« Altersgenossinnen entreißen wollen.

Und darum triumphieren die diskriminierenden Maßstäbe auch heute noch auf der ganzen Linie. Während eine jüngere Frau für die Eroberung eines prominenten Mannes jenseits der Wechseljahre bewundert wird, macht sich ein jüngerer Mann, der sich unter gleichen Bedingungen mit einer Frau verbindet, zur Witzfigur – obwohl gerade hier die sexuelle Legitimation noch auf Jahrzehnte hinaus erhalten bleibt. Als der griechische Politiker Papandreou seine Frau verließ, um eine vierzig Jahre jüngere Stewardeß der Olympic Airways zu heiraten, gewann er anschließend die Präsidentschaftswahlen. Man stelle sich vor, Mrs. Thatcher stiege beim übernächsten britischen Wahlkampf in Begleitung eines gutaussehenden jungen Stewards der British Airways in den Ring. Hätte sie eine Chance?

Und alle Welt baut an der unsinnigen Fassade weiter. Wie schadenfroh reagieren die Medien, wenn einer fünfzigjährigen Schönheit wie Cher oder Barbra Streisand der junge Geliebte davonläuft. Wie selbstverständlich finden sie es, wenn ein prominenter Herr des gleichen Alters – egal wie er aussieht – eine um Jahrzehnte jüngere Dame freit. Man hat fast den Eindruck, als fänden sie es pervers, wenn ein Mann in höherer Position sich für seine zweite, dritte oder vierte Ehe mit einer Gleichaltrigen begnügte: Wer die meisten goldenen Eier legt, dem gebührt selbstverständlich auch das zarteste Huhn.

Das bisher Gesagte galt der Liebesehe, denn die Voraussetzung war stets, daß die ältere Frau den älteren Mann an ihrer Seite noch immer so aufregend findet, daß sie seine unplatonischen Umarmungen entbehrt. Falls dieses Paar neben dem sexuellen noch andere gemeinsame Interessen hatte, kann es die neue Phase, wie die beiden Zurückgebliebenen in dem Film »Casablanca«, als »den Beginn einer wunderbaren Freundschaft« feiern: *Freundschaft = Liebe – Sex.*

Natürlich müssen zwei Freunde ihre Nächte nicht im gleichen Bett verbringen – doch das steht nun schon einmal bereit, und schließlich ist es auch egal, an welchem Marterpfahl eine Ehefrau ihre zweite Jungfräulichkeit erleidet. Doch ob es ihr nun paßt oder nicht: Das Netz, unter dem sie nun gefangen liegt, hat sie seinerzeit selbst ausgeworfen. Und mehr als diesen geliebten Nixer darf sie nun wohl vom Leben nicht mehr verlangen.

Fast wären sie also zu beneiden, die Damen mit den *vernünftigen* Ehen: Hier wurde anstelle von Lust von vornherein auf das Solide gesetzt. Das war möglich, weil man entweder keinen ausgeprägten Sexualtrieb hatte oder diesen nach dem Vorbild der Frommen so lange unterdrückte, bis er sich gar nicht mehr gemeldet hat. Und in einem solchen Fall führt dann die spätere Askese niemals zu einem Entbehrungssyndrom: Man hat sich diesen Partner nicht im Reich der Sinne ausgesucht und ist daher über das Nachlassen seines Verlangens nach tätiger Liebe eher erfreut.

Bei Antonia Puig geht der Wandel vom Exzeß zur Keuschheit (einer relativen hier) eher unauffällig vonstatten. Daß ihre Umarmungen nach der Geburt ihres

Kindes nicht mehr so leidenschaftlich sind, kann auch als Folge der Mutterschaft gesehen werden – man weiß ja, wie das die Frauen verändert. Ihrem Mann kommt ihre Zurückhaltung auch gar nicht ungelegen, denn während er mehr und mehr in das väterliche Unternehmen hineinwächst, wird auch die nervliche Belastung größer. Zum Dinner erscheint er meist in letzter Minute, und da er oft mit Geschäftsfreunden kommt, werden zwischen den beiden auch die Gespräche seltener.

Im dritten Jahr ihrer Ehe wird Antonia von einer seltsamen Unruhe ergriffen. Es gibt nichts, was sie durch diese Heirat nicht bekommen hätte, doch irgend etwas scheint nicht zu stimmen. Sie geht nun zweimal in der Woche zu einem Psychiater in der Park Avenue, und von ihrem Richard fordert sie vorsichtig einige Veränderungen: eine andere Umgebung, ein anderer Umgang, eine andere Köchin, eine andere Kinderfrau – ein weiteres Kind vielleicht sogar… Jawohl, sie hätte gerne noch ein Mädchen!

Und so wird sie denn abermals schwanger (was Richard diesmal mehr als willkommen ist) und zieht noch vor der Entbindung in jenes luxuriöse Haus auf Long Island, das wir vom Besuch ihrer musikalischen Schwester kennen. Daß das, was sie sich wirklich wünscht, ein anderer Mann ist, erkennt sie erst noch ein paar Jahre später.

EHELICHE UNTREUE

Das Amen nach der Kirche

der Weg zur Ehehölle ist mit gespielten Orgasmen gepflastert – zur Ehehölle für den Mann, vor allem aber für sie selbst, die Komödiantin. Daß ihre Komödie machbar ist, wissen die unfreiwilligen Mitspieler seit langem, meinen aber, daß sie selbst in der Lage wären, ein solches Spiel zu durchschauen: Es sind die anderen Männer, denen so etwas passiert.

Doch logischerweise gehört der vorgetäuschte Höhepunkt zum Repertoire jeder Vernunftehe. Hier handelt es sich ja um ein Handelsabkommen, das dem Austausch unterschiedlicher Güter dient. Die Frau will einen Mann, der sie »beschützen« (versorgen) kann, der Mann will eine Frau, die »gut im Bett« ist. Natürlich nicht in jedem Bett, aber in seinem.

Für die Dame auf dem Eheprüfstand handelt es sich also zunächst einmal darum, die weibliche Konkurrenz zu überbieten. Während der Gentleman genießt und schweigt, wird die unter seinem Lebendgewicht begrabene Dame sich verhalten, als stünde dieses Lager auf den Brettern, die die Welt bedeuten. Sie wird ächzen, stöhnen, schlucken, kratzen, beißen, schreien – nur genießen wird sie nicht.

Das wäre auch gar nicht möglich. Denn so wie kein Schauspieler sich vor einer wichtigen Vorstellung betrinkt, damit ihm die Darstellung des versoffenen Helden besser gelänge, würde keine Frau ausgerechnet beim Zusammensein mit dem Mann, von dem ihre ganze Zukunft abhängt, auf einen echten Orgasmus bestehen. Und wenn es dann vorbei ist, spricht sie nicht von dem, was sie selber in diesem Augenblick beschäftigt – diese leicht verrückte Tante Martha, soll man die zur Hochzeit einladen oder nicht? –, sondern lauscht hingebungsvoll auf das, was ihr Märchenprinz zur Wirtschaftspolitik des neuen Ministers zu sagen hat. Dies ist noch immer die Stunde des Käufers – daß sie bereits der Vorbote seines Absturzes in die große Enttäuschung ist, weiß in diesem Augenblick bestenfalls die Verkäuferin.

Doch eines Tages dämmert dann auch ihm, daß eine Serie hinreißender Probefahrten noch lange keine Garantie dafür ist, daß man auch wirklich ein aufregendes Auto erworben hat. Schon wenige Monate nach Unterzeichnung des Kaufvertrages hat er den Eindruck, als ob dieser Wagen nicht mehr so richtig anspringen würde. Schon gar nicht am frühen Morgen, wenn er ihn braucht – denn er sollte ja Punkt neun an seinem Schreibtisch sitzen. Die beste Zeit für dieses Auto sei der Nachmittag, wird er plötzlich belehrt – doch am Nachmittag sei er ja immer im Büro! Dann also am Wochenende, Baby – warum bleiben wir nicht einfach einmal im Bett? Eine phantastische Idee! Ach, nein, ausgerechnet für dieses Wochenende hat sich Tante Martha angesagt. Und du weißt ja, daß man die nicht allein lassen kann! – Was ist passiert?

Passiert ist, daß die Lustdarstellerin nicht mehr so gerne auf die Bühne kommt. Für den Freier in einer Vernunftehe ist das Vor- und Nach-der-Hochzeit so etwas wie ein Schnellkurs über den Unterschied zwischen Markt- und Planwirtschaft. Der Zuschauer hat in seiner Begeisterung die Einfrautruppe aufgekauft und sämtliche Vorstellungen im voraus gebucht und bezahlt. Es ist also gleichgültig, wie oft die Schaustellerin auftritt, ihr Honorar ist auf Lebenszeit garantiert.

Und welche Auswirkungen hat das auf die künstlerische Leistung? Logisch, daß die Vorstellung unserer Actrice lustlos wird. Daß sie ihren Part nur noch herunterleiert. Daß sie die unmöglichsten Ausreden findet, um die Darbietung ausfallen zu lassen. Und vor allem: Daß sie das, was sie so lange zu mimen hatte – besinnungslose Leidenschaft –, nun endlich einmal in Wirklichkeit erleben möchte. Und so, wie sich der Darsteller des Säufers dann nach der Vorstellung nicht mit dem zahlenden Publikum, sondern mit seinen Kollegen betrinkt, will auch die mit der Rolle der Leidenschaftlichen nach bestandener Probezeit nicht ausgerechnet mit dem zahlenden Gatten ins Bett. Jetzt hätte sie lieber einen Fachmann – einen, der nicht gleich nervös wird, wenn man sich in aller Stille bei ihm gehen läßt, und sich hinterher nicht nach seiner Note erkundigt. Und vielleicht kann man sogar noch ein bißchen über die jüngsten Streiche der verrückten Tante mit ihm schwatzen?

Was wir hier erleben, ist das Amen, das so häufig nach der Kirche kommt: das jeder Vernunftehe auferlegte Kreuz, das vorprogrammierte Unlustprinzip. Denn der Grund, aus dem diese Braut geheiratet hat, ist gerade durch die Ehe mit *diesem* Bräutigam hinfällig geworden: Vor allem, wenn ein Kind geboren wurde, ist die Befriedigung ihres Triebes Nummer eins garantiert – ob dieser Mann sie verläßt, ob er sie betrügt, ihre Versorgung bleibt gewährleistet. Und darum wird sie sich nun (falls sie nicht frigide ist) der Befriedigung des unterdessen so arg vernachlässigten Triebes Nummer zwei zuwenden.

Das könnte natürlich auch in den Armen des eigenen Gatten geschehen. Doch da man etwas nicht zugleich spielen und erleben kann, wird die feurige Geliebte von dazumal diesem nun wie ein kühles Double erscheinen. Und haben nicht auch die einst so anregenden Gespräche an Qualitäten verloren? Wie hat sie sich früher für seine Probleme interessiert – jetzt scheint sie ihm nicht einmal mehr zuzuhören. Man sollte es wirklich wieder einmal mit einer anderen versuchen, und sei es im Bordell.

Wahrscheinlich wird aber auch die nach echten Orgasmen lechzende Gattin für das Wirkliche lieber eine andere Besetzung wollen. Abgesehen davon, daß dieser Mann von vornherein nicht ihr erotisches Idol gewesen ist, fühlt sie sich ihm seit der Hochzeit auch irgendwie überlegen. Natürlich ist er ihr an Wissen und Bildung voraus – aber daß sie ihn wie eine Motte in ihr Licht locken konnte, daß er ihr wie ein Lämmlein zur ehelichen Schlachtbank folgte, ist das nicht der Beweis, daß eigentlich sie die Gerissenere ist? Ist soviel Begeisterung (für eine wie sie) nicht auch ein bißchen naiv? Und kann man einen für naiv befundenen Mann noch so richtig begehrenswert finden? Sexuelle Leidenschaft ist ja auch ein seelisches Kräftemessen, ein Kampf zwischen Gleichen. Und was bliebe in dieser Ehe noch zu messen – die Siegerin nach Punkten steht doch nun fest? Wo bleibt der nächste Sparringspartner?

Wer meint, daß eine Vernunftehe gar keinen erotischen Vorteil hat, sei also an dieser Stelle an die Möglichkeit (man könnte fast von einer Notwendigkeit sprechen) des *Ehebruchs* erinnert. Denn zumindest für den weiblichen Part ist dieser beim ersten Mal sicher so aufregend wie die erste Liebe. Nicht nur der Akt selbst läßt die Ehebrecherin erbeben – ein nicht zu unterschätzender Reiz ist das Risiko, das er birgt. Seinerzeit mußte man den Zorn des Vaters fürchten, jetzt den des Ehemanns. Denn auch wenn Nahrung und Behausung gesichert sind, einen Statusverlust würde einem die der Entdeckung folgende Trennung schon bringen. Eine verheiratete Frau ist in dieser Gesellschaft nun einmal besser angesehen. Was geschieht, wenn man keinen anderen mehr findet? Und dann der Skandal!

So oder ähnlich entwickelt sich die Lage auch bei unserer schönen Antonia, denn im vierten Jahr dieser Ehe ist dann auch bei ihr der Trieb Nummer eins befriedigt. Die Reichen haben sie zu langweilen begonnen: Sie weiß nun, worüber sie miteinander reden (über all das, wovon die Armen keine Ahnung haben), kennt ihre Vergnügen (alles, was die Armen sich nicht leisten können), ihre Sorgen (daß sie verarmen könnten), ihre Freuden (daß sie immer noch reicher werden). Sie kann sich nicht helfen, doch im Vergleich zu den Menschen, die im Coffeeshop ihres Vaters verkehrten, erscheinen ihr die neuen Freunde wie uniformiert.

Als sie mit Richard Kelly II vor dem Umzug nach Long Island über ihren Wunsch nach einem anderen Umgang sprach, dachte sie daher vor allem an den von früher. Und da sie in dem großen Haus nun auch oft allein ist – Richard kommt entweder erst spät am Abend oder übernachtet gleich in der Penthousewohnung, die er sich im obersten Stockwerk des Kelly-Buildings ausbauen läßt –, schließt sie sich wieder enger ihren Schwestern an, vor allem der singenden Bertita. Diese hat sich mit dem Eigentümer ihrer Gesangsschule eingelassen, einem verheirateten Mann mit Kindern. Und obwohl sie bei den Schilderungen der erotischen Vorgänge hauptsächlich die Möglichkeit einer späteren Ehe im Auge hat – die Frau ihres Lovers sei nach der Hochzeit kalt geworden und auch sein berufliches Leben interessiere sie nicht mehr –, denkt Antonia beim Zuhören vor allem an den Sex, den sie versäumt, und an die herrlichen Zeiten von früher, als das alles noch ein Vergnügen war. Zu ihrer eigenen Überraschung beginnt sie die Schwester auszuschelten – anstatt dauernd ans Heiraten zu denken, soll sie doch lieber genießen, was sie hat! Übrigens habe sie gestern zufällig an diesen Bill Simon denken müssen, ihren letzten Freund, sie könne sich doch erinnern? Ob sie ihr wohl seine Adresse besorgen könnte?

Und dieser Bill Simon – es handelt sich um den athletischen jungen Mann, der sich bei der Trauung ganz zuletzt in die Kirche geschlichen hatte – taucht dann auch schon bald bei ihr auf. Und natürlich liebt er sie noch immer – wie hätte er eine wie Antonia vergessen können? Da es ein warmer Nachmittag ist, sitzen sie bei ihrem Wiedersehen neben dem Pool, und später zeigt sie ihm dann das Grundstück, den kleinen Privatstrand, den Bootssteg mit dem Segelboot, das Haus mit allen seinen Zimmern. Und läßt sich schließlich im Ehebett von ihm verführen. Denn daran ist der gute Richard nun wirklich selber schuld – wie hat sie auf all das so lange verzichten können?

Tröstlich ist an der Sache nur, daß »der gute Richard« auf den gleichen Gedanken kommt, und zwar etwa zur gleichen Zeit. Während beide meinen, das Spiel stünde 1:0 (und daraus zusätzliche Begeisterung schöpfen), sind sie also längst beim 1:1 angelangt. Natürlich liebt Richard seine schöne Frau noch immer und würde sie schon wegen der Kinder (das zweite ist übrigens tatsächlich ein Mädchen, dem sie den Namen Samantha gaben) niemals von ihr trennen. Doch es besteht kein Zweifel, daß die Mutterschaft sie verwandelt hat – Frauen scheinen nun einmal nicht soviel Sex zu brauchen wie Männer. Und wie hat sie sich früher für seine Geschäfte interessiert – jetzt können sie miteinander bestenfalls noch über die Kinder reden!

Seine erste Geliebte ist ein entzückendes Mädchen aus der Werbeabteilung seiner Firma. Ein bißchen temperamentlos vielleicht, doch dies nur bei Tage – im Bett ist sie dann ein Vulkan. So hatten seine Künste die Damen früher begeistert, er hat es also noch nicht verlernt! Wie hat er auf all das so lange verzichten können?

Kein Wunder, er ist wieder auf dem Heiratsmarkt, unser Richard. Und da in New York jede zweite Ehe geschieden wird, hat sich seine Auserwählte in aller Unschuld eine fünfzigprozentige Chance ausgerechnet. Als jedoch die Monate verstreichen und der Boß noch immer nicht von Scheidung spricht, schickt sie zwecks Beschleunigung ein anonymes Schreiben nach Long Island, das neben sonstigen Enthüllungen auch die Angaben zu den Zusammenkünften im Penthouse enthält.

Sie kann nicht ahnen, wie gelegen der Brief dieser Gattin kommt. Erstens braucht sie sich nun wegen der Vernachlässigung ihrer ehelichen Pflichten kein schlechtes Gewissen mehr zu machen, zweitens ist er ein Dokument. Sollte man ihr eines Tages auf die erotische Schliche kommen, wäre noch immer ihr Richard der Schuldige am Zusammenbruch dieses kirchlich gesegneten Kartenhauses. Abgesehen davon wird ihr dieser Bill langsam ein wenig fade. Ihr eigener Horizont hat sich in diesen vier Jahren eben doch erweitert – vieles von dem, was sie früher an ihm amüsierte, erscheint ihr jetzt provinziell. Wie hatte sie die einfachen Leute dermaßen idealisieren können?

Doch es gibt ja noch andere Männer. Und da auch die zweite Entbindung ihrem Aussehen nichts anhaben konnte, stehen sie ihr eigentlich alle zur Verfügung. Sie nimmt Segelstunden und läßt sich mit dem rothaarigen Segellehrer ein, entscheidet sich aber bald darauf für einen jungen Schauspieler ohne Engagement, der für den nahegelegenen Supermarkt die Ware ausfährt. Die bleierne Zeit ist vorüber, zumindest ihre Tage sind wieder mit Flirt und Gelächter erfüllt. Und seit sie kaum noch mit ihm schlafen muß, gefällt ihr auch der eigene Mann wieder besser. Die Kinder beten ihren Daddy ohnehin an, und darum wird sie sich auch niemals, unter gar keinen Umständen, von Richard Kelly II trennen. Jawohl, das Glück eines Kindes ist das heiligste aller Güter, zumindest für Frauen wie sie.

DER SCHEIDUNGSANTRAG

Alle Macht der Gekauften

die Heirat des Ehepaars Kelly-Puig hat uns an die Gründung einer Firma erinnert. Wenn wir uns weiter an den Jargon der Geschäftsleute halten, können wir in der Entwicklung dieses an einem schönen Sommermorgen in das Handelsregister von New York City eingetragenen Unternehmens die folgenden Phasen konstatieren:

o Eine Investitionsphase mit viel Begeisterung von beiden Seiten (die Zeit der Flitterwochen).

o Eine Konsolidierungsphase, in der die Partner ihrer aufstrebenden Zwei-Personen-Firma zu Sympathie, Ansehen und Glaubwürdigkeit verhelfen.

o Eine Phase der Expansion mit Gründung von Zweigunternehmen (die Geburt der beiden Kinder).

o Eine Phase der Stagnation, in der die Partner den persönlichen Einsatz vermindern, weil ihnen die vormals so ersehnten Gewinne (Sex, Geld) selbstverständlich geworden sind.

- Eine Phase illegaler Nebengeschäfte, in der beide den guten Ruf ihrer Firma durch immer gewagtere Seitensprünge aufs Spiel setzen.
- Eine Phase erster Einbußen, die man mit einem diskreten Frisieren der Bilanz und vermehrten Anstrengungen zur Aufrechterhaltung der Fassade zu kaschieren sucht.
- Die Phase des Bankrotts.

Bezeichnenderweise ist es Antonia, die diese Firma dann endgültig in die roten Zahlen bringt, und zwar ausgerechnet im verflixten siebten Jahr. Der auslösende Faktor ist ein junger Mann namens Mike Hamilton, ein frischpromovierter Architekt, der den Auftrag hat, in einem Winkel des weitläufigen Kelly-Grundstücks eine Reihe von Gästebungalows zu errichten. Weil sie es kaum noch ertragen, miteinander allein zu sein, haben die Kellys seit ein, zwei Jahren am Wochenende jede Menge Besuch. Und da sie mit ihrem vielen Geld ja irgend etwas anfangen müssen, fassen sie eben den Beschluß zum Bau dieser Nebengebäude.

Assistiert von der attraktiven Dame des Hauses, macht sich der gutaussehende Fachmann in seinem Büro alsbald an die Planung, in deren Verlauf er sich natürlich Hals über Kopf in die Auftraggeberin verliebt. Das neue ist, daß es Antonia diesmal auch erwischt – nach drei Tagen kann sie an nichts anderes mehr denken als an die kräftigen Arme dieses Mike Hamilton, in denen sie sich von der zweiten Woche an dann auch täglich wiederfindet. Vor, während und nach der Arbeit. Auf, unter und neben dem Zeichentisch.

Und wie sehr sie sich auch zur Ordnung ruft, diesmal ist die Fassade nicht zu halten. Ab Woche vier ist sie sich sicher, daß ihr jetzt nur noch drei Dinge zu erledigen bleiben:

o Ablegen des Offenbarungseids,
o Ausstieg aus dem maroden Unternehmen,
o Gründung einer neuen Firma.

Kurz: Antonia hat den Mann ihres Lebens entdeckt und möchte ihn heiraten. Und dazu braucht sie zunächst einmal die Scheidung von dem, der ganz eindeutig nicht der Mann ihres Lebens gewesen ist.

Daß es heute in den wohlhabenden Ländern in neunzig Prozent der Fälle die Frauen sind, die die Scheidung einreichen, wird von den Feministinnen gern als Triumph des weiblichen Selbstbewußtseins gefeiert: Im Gegensatz zu früher läßt man sich von einem Ehemann nichts mehr bieten – wenn es einem nicht mehr paßt, geht man weg.

Diese Sicht ist auf mehrfache Weise schief: Erstens gehen ja gar nicht die Frauen weg – in der Regel ist es der Mann, der den gemeinsamen Wohnsitz zu verlassen hat. Zweitens muß man sich eine Scheidung finanziell leisten können, und das können im Normalfall nur Frauen. Drittens könnte das entschlossene Handeln der gefeierten Damen auch ein Indiz dafür sein, daß in unserer Gesellschaft die Vernunftehe noch immer die Regel ist: Vielleicht sind die, die sich nun so leichten Herzens trennen, dieselben, die sich damals so kühlen Verstandes gebunden haben. In einer Vernunftehe ist der Mann geduldet, bestenfalls wird ihm eine gewisse Sympathie entgegengebracht – geliebt wird er nur in der Liebesehe.

Seinerzeit, bei der ersten Heirat, hat die Braut dem Trieb Nummer eins den Vorzug gegeben und mit ihrer einzigen Karte, dem Herz-As der Jugend, auf Sicherheit gesetzt: Sie nahm sich einen Vater. Und gerade seinetwegen kann sie sich nun sicher fühlen und in aller Ruhe nach einem Partner für Trieb Nummer zwei umsehen – einem »richtigen« Mann, einem für die Sinne. Hat sie ihn gefunden (und vorausgesetzt, er will sie auch), sagt sie dem Vater adieu. Natürlich gibt es Frauen, die auch beim zweiten Mal »vernünftig« bleiben: Bei der ersten Ehe wollten sie Geld, bei der zweiten wollen sie noch mehr Geld. Doch nach den Regeln der Biologie und der Logik heiraten Frauen beim zweiten Mal wohl eher der Liebe wegen. Und darum halten laut Statistik diese zweiten Ehen auch fast viermal so lange wie die ersten.

Gefühllosigkeit ist den zum Scheidungsanwalt eilenden Frauen also eigentlich am wenigsten vorzuwerfen, da es ja gerade ihre Gefühle sind, die sie so entschlossen zur Tat schreiten lassen – ihre Gefühle für einen anderen. Und je überwältigender die Leidenschaft für den Zweiten, desto leichtfüßiger wird man über die Leiche des Ersten schreiten: Es ist doch nur natürlich, wenn die erwachsene Tochter das Haus ihres Vaters verläßt?

Und auch eine Mitgift gehört selbstverständlich dazu. Schließlich hat dieser Mann mit seinem Versorgungstick jahrelang ihre Karriere verhindert. Wäre sie nach der Hochzeit bei ihrer Bank geblieben, könnte sie jetzt Filialleiterin sein oder weiß Gott was!

Und wie stellt sich dies von der Warte des »Vaters« dar? Der ist ja auch bei seiner ersten Heirat zumindest einigermaßen verliebt gewesen. Wie wir sagten, hätte er sonst den Akt der Lust gar nicht vollziehen können – jedenfalls nicht derart häufig und so begeistert, daß es ihn zum Vertragsabschluß drängte. Und darum fällt ihm nun auch die Trennung von der Vertragspartnerin entsprechend schwerer. Trotz der alltäglichen Hölle, zu der die Ehe mit dieser Frau sich entwickelt hat, trotz der Neuen, mit der er seit ein paar Monaten dieses aufregende Verhältnis hat.

Zudem wird sich der in eine andere Frau verliebte Ehemann den Schritt zum Scheidungsanwalt schon darum gründlich überlegen, weil er in der Regel nicht vermögend ist. »Dreimal unglücklich, wer als armer Mann heiratet!« heißt es bei Menander, und diese antike Weisheit ist leider noch immer nicht überholt: Wenn Kinder da sind, wird einen Mann die Trennung von der Frau Nummer eins so viel kosten, daß er die Nummer zwei gar nicht ernähren könnte. Natürlich ist diese im Augenblick noch berufstätig – doch auch sie wird eines Tages Kinder von ihm wollen, und dann müßte er eben die beiden Familien mehr oder weniger allein versorgen.

Da sie entgegen eines verbreiteten Aberglaubens

meist auch abgöttisch an ihren Kindern hängen, haben die Männer einen zusätzlichen Grund zur Zurückhaltung. Nach einer Scheidung bekämen sie diese bestenfalls noch am Wochenende für ein paar Stunden zu Gesicht. Und darum erfinden Männer so lange Ausreden zum Hinauszögern einer Scheidung, bis die jeweilige Geliebte entnervt die Waffen streckt. In den Reden zur goldenen Hochzeit wird man dieses erzwungene Verweilen bei der Legalen »ein Zusammenhalten in guten und in schlechten Zeiten« und den ganzen Trauerfall eine »glückliche Ehe« nennen.

Kein Wunder also, daß es meist die Frauen sind, die als erste den Schritt zum Scheidungsanwalt wagen. Im Gegensatz zum Mann riskieren sie meist weder Armut noch den Verlust ihrer Kinder. Bis zur Hochzeit hat die Macht noch dem Käufer gehört, ein paar Jahre später liegt sie eindeutig in der goldberingten Hand der Gekauften.

Vorausgesetzt, ihre neue Leidenschaft läßt sie nicht ganz den Kopf verlieren. Doch von einem Menschen, der umsichtig genug war, ein erfolgversprechendes Unternehmen einzufädeln, ist in der Regel auch Umsicht bei dessen Liquidierung zu erwarten. Dies gilt für das Geschäftsleben und die Vernunftehe gleichermaßen.

Und natürlich verliert auch unsere frischverliebte Antonia ihren entzückenden Kopf nicht völlig. Als ihr klar wird, daß dieser neue Liebhaber die Scheidung von ihrem Mann bedeutet, wird sie noch vorsichtiger, als sie es bei seinen Vorgängern war. Anstatt nach Frauenart die herrliche Neuigkeit mit Schwestern und Freundinnen zu teilen, sucht sie in aller Stille den renommiertesten Scheidungsanwalt Manhattans auf und läßt sich instruieren, wie sie ihre drei Ziele – das Sorgerecht für die beiden Kinder, ein Maximum des Kelly-Vermögens und eine rasche Scheidung – am sichersten erreichen kann. Der inzwischen vergilbte Brief jenes Mädchens aus der Werbeabteilung ist wenig hilfreich, da er erstens anonym und zweitens verjährt ist. Als der Anwalt zum Sammeln neuen Beweismaterials rät, zögert sie keine Sekunde. Und schon wenige Tage später tappt der ahnungslose Richard in die Falle des mit seinem eigenen Geld honorierten Detektivs. Eine Woche nach dem ersten Anwaltsbesuch verfügt seine Frau über alle Dokumente, die ihr einen glanzvollen Abgang verschaffen werden.

Und erst jetzt stellt sie ihren Mann zur Rede. Sie teilt ihm mit, daß sie all diese Jahre weniger blind gewesen sei, als er vielleicht dachte – daß sie seine ewige Fremdgeherei nun endgültig satt habe und daher entschlossen sei, die Scheidung einzureichen. Richard Kelly II hält das zunächst für einen Scherz: Bisher haben ihn die Frauen immer nur heiraten wollen – und diese hier möchte sich scheiden lassen? Als Antonia nicht wankt und sein Leugnen nichts nützt, versucht er die Sache durch Ablegen eines Geständnisses aus der Welt zu schaffen. Und außerdem trage sie doch einen Teil der Schuld – nach der Geburt der Kinder sei sie so anders geworden, und er sei eben auch nur ein Mann.

Doch er schwört, daß es damit für immer vorbei ist –

von heute an wird er ein treuer Ehemann sein. Und natürlich ist das ein Angebot, mit dem Antonia in diesem Augenblick wenig anfangen kann – sie will ja gar keinen treuen Ehemann, jedenfalls nicht diesen. Nein, nein, ihr Entschluß steht fest. Sie ist einfach zu sehr verletzt worden, auch die Leidensfähigkeit einer Frau hat ihre Grenzen.

Sie solle doch an die Kinder denken, beginnt Richard nun zu betteln und hat dabei tatsächlich Tränen in den Augen: Sollen die vielleicht ohne ihren Daddy aufwachsen? *Er* hätte an die Kinder denken sollen, schluchzt Antonia zurück: Anstatt abends zu seinen Weibern zu rasen, hätte er eben nach Hause kommen müssen! Im übrigen sei das Gespräch damit beendet. Nein, es sei alles vorbei, sie werde sich noch morgen einen Anwalt nehmen.

Am nächsten Tag geht sie dann zu dem, bei dem sie ohnehin ist, und schildert ihm die Einzelheiten der Aussprache. Er lobt sie für ihr umsichtiges Verhalten und rät ihr, mit den Kindern vorübergehend wegzuziehen. Aber um Himmels willen nicht zu ihrem Liebhaber – es gebe doch wohl einen? Antonia verneint empört – bei dieser Scheidung geht es um sehr viel Geld, und eine wie sie traut keinem. Na schön, aber der Vater darf seine Kinder erst wiedersehen, wenn die Anwälte sich geeinigt haben. Wenn er wirklich an ihnen hängt, wird das seine Bereitschaft zu einem Kompromiß erhöhen und die Abwicklung der Angelegenheit beschleunigen.

Und genauso ist es dann geschehen.

ALIMENTE

Die Nahrung ohne den

Ernährer

nach sieben Ehejahren ist es also soweit. Die schöne Antonia weiß nun, daß sie diesen Mann, den sie niemals »wirklich« geliebt hat, aus dem Haus haben will. Nicht, daß sie ihn nicht mehr ausstehen könnte: Er besitzt viele gute Eigenschaften, das muß sie zugeben, und für sie und die Kinder hat er immer auf das großzügigste gesorgt. Doch das ist kein Grund, ein ganzes Leben mit ihm zu verbringen, nicht wahr? In Zukunft hätte sie lieber die Nahrung ohne den Ernährer.

Und weil sie bei diesem Geschäft die Gekaufte war, bekommt sie nun auch ihren Willen. Die Geiselnahme der beiden Kinder – offiziell damit begründet, daß man ihnen das Trauma der elterlichen Trennung ersparen müsse – erweist sich tatsächlich als guter Zug. Ein emsiges Hin und Her zwischen den Juristen der Klägerin und des Beklagten wird eingeläutet, das auch bald zu einer Einigung über die Verteilung der Besitztümer führt. Die beiden mobilen Güter (Richard III ist jetzt sieben, die kleine Samantha wird vier) haben wie üblich bei der Mutter zu bleiben (nur falls diese sich gewerbsmäßig prostituieren würde, drogensüchtig oder nach den Maßstäben der Justiz kriminell wäre, hätte der Vater vor dem Scheidungsrichter eine Chance). Daher wird man dieser logischerweise auch das wertvollste der immobilen Güter überlassen: Das luxuriöse Anwesen auf Long Island, in dem die Kinder aufgewachsen sind und wo sie sich folglich zu Hause fühlen, muß bei der Person verbleiben, bei der diese fortan leben werden. Und das ist nun einmal die Mutter.

Vom restlichen Vermögen des Gatten kann Antonias Anwalt in einem außergerichtlichen Vergleich zweiundvierzig Millionen Dollar erhandeln. Das ist selbst für einen wie Richard, der das Kelly-Imperium inzwischen allein verwaltet (Richard Kelly I ist im Jahr zuvor an einem Gehirnschlag gestorben), eine Menge Geld. Doch Antonia weiß zuviel über die Geschäfte dieser Familie, unter denen natürlich auch ein paar nicht ganz einwandfreie gewesen sind. Ihr Anwalt kann den Kollegen von der Gegenseite rasch davon überzeugen, daß eine in der Öffentlichkeit ausgetragene Kampfscheidung seinen Mandanten letztlich viel teurer käme. Daß dieser auch die beiden Kinder angemessen zu versorgen hat, ist selbstverständlich – für deren Unterhalt wird eine Jahrespauschale von einer Viertelmillion Dollar eingesetzt. Dafür darf der Vater sie auch an jedem zweiten Wochenende zu sich ins Penthouse holen, und *seine* Hälfte der Sommerferien kann er mit ihnen verbringen, wo immer er will. Vorausgesetzt, daß er sich in der

Firma so lange freimachen kann, denn natürlich zwingt ein solcher Aderlaß sogar einen wie Richard Kelly II zu einem gesteigerten Einsatz.

Der Gerichtstermin ist nach solch gründlicher Vorbereitung nur noch eine Formalität. Schon zweieinhalb Monate nach jener ersten und einzigen Aussprache wird die Firma Antonia Puig & Richard Kelly II aus dem New Yorker Handelsregister gestrichen. Der Öffentlichkeit teilt man mit, daß das Ehepaar sich in gegenseitigem Einvernehmen getrennt hat. Nein, eine dritte Person sei nicht im Spiel gewesen, bei keiner der beiden Seiten.

Antonia Puig, das Mädchen aus der hispanischen Unterschicht, hat somit alle ihre Ziele erreicht: Sie darf ihre Kinder behalten, hat bis zum Lebensende ausgesorgt und kann nach einer gewissen Anstandsfrist den Mann heiraten, den sie liebt. Diesen Sieg auf der ganzen Linie hat sie wohl der Cleverneß ihres Anwalts zu danken, aber auch ihrem eigenen kühlen Verstand und vor allem der Tatsache, daß sie eine Frau ist. Diese bloße Naturgegebenheit hat ihr in den acht Jahren zwischen dem Tag, als Richard Kelly II erstmals den Coffeeshop ihres Vaters betrat, und jenem im September, da man ihr die Scheidung verkündet, – wie jeder Frau – folgende Pluspunkte beschert:

o Daß sie den Mann, mit dem sie ins Bett ging, nicht wirklich begehren mußte.
o Daß sie ganz allein über dessen Fortpflanzung entscheiden konnte.

o Daß es – da sie und nicht er die beiden Kinder geboren hatte – außer Frage stand, daß sie und nicht er
  nach der Entbindung zu Hause blieb, er und nicht
  sie das Familieneinkommen verdiente.

o Daß diese Kinder, eben weil sie bei ihnen daheim
  war, nun auch besser an sie gewöhnt sind und es
  daher fast unmenschlich wäre, sie nicht ihr, sondern
  dem Vater zuzusprechen.

o Daß es selbst beim besten Willen von beiden Seiten
  nicht möglich wäre, die Rollen von Vater und Mutter
  nach so vielen Jahren der »Arbeitsteilung« zu tau-
  schen: Die Frau könnte den Lebensstandard der Familie durch eigene Kraft nicht erhalten (Antonia in
  unserem Beispiel schon gar nicht), denn sie hat ja
  unterdessen den Anschluß im Beruf verpaßt.

Wie wir an der Abfindungssumme sehen, wäre gerade
der letzte Punkt im Falle Kelly nicht problematisch –
selbst wenn Richard sich aus seinen Geschäften zurück-
ziehen würde, könnte er mit den Kindern glanzvoll
überleben. Doch dieser Fall gehört ja ohnehin ins Reich
der Fabel – welche Frau erhält bei der Scheidung zweiundvierzig Millionen Dollar zugesprochen? Die meisten
können schon froh sein, wenn es fürs tägliche Leben
reicht. Und wie oft taucht ein Mann lieber unter, emi-
griert in ein fernes Land, als daß er für seine Familie
sorgt? Es gibt sogar Männer, denen das Zahlen von Ali-
menten derart widerstrebt, daß sie guthonorierte Stel-
lungen kündigen.

Das sei alles unbestritten. Obwohl das Untertauchen

in fernen Ländern und der Verzicht auf die eigene Vergangenheit für einen Mann sowenig ein reines Vergnügen sein kann wie das Kündigen eines sicheren Arbeitsplatzes – zu verteidigen ist solches Verhalten schon wegen der betroffenen Kinder nicht. Die Zahl dieser säumigen Väter wird zwar oft übertrieben, und auch, daß diesen bei der Entdeckung Gefängnisstrafen drohen, wird gern übersehen. Doch zu leugnen sind diese Fälle nicht. Und wo soll dann hier der Nutzen für die Frauen liegen?

Wenn man wagt, sie zu Ende zu denken, beruhen alle menschlichen Beziehungen auf einem Austausch von Gütern. So ist zum Beispiel Freundschaft abgesehen von anderen Annehmlichkeiten *auch* eine Versicherung für Notfälle, die von den entsprechenden Gesellschaften nicht abgedeckt werden. Der amerikanische Ökonom Gary Becker hat im Jahr 1992 für den mathematischen Nachweis der These, daß alles menschliche Handeln auf einer Kosten-Nutzen-Rechnung basiert, den Nobelpreis erhalten. Auch der Entscheidung zur Heirat oder Scheidung liegt nach Beckers Theorie ein schlichtes Kosten-Nutzen-Kalkül zugrunde: In Gleichungen und Diagrammen rechnet er vor, daß ein »Maskulinum« (M) und ein »Femininum« (F) nur zusammenbleiben, wenn die aus der Ehe resultierende »Nutzenmaximierung« (Z) für beide größer ist als die von jedem einzelnen eingebrachte Leistung.

Doch wenn die Ehe ein Handelsabkommen ist, muß es logischerweise auch hier große, mittlere und schlechte Geschäfte geben. So wie dann später bei einer Scheidung glänzende, durchschnittliche und miserable Abschlüsse zu erwarten sind. Letzteres träfe auf jene Fälle zu, wo eine Frau gezwungen ist, den Vater ihres Kindes mit Hilfe der Justiz an seine Pflichten zu erinnern. Daß es sich beim Arrangement unserer Heldin nicht nur um ein glänzendes, sondern um ein märchenhaftes Geschäft handelt, ist schon daran zu erkennen, daß die Höhe der mit einer achtjährigen Ehe verdienten Abfindung in jeder Zeitung nachzulesen ist. Das daneben abgedruckte Foto der Neugeschiedenen ist allerdings dermaßen spektakulär, daß man geneigt ist zu denken, eine Frau wie diese sei nun eben einmal soviel wert. Warum sonst hätte sie sich mit diesem windigen Kelly abgeben sollen? Geschieht dem Kerl doch ganz recht!

Doch im Prinzip sitzen in den meisten Ländern die Frauen bei einer Scheidung am längeren Hebel – vor allem, wenn inzwischen Kinder da sind.

Und dabei ist nicht nur von der materiellen Versorgung eines Kindes die Rede, die eine männliche Gesetzgebung und Justiz sonderbarerweise allein den eigenen Geschlechtsgenossen abverlangt. Viel größer noch ist der Vorzug, den wir Frauen allein dadurch genießen, daß wir uns bei einer Scheidung in der Regel nicht von dem trennen müssen, was uns – trotz aller Egoismen, die uns seinerzeit zur Zeugung bewegten – auf der ganzen Welt das Liebste ist: unserem Kind. Auch über die Selbstverständlichkeit, mit der der Gesetzgeber dieses Opfer vom eigenen Geschlecht erwartet, kann dabei nur erstaunt sein, wer die Rede vom Patriarchat im Ohr hat.

Das Kind behalten, sagt hier der ein oder andere, was soll das schon für ein Vergnügen sein? Während der geschiedene Mann unverändert sein abwechslungsreiches Berufsleben führt, muß seine Frau in der meist viel zu kleinen Wohnung sitzen und hoffen, daß wenigstens der Postbote ein paar Worte mit ihr redet. Er fliegt mit seiner Sekretärin zu Besprechungen und Kongressen, lernt aufregende neue Menschen kennen, und sie muß daheim seine brüllenden Bälger hüten!

Ein weithin akzeptiertes und dennoch nur in Grenzen richtiges Bild. Zudem fliegen nur sehr wenige Männer ständig mit ihren Sekretärinnen zu Kongressen. Bei den meisten geht die Reise im Autostau bis zu einem entlegenen Bürosilo, auf dem Fahrrad bis zur nächsten Fabrik. Und während die Frau sich zu Hause nach eigenem Gutdünken ihren Kindern widmet, ist der Mann dort seinem Boß ausgeliefert. Während die Frau Befehle erteilen kann, muß der Mann Befehlen gehorchen. Während ihr Arbeitsplatz sicher ist – die ein, zwei Kinder werden sie noch lange brauchen –, muß er um den seinen zittern.

Vielleicht hat das mit der Qual des Kinderhütens für die Frau der Vor-Pillen-Ära noch eher gestimmt. Heute kann sie wählen – und wenn sie meint, daß ein Vorgesetzter interessanter ist als ein Kind, muß sie keines bekommen. Aufregender als die meisten Kollegen wäre es wohl auf alle Fälle: Da für ein Kind die ganze Welt neu ist, schenkt es auch seinem Aufpasser das Vergnügen, diese mit neuen Augen zu betrachten. Ein Dichter muß schon sehr gut sein, um es mit einem Dreijährigen aufzunehmen.

Doch entscheiden muß sie das, wie gesagt, selbst.

GEISELNAHME DER KINDER

Die Unmoral wird kriminell

Wenn wir auch den Jargon der Juristen zur Beschreibung der Ehe Kelly-Puig noch einmal aufgreifen, dann dürfen wir sie getrost eine kriminelle Vereinigung nennen. Denn wenn wir es mit der Gerechtigkeit genau nehmen, müssen wir uns eingestehen, daß unsere beiden Helden sich seit dem Tag ihres Kennenlernens folgender Delikte schuldig gemacht haben: *Bestechung, Bestechlichkeit, Betrug, Vergewaltigung, Nötigung, Erpressung, Ehebruch, Täuschung, Verleumdung, Verletzung der Intimsphäre, Verrat von Firmengeheimnissen, Geiselnahme der Kinder.*

Nur zwei dieser Delikte gehen jedoch auf das Konto des Gatten – die aktive Bestechung und der Ehebruch. Wobei für beide mildernde Umstände geltend gemacht werden können. Richard Kelly II hätte zwar wissen können, aber nicht wissen müssen, daß es sein enormer Reichtum und seine gesellschaftliche Stellung sind, die ihm die attraktiven Mädchen in die Arme treiben. Herausfinden hätte er es können, indem er beispielsweise als namenloser Kellner um sie wirbt. Doch das machen vermögende Menschen so selten wie die übrige Prominenz. Welcher erfolgreiche Künstler kauft sich ein Bahnbillet zweiter Klasse, um zu erfahren, ob sein berühmtes Charisma die Schönen auch an einem solchen Ort vom Stuhl reißt? Und natürlich kann man auch niemand zu solch selbstmörderischem Treiben verpflichten.

Trotzdem, Kellys Erfolg bei Antonia war eindeutig eine Folge von Bestechung und Bestechlichkeit. Einer Bestechlichkeit der latenten Art freilich, da es ja nur die *Aussicht* auf märchenhafte Gewinne ist, die seine spätere Gattin korrumpiert.

Das Delikt Ehebruch wiederum war in seinem Fall die Konsequenz von Antonias vorhochzeitlicher Sexualpolitik. Sie hatte ihm eine erotische Mogelpackung angedreht: Für eine Leidenschaftliche hatte er bezahlt, eine Frigide hatte er erhalten. Und da er seit seiner Pubertät an sinnenfreudige Damen gewöhnt ist, beginnt er sich eben nach diesen zurückzusehnen.

Die übrigen Delikte dieser Zweierbande gehen allesamt zu Lasten der jungen Dame. Diese hat von Anfang an auf Richards erotische Schwäche gesetzt und darum beim Ablegen der vorehelichen Examina ihre Konkurrentinnen schamlos überboten: Noch temperamentvoller als diese Lateinamerikanerin konnte eine Frau gar nicht sein! Mit dieser Vorspiegelung einer nichtexistenten Leidenschaft unternimmt sie es, bei Richard Gefühle zu wecken, die auf einer Täuschung beruhen. Man könnte auch von einem Betrug sprechen, der freilich sein Ziel – den Heiratsantrag – nicht *ganz* erreicht. Antonias Familie ist nicht vermögend, und jeder Reiche möchte um seiner selbst willen geliebt werden: Darum ist ihm trotz seines vielen Geldes und seines ausgeprägten Selbstbewußtseins eine reiche Schöne dann doch ein bißchen weniger unheimlich als eine arme. Und so greift unsere Delinquentin dann zu ihrem äußersten Mittel und macht ihm per passiver Vergewaltigung ein Kind.

Der Vorwurf einer Erpressung zur Ehe wäre vielleicht übertrieben, doch eindeutig hat bei dieser Heirat das Delikt Nötigung eine Rolle gespielt. Mildernde Umstände sind nicht zu verzeichnen. Außer vielleicht diesem einen: Antonia Puig ist die Tochter armer Leute und wollte wissen, was Reichtum ist. Einmal leben wie all die Menschen, die sie bis dahin immer nur im Kino gesehen hat – in großen Häusern, herrlichen Roben, mit Dienstboten, Reitpferden, Jachten, Reisen in ferne Länder… Man könnte ihr Vorgehen also auch als eine individuelle Form von Klassenkampf bezeichnen. Und nach sechs Jahren sah sie dann, daß es gut war. Gut und langweilig. Eine Liebesehe wäre besser gewesen – vor allem eine mit Geld. Und die verschafft sie sich dann im zweiten Teil ihrer Verbrecherkarriere.

Ihre diversen Ehebrüche sind dazu ein Vorspiel, weil sie die bis dahin nur latent vorhandene Sehnsucht nach der »wahren« Liebe in ihr wecken. Und erst als sie dieser begegnet, kommt ihre kriminelle Phantasie wieder auf Touren. Den Anwalt sucht sie in der bewußten Absicht auf, die ehelichen Verfehlungen Richards anzuzeigen und die eigenen zu unterschlagen – zum Zweck der Verleumdung somit. Der nächste Schritt ist die Verletzung der Intimsphäre ihres Gatten, den sie von einer Detektei überwachen und in kompromittierender Pose fotografieren läßt. Auch der Verrat seiner geschäftlichen Verfehlungen ist ein Delikt, dient er doch ihrem am Gewinn beteiligten Komplizen, dem Staranwalt, als Mittel der Gewinnmaximierung und somit zur Erpressung.

Übrigens ist gerade diese Methode bei Scheidungsverfahren keine Seltenheit: Laut Auskunft der Steuerbehörde kommt die Mehrzahl der Anzeigen wegen Steuerhinterziehung von rachedurstigen Ehefrauen. Der zur Ehe entschlossene Bräutigam kann daraus nur folgende Lektionen ziehen: Er darf mit der Frau, die er zum Altar führt, später über alles sprechen, nur nicht über Privates. Dies gilt nicht nur für geschäftliche Themen: Was nicht auch in der Zeitung stehen könnte, sollte zwischen Ehepartnern tabu sein. Und je prominenter er in den Jahren der Gemeinschaft wird, desto wichtiger ist es, diese Regel peinlich genau zu beachten. Nicht nur mit Scheidungen, auch mit Memoirenbänden werden heute Millionen gescheffelt.

Zum Schluß hat Antonia sich der Geiselnahme der gemeinsamen Kinder schuldig gemacht. Von jetzt an wird sich der Vater deren Gesellschaft verdienen müssen, und zwar durch Wohlverhalten bei der Alimentenregelung und pünktliche Zahlung der monatlichen Raten. Ob ein Kind seinen Vater nach der Scheidung liebbehält, entscheidet vor allem bei kleineren Kindern die Mutter durch die Art, wie sie in dessen Abwesenheit von ihm spricht. Daß jener dabei auch auf sein Heim, seine gewohnte Umgebung und die vertrauten Gegenstände verzichtet, also vertrieben und entwurzelt wird, ist ein so selbstverständlicher Begleitumstand, daß man sich fast geniert, ihn zu erwähnen.

Aber ist denn eine andere Lösung vorstellbar? Man muß bei dieser Sache doch vor allem an das Wohl der Kinder denken!

Und eben darum könnte keines von Antonias vielen Delikten geahndet werden: Wer mit den weiblichen Waffen schießt, findet überall eine milde Jury. Es ist ja die böse Gesellschaft, die uns Frauen zu solchem Verhalten zwingt. Man gebe uns die Macht der Männer, dann ändert sich auch unsere Politik. Ob Antonia im Fall, daß Richard ihr das Sorgerecht für die Kinder streitig gemacht hätte, zum monströsesten aller weiblichen Kampfmittel gegriffen und ihn sexueller Verfehlungen an diesen Kindern (der kleinen Samantha etwa) beschuldigt hätte, möchten wir lieber nicht wissen. Daß diese Methode beim Kampf um die Kleinen mehr und mehr Schule macht, ist bisher der traurige Höhepunkt im schmutzigen Krieg der Geschlechter. Der Filmemacher Woody Allen ist im Jahr 1993 mit dieser Taktik für alle Zeiten moralisch vernichtet worden.

Die Frage liegt nahe, warum die sonst so aufgeweckten US-Feministinnen in solch beschämenden Fällen nicht auch einmal Partei für die männliche Seite ergreifen. Dies würde dem weiblichen Ansehen mehr nützen als beispielsweise die Hetzkampagne gegen einen schwarzen Richter, der eine mehr als redegewandte schwarze Juristin mit dem Erzählen anzüglicher Witze in Verlegenheit gebracht haben soll. Manchmal hat man den Eindruck, als hielten die amerikanischen Frauen die Geduld ihrer männlichen Landsleute für unerschöpflich. Da hat eine dem unleidigen Gatten das Glied abgesäbelt? Gut gemacht. Nur hätte sie es besser gleich in den Müllschlucker geworfen. Aber wer kann schon ahnen, daß die so etwas heute annähen können? Bei einem abgeschnittenen Busen hätten sich die Herren Mediziner bestimmt nicht soviel Mühe gegeben!

Im übrigen wird gerade die Sache mit den Kindern im Fall Kelly dann nicht so dramatisch. Antonia Puig ist eine freie Frau und kann sich schon nach einem halben Jahr zu ihrem angebeteten Mike bekennen, der sich mit ihrem Sohn Richard und der kleinen Samantha glänzend versteht und darum auch auf deren Wunsch bald bei ihnen einzieht. Richard Kelly II ist wieder ein freier Mann und darum automatisch entsprechend umworben. Sogar Bertita sucht ihn unter einem Vorwand in seinem Penthouse auf. Der Exschwager klagt ihr einen Abend lang am Kaminfeuer sein Leid, ruft ihr dann aber ein Taxi und läßt sich zum eigentlichen Trösten eine Hübschere kommen: Argent oblige.

So umworben ist Richard Kelly II wieder, daß er die Zeit mit seinen Kindern bald freiwillig reduziert. Was kann man in einer Stadt wie New York mit zwei kleinen

Kindern schon groß unternehmen? Er spürt doch, wie wenig ihnen dieser Asphaltdschungel behagt: Sie vermissen die Freunde, den Hund namens Cocker, das neuinstallierte Baumhaus, den Pool. Und darum ist es für alle Seiten die menschlichere Lösung, wenn *er* an »seinen« Wochenenden hinausfährt, und Zeit spart es auch. Zudem sind er und Antonia längst »gute Freude« geworden. Es waren ja die Anwälte, die so aufeinander eingeschlagen hatten.

Bei solchen Gelegenheiten wird ihm die Tür seines Hauses von einem sympathischen jungen Mann geöffnet, der ihn bei einem Glas Scotch (die Partie hatte doch er noch geordert?) über die Streiche seiner Kleinen unterrichtet. Sie werden übrigens gleich hier sein – Antonia ist schon vor einer halben Stunde zu Larry hinübergefahren, um sie für seine Visite abzuholen. Larry? Na, der Junge aus der Nachbarschaft, ihr bester Freund. Seine Katze hat Junge geworfen, und da sind sie jetzt natürlich nicht wegzukriegen. Ob Richard einverstanden wäre, wenn die beiden eine Katze bekämen? Da sollte man besser den Hund fragen, sagt Richard.

Und da kommen sie auch schon. Verärgert über den Vater, der sie vom Spielen mit den Kätzchen abgehalten hat. Ob sie denn eines möchten? Ein Kätzchen, o ja! Zwei Kätzchen, strahlt die kleine Samantha – eines für jeden! Einverstanden. Und jetzt erst stürzen sie sich dem Vater so in die Arme, wie er es sich auf der Herfahrt vorgestellt hat. Und können es nicht erwarten, bis er wieder auf dem Weg in die Stadt ist: Es gilt ja zwei Kätzchen auszuwählen!

Eine Tragödie also, wenn auch eine von der alltäglichen Sorte. Daß sie sich dank des Kelly-Vermögens im gehobenen Ambiente abspielen kann, macht sie natürlich erträglicher. Doch gerade wegen des Vermögens wurde sie ja überhaupt eingefädelt. Durch die Art, wie diese Ehe zustande kam, war ihr Ausgang vorprogrammiert. Wenn die Vernünftige in der Vernunftehe eines schönen Tages die Liebe entdeckt, ist ein Ende wie dieses die logische Konsequenz.

ANGST VOR DER

FREIHEIT

Heiraten für Intellektuelle

die Ehe ist für die durchschnittlichen Menschen ausgedacht,
welche weder der großen Liebe
noch der großen Freundschaft fähig sind, für die meisten also«, sagt Friedrich Nietzsche. Und fügt dann
überraschenderweise hinzu: »Aber auch für jene ganz
Seltenen, welche sowohl der Liebe als auch der Freundschaft fähig sind.«

Was meint er damit? Daß es bei der Ehe – von der er an
anderer Stelle sagt, sie sei »die verlogenste Form des Geschlechtsverkehrs« – um eine Sache gehe, der sich nicht
einmal die Wertvollsten unter uns entziehen können? Daß
das Heiraten zu jenen Phänomenen gehöre, für die es
weder eine Erklärung gibt noch geben kann? Daß weder
die Katastrophe der eigenen Ehe noch die der meisten anderen, die wir in unserer Umgebung beobachten können,
uns dann später davor bewahre, es aufs neue zu versuchen? Und daß nicht einmal die Weisesten imstande
seien, sich vor diesem Wiederholungszwang zu schützen?

Für geschiedene oder verwitwete Männer gibt es exakte Vorhersagen, wann sie der Drang zum nächsten »Bis daß der Tod uns scheidet« überkommt. Und natürlich lassen sich auch hier am Datum Status und Einkommen des Kandidaten ablesen: Für die Elite beträgt die Pause zwischen zwei Ehen im Durchschnitt eineinhalb Jahre, im Mittelstand dauert es etwas länger, und mit der Unterschicht haben wir uns in dieser Hinsicht bereits befaßt. Frei bleiben die wenigsten Männer.

Bei den Frauen kommt es (wie wäre es anders möglich?) auch diesmal wieder auf Jugend und Schönheit an. Da die Männer soviel früher sterben und die solventen unter den Überlebenden sich Jüngere kaufen, sinken mit steigendem Alter natürlich auch die weiblichen Chancen auf die nächste oder übernächste Bindung – doch angestrebt wird sie schon. Es geht zu wie in jenem Spiel, mit dem man sich als kleines Mädchen vergnügte – das mit den Stühlen, von denen es immer einen zu wenig gab. Man marschierte, sich in scheinbarer Solidarität an den Händen haltend, um die aufgestellten Sitzgelegenheiten, und wenn die Musik aussetzte, stürzte man sich kreischend auf den erstbesten freien Platz. Ob dieser auch bequem sein würde, fragte sich keine. Hauptsache, man war nicht die, die als einzige stehenblieb.

Haben wir also beim Aufzählen der Heiratsmotive etwas übersehen? Gibt es einen Grund, der so beschämend ist, daß wir ihn nicht einmal uns selber eingestehen? Es gibt ihn, und Étienne de la Boétie hat ihn bereits im Jahr 1548 in seinem berühmten Essay »Über die frei-willige Knechtschaft des Menschen« mit folgenden Wor-ten beschrieben: »Was ist das für ein Monstrum an La-ster, für das der Name Feigheit noch zu schade wäre? Wir haben kein Wort, das häßlich genug ist! Die Natur leugnet, dergleichen geschaffen zu haben, und die Spra-che leiht uns keinen Namen dafür ...«

Aber dann findet er doch noch einen Namen für das »Monstrum an Laster« – es ist das »Glück des Sklaven«. Etwas freundlicher könnte man es auch die Angst vor der eigenen Freiheit nennen, die Freude am Dienen und Gehorchen, die Lust an der Unfreiheit. Und darum wird gerade dieser Heiratsgrund – sofern er uns überhaupt bewußt wird – noch weniger gern zugegeben als all die anderen, die für uns und unsere Partner ja auch nicht gerade schmeichelhaft sind. Daß wir eigentlich gar nicht frei sein *wollen*, das darf nicht sein.

Denn schließlich schwärmen wir alle von der Frei-heit, kämpfen für die Freiheit, und wenn es sein muß, töten und sterben wir auch für sie. Doch mit der Freiheit *leben* – Tag für Tag, von Stunde zu Stunde selbst ent-scheiden, was mit uns geschehen soll, das möchten wir nicht. Was wir uns wirklich wünschen, ist das exakte Gegenstück: eine Instanz, die uns das mit dem Ent-scheiden wieder abnimmt, einen Gott (der auch ein Mensch sein kann), den wir anbeten und dem wir folg-lich auch gehorchen dürfen. Und die einzige Bedin-gung, die wir bei dieser Suche nach dem »Glück des Sklaven« stellen, ist die, daß wir uns den Sklavenhalter auswählen können. Nur dafür, für diese einzige selbständige Tat, nützen wir unsere Freiheit. Und sobald wir denjenigen gefunden haben, liefern wir sie bei ihm ab.

Wenn dieses Kartenhaus eines Tages zusammenstürzt – wenn der Gott stirbt, sich aus dem Staub macht oder uns sonstwie um die Möglichkeit des Dienens bringt –, kehrt natürlich auch unsere Freiheit zurück. Und dann nehmen wir sie und tragen sie zum nächsten. Frei *bleiben* wollen wir nicht.

Denn logischerweise kann nur der Unterdrückte ein Bedürfnis nach Freiheit entwickeln. Sobald er frei ist – und vorausgesetzt er ist intelligent genug, diese Freiheit mit allen Konsequenzen zu ermessen –, kehrt sich sein früheres Freiheitsbedürfnis ins Gegenteil: Er bekommt Angst und fängt an, sich nach der Geborgenheit fester Bindungen zu sehnen.

In seinen ersten Lebensjahren ist ein Mensch immer unfrei. Er ist eingezwängt in das Regelsystem der Erwachsenen und, da er selbst noch keine Erfahrung im sozialen Verhalten hat, von diesen Regeln auch vollkommen abhängig. Er entwickelt deshalb einen starken Freiheitsdrang, wünscht sich nichts sehnlicher, als seinem Gefängnis zu entrinnen, und tut das bei erster Gelegenheit. Ist er dann endlich frei, wird er sich, falls er dumm ist, in seiner Freiheit sehr wohl fühlen und sie sich zu erhalten suchen. Ein dummer Mensch denkt nicht abstrakt, verläßt das eigene Terrain nicht und kennt deshalb auch keine Existenzangst. Er fürchtet sich nicht vor dem Tod (er kann ihn sich nicht vorstellen) und fragt nicht nach dem Sinn des Daseins: Alle seine Handlungen erhalten in der Erfüllung seiner Komfortgelüste einen unmittelbaren Sinn, und der genügt ihm. Auch Religionsbedürfnisse sind ihm fremd. Sollten sie trotzdem einmal auftreten, befriedigt er sie umgehend an sich selbst, denn es liegt im Charakter der Dummen, daß sie imstande sind, die eigene Person hemmungslos zu bewundern (Hängt ein Dummer einer Religion an, dann nur, damit *er* in den Himmel kommt – der liebe Gott ist nichts weiter als der Mann, der das für ihn bewerkstelligen soll).

Die Lage des Intelligenten ist ganz anders: Er empfindet zwar die Befreiung zunächst als unendliche Erleichterung, die grandiosen Perspektiven seiner Unabhängigkeit berauschen ihn, doch sobald er dann von dieser Freiheit Gebrauch macht, also sich durch eine freie Tat in dieser oder jener Richtung festlegen will, bekommt er es mit der Angst zu tun: Da er abstrakt denken kann, weiß er auch, daß jede seiner Taten die Möglichkeit unendlich vieler Konsequenzen in sich birgt – Folgen, die er trotz seiner Intelligenz nicht alle voraussehen kann und für die er, da er sich für die Tat frei entscheidet, voll verantwortlich ist.

Wie gern würde er aus Furcht vor negativen Auswirkungen seiner Handlungen überhaupt nichts mehr unternehmen! Und weil das nicht möglich ist – der Mensch ist zu Taten verurteilt –, sehnt er sich nach den festen Regeln seiner Kindheit zurück, nach jemand, der ihm sagt, was er tun und lassen soll, und so seinen jetzt sinnlosen Handlungen (denn sie dienen zwar letztlich dem eigenen Komfortbedürfnis, doch wozu dient er *selbst*?) wieder einen Sinn gibt und ihm seine große Verantwortung erleichtert. Und er sucht sich einen Gott, der ihm den Gott seiner Kindheit – der meist seine Mutter war – ersetzt und dem er sich bedingungslos unterwerfen kann. Wie wir wissen, gibt es haufenweise Instanzen, die nur darauf warten, dieses Bedürfnis nach Unfreiheit zu befriedigen und zum eigenen Vorteil auszubeuten: Kirchen, Sekten, Parteien, Konzerne… Die beliebteste scheint jedoch nach wie vor die Ehe zu sein. In den Schoß seiner Kirche kehrt man meist erst zurück, wenn der andere nicht mehr zu haben ist.

Natürlich gilt der Heiratsgrund Freiheitsangst nicht für die Mehrheit – mit deren Gründen zur Eheschließung haben wir uns in den vorausgegangenen Kapiteln hinlänglich befaßt. Ein dummer Mensch flüchtet nicht vor seiner Freiheit, denn diese macht ihm, wie gesagt, nichts aus. Die Lust an der Unfreiheit ist die Motivation jener (laut Nietzsche) »ganz Seltenen, welche sowohl der Liebe als auch der Freundschaft fähig sind«. Es ist der Heiratsgrund derer, die es eigentlich besser wissen müßten – der Heiratsgrund der Intelligenz.

Anstatt ihre Freiheit zu ertragen und die Sinnlosigkeit ihrer Existenz anzunehmen – anstatt sich zu sagen: Die Tatsache, daß wir zu nichts nützen als zum Leben, ist das Herrlichste, was uns passieren konnte –, flüchten sie in die Rollen der Nützlichen. Unter denen eben – schon wegen der übrigen Annehmlichkeiten, die sie bieten – die von Ehemann und Ehefrau am geeignetsten erscheinen. Ein Mann mit Familie weiß, warum er Tag für Tag in diesem entsetzlichen Büro sitzt und einer albernen Person lächerliche Briefe über die Vorzüge seiner

Bewässerungsanlagen diktiert: Weil die daheim sonst hungern müßten. Und falls es die nicht gäbe, hätte er sich andere gesucht.

Und damit keiner merkt, was mit ihm los ist, nennt er seine Flucht in die Abhängigkeit »Fähigkeit zur Bindung«. Damit er nicht der einzige ist, der so handelt, verlangt er diese »Fähigkeit« auch von seinen Geschlechtsgenossen. Die da draußen, die Ungebundenen, die sind die wahrhaft Feigen. Und darum haben er und seine Mitehemänner deren konsequente Verweigerung der Ehe in »Bindungsangst« umgetauft. Denn viel mehr als seine trostlose Existenz fürchtet er den eisigen Wind der Freiheit.

WIEDERHEIRAT

Noch einmal mit Gefühl

Wir können unser Traumpaar nun bald verlassen. Antonia Puig hat ein knappes Jahr nach der Scheidung von Richard Kelly II ihren gutaussehenden Architekten geheiratet – standesamtlich diesmal nur, weil ja hier für Katholiken kein Dakapo zu haben ist. Wie wir sie kennen, hat das ihre Freude bestimmt nicht beeinträchtigt. Sie ist jetzt Mrs. Hamilton, und Mr. Hamilton ist ohnehin nicht religiös. Es sei denn, man möchte seine Begeisterung für sein Vorbild Frank Lloyd Wright so bezeichnen.

Ob ihre zweite Ehe glücklich wird, könnte nur ein Hellseher sagen. Die Chancen stehen zwar erheblich besser als beim ersten Mal, doch schließlich werden auch Liebesehen irgendwann zur Routine, und geschieden werden sie leider auch. Wie könnte dies anders sein, handelt es sich doch gerade hier um den Versuch einer Quadratur des Kreises? Lieben heißt begehren – und wie könnte man etwas begehren, was einem schon gehört? Die stetige Erleichterung der Ehescheidung hat zwar auch die Liebesehe ein wenig aufregender gemacht. Doch wie aufregend würde das Zusammenleben von zwei Liebenden erst sein, wenn es gar keine Ehe gäbe?

Der Ehepartner hat ein *Recht* auf Vollzug des Geschlechtsverkehrs – eine sich über längere Zeit erstreckende Verweigerung der »ehelichen Pflichten« ist in fast allen Ländern der Erde ein Scheidungsgrund. *Mein Mann, meine Frau*, diese magischste aller Bezeichnungen für einen anderen Menschen wird durch die Tatsache, daß man mit ihm verheiratet ist und damit das Recht hat, ihn so zu nennen, entwertet, ja zu einer Art Beleidigung. Und wohl darum hat man in den meisten Sprachen hier instinktiv einen Riegel vorgeschoben: Im amerikanischen Englisch etwa wird aus dem Leidenschaft signalisierenden *my man* der Bluessängerin nach der Legalisierung das Langeweile symbolisierende *my husband* der Gattin. Umgekehrt wird aus dem erotisch-besitzergreifenden *my woman* das bestenfalls noch nach Samstagskoitus klingende *my wife*. Denn jeder Vertrag bedeutet das Ende der Freiwilligkeit – und damit endet auch immer das Vergnügen, das man an der Sache hatte. Der Mann einer Frau ist der, mit dem sie am liebsten lacht, flirtet, redet. Es ist der, für den sie am liebsten kocht und mit dem sie am liebsten ins Bett geht. Und dieser Titel gebührt ihm in der Regel länger, wenn er *nicht* mit ihr verheiratet ist.

Wir sagten bereits, daß die Liebesehe ein Widerspruch in sich selbst ist. Der Satz »Wir wollen heiraten, weil wir uns lieben« ist etwa so logisch wie die Behauptung, daß man ein Faxgerät brauche, weil man einen Wellensittich besitzt. Aus Liebe *nicht* heiraten, das wäre die hier anzuwendende Logik: Den Schafspelz verweigern und nicht mit der Herde blöken. Und vor allem nicht denken, daß der angebetete Mensch keinen Antrag macht, weil seine Liebe nicht groß genug wäre. Ihm glauben, wenn er behauptet, daß er seine Leidenschaft nicht mit der Vulgarität einer Hochzeit ruinieren wolle.

Und auch das mit der Treue wird ja durchs Heiraten niemals besser. Ein Plädoyer gegen die Ehe ist niemals mit einem Aufruf zu erotischer Abwechslung oder gar Promiskuität zu verwechseln. Treue blüht am üppigsten auf dem Dünger der Freiwilligkeit, und dieser fehlt nun einmal in einem Vertragsverhältnis. Wir kennen die einschlägigen Statistiken: Der Prozentsatz treuer Ehepartner nimmt von Jahr zu Jahr ab. So es sie überhaupt gibt, beruht die Treue der Verheirateten auf Mangel an Gelegenheit oder nackter Angst vor den juristischen Konsequenzen. Und welche Frau möchte wirklich einen Mann, der aus Furcht keine andere umarmt?

Da auch die Liebesehe kein Garant für ewiges Zusammenleben ist, wäre es also durchaus möglich, daß die zweite Ehe unserer schönen Antonia nicht ihre letzte bleibt. Vielleicht ist es beim nächsten Mal auch ihr Mann, der die Scheidung fordert? Vielleicht macht er die große Karriere und beginnt sich so nach zwei, drei Jahrzehnten zu fragen, warum er mit einer Frau lebt, die so alt ist wie er selbst: Die anderen erfolgreichen Männer haben doch auch alle junge Weiber?

Außerdem kann es passieren, daß unserer Heldin auch dieser Mann langweilig wird. Der Arzt, den sie kürzlich auf diesem Wohltätigkeitsfest kennenlernte, der mit den so gütig blickenden Augen, der wäre vielleicht der Richtige gewesen? Vielleicht passiert ihr das mit der großen Leidenschaft auch wieder und wieder? Denn dummerweise macht die Glücksdroge Liebe so süchtig wie alle anderen Aufputschmittel – wer sie einmal genossen hat, wünscht stets eine weitere und meist auch höhere Dosis. »Sich scheiden lassen ist das Schönste auf der Welt«, behauptet zum Beispiel der vielfach geschiedene Maler Botero. Doch einen solchen Satz muß man sich leisten können, vor allem als Mann.

Glücklicherweise scheint aber das Suchtmittel Liebe nicht bei allen Menschen Abhängigkeit zu erzeugen. Vielleicht aus dem einfachen Grund, daß die meisten ein ganz anderes Pülverchen nahmen? »Es gibt Leute, die nie verliebt gewesen wären, wenn sie nicht davon sprechen gehört hätten«, heißt es zum Beispiel bei La Rochefoucauld. Vielleicht gehört trotz aller gegenteiligen Anzeichen auch unsere nach wie vor herrlich anzusehende Antonia Puig zu dieser Sorte? Jedenfalls wollen wir ihr hier wünschen, daß sie mit diesem Hamilton glücklich bleibt und daß es dann wirklich der Tod und nicht die Justiz ist, die sie scheidet. Immerhin halten, wie bereits erwähnt, Zweitehen fast viermal so lang wie die ersten Versuche.

Bei Richard Kelly II ist die Zukunft etwas leichter

vorauszusagen. Auch er wird schon bald eine weitere Bindung eingehen – diesmal allerdings nach Unterzeichnung eines umsichtig formulierten Vorvertrags. Seine Zweite ist blond, fünf Jahre jünger als Antonia und auf ihre Art mindestens ebenso attraktiv. Doch sicherlich werden ihr weitere Gattinnen folgen: Auch wenn Richard Kelly II kein hinreißender Liebhaber ist, bleibt ihm sein ausgeprägter sexueller Appetit wohl noch etliche Jahre erhalten. Der Altersabstand zu seinen Gattinnen vergrößert sich stetig, doch häßlicher werden sie dabei nicht. Irgendwann nach dem fünfundsechzigsten Geburtstag beginnen sich allerdings auch bei Richard Kelly II die biologischen Grenzen abzuzeichnen. Und wie alle anderen seiner Sorte findet auch er dann wie zufällig noch die Richtige. Und nennt sie wie alle anderen »die Frau, mit der ich alt werden möchte«.

Das ist er bereits. Und darum beschließt er, sich das Wohlwollen seiner künftigen Witwe durch – nun vornehmlich verbale – Verehrung und absolute Treue zu sichern: Wer weiß, ob er sie nicht schon demnächst als liebevolle Krankenschwester braucht? Erben hat er ohnehin zur Genüge – da von einem Reichen jede Kinder will, stehen nun für sein gleichbleibend florierendes Imperium ein knappes Dutzend Nachfolger zur Verfügung. Vor allem sein Erstgeborener, Richard Kelly III, scheint sich zu einem exzellenten Geschäftsmann zu entwickeln.

Und bis auf zwei Ausnahmen – die Zwillinge aus der dritten Ehe scheinen eher ihm selbst zu gleichen – sind alle seine Kinder außerordentlich gutaussehend. Auch dies ist eine mathematische Folge großer Vermögen: Da reiche Männer sich stets mit den hübschesten Frauen vermehren können, sind ihre Erben dann in der Regel nicht nur reich, sondern auch schön. Dies verfehlt auf uns andere niemals seine Wirkung. Meinen wir doch unwillkürlich, daß ein Mensch von so göttergleichem Aussehen, in den besten Schulen erzogen und daher auch gebildet und eloquent, von den geschmackvollsten Couturiers eingekleidet, irgendwie einen Anspruch auf seinen Sonderstatus hat. Und daß es eine Ehre ist, wenn er uns erlaubt, ihm bei der Vermehrung seines Vermögens zu assistieren.

Nein, weder um Richard Kelly II noch um seine Erben müssen wir uns Sorgen machen.

EHE UND FRAUENRECHT

Warum hat es nichts genützt?

es ist, als habe es den Feminismus nie gegeben. Denn da ist nun dieser peinliche Heiratsboom, die Völkerwanderung zurück zum Herd. Der neue weibliche Judassatz: »Aber ich bitte Sie, ich bin doch keine Emanze!« Sogar ein paar Männer beginnen sich zu fragen, was das alles zu bedeuten hat: Wenn es daheim so schrecklich ist, wie die Zeitungen schreiben – was erhoffen sich die Frauen von dieser Rückkehr an den Ort des männlichen Verbrechens? Sind sie Lemminge, aufgebrochen, um sich miteinander ins Verderben zu stürzen? Eine Gegenreaktion des Patriarchats (»backlash«) bombe sie in die Steinzeit zurück, klagen die Frauenrechtlerinnen. Warum nutzen die anderen dann aber jede Gelegenheit, sich von diesen zu distanzieren? Sind die Feministinnen nicht die letzten, die sich noch für sie zu wehren suchen?

Laut einer im Herbst 1993 veröffentlichten Gallup-Umfrage ist ausgerechnet im Land mit der aktivsten

Frauenrechtsbewegung heute fast jede zweite Frau gegen die Emanzipation:

44 Prozent aller US-Frauen bevorzugen einen männlichen Boß.

45 Prozent finden es besser, wenn der Mann das Geld verdient.

47 Prozent meinen sogar, die Frauen sollten zu Hause bleiben.

49 Prozent glauben gar, die Frauenbewegung habe ihr Leben erschwert.

Was hat das zu bedeuten? Warum haben die Jahrzehnte feministischer Indoktrinierung so wenig bewirkt? Beim Phänomen Ehe beispielsweise: Wenn diese uns Frauen versklavt, wie die Verteidigerinnen unserer Sache sagen, warum halten wir uns nicht fern? Wenn Kinder Fesseln sind, warum legen wir uns diese immer wieder freiwillig an? Wenn Hausarbeit die Qual ist, als die man sie schildert, warum stürzen wir uns dann gleich nach der Hochzeitsreise für zwei Personen hinein? Welcher Satan bringt uns dazu, jenes Laken zu wechseln, auf dem wir uns *beide* liebten?

Die Erklärung ist, daß der bis heute gültige Feminismus sein Konzept für einen Aufstand der Frauen auf der Basis falscher Daten errechnet hat. Der Umsturz war sorgfältig geplant und publizistisch überwältigend gut vorbereitet, doch als man die Fackel zündete, sprang der Funke nicht über. Es fehlte der Brennstoff, das »revolu-

tionäre Potential«: Das im feministischen Lager be-
schworene Patriarchat existiert in den westlichen Industriestaaten nur an der Oberfläche – im Kern ist diese
Gesellschaft durch und durch matriarchalisch organisiert.

Die Mehrheit der Frauen hat sich der Revolte nicht
angeschlossen, weil sie ihren Zustand nicht so ein-
schätzt wie die Minderheit derer, die sie anzufeuern
suchte – sie fühlt sich von den Männern nicht unter-
jocht. Vielleicht in einigen Teilaspekten, doch diese fallen nicht so sehr ins Gewicht, als daß wir das ganze
System über Bord werfen möchten. Das Wahlrecht besitzen wir, den anstrengenden Kleinkrieg um gleichen
Lohn für gleiche Arbeit haben wir an die Gewerkschaf-
ten delegiert (in denen wir, die Benachteiligten, uns nur
ausnahmsweise engagieren), an dem bei Scheidung an-
fallenden Recht des Verzichts auf die Kinder und Bei-
bringung des Unterhalts ist uns – wie gesagt – nicht gelegen, und auch auf das Recht am Kriegsdienst sind wir
nicht erpicht. Hier sollte uns zwar die Militärkarriere of-
fenstehen (und tatsächlich gibt es nun weibliche Ge-
neräle und Verteidigungsminister), nicht aber die Militärpflicht: Weiß nicht jeder, daß wir Frauen den Dienst
an der Waffe mit unserem Gewissen niemals vereinbaren könnten, weil eine Frau von Natur aus pazifistisch
ist? In Ländern, wo junge Männer diesen Dienst seit einiger Zeit ebenfalls aus Gewissensgründen verweigern
dürfen und statt dessen Ersatzdienst in Krankenhäusern
und Altenheimen leisten, werden die jungen Mädchen
dennoch nicht gleichverpflichtet. Als Mütter werden sie

sich später noch genug um Kranke und Alte zu kümmern haben – ist nicht das Leben einer Frau ein einziger Sozialdienst?

Doch wo liegt nun der Grund für diese falsche Strategie der Frauenrechtlerinnen, wie konnten sie sich *als Frauen* bei der Einschätzung der weiblichen Lage dermaßen verkalkulieren? Auch dafür gibt es eine Erklärung, die nicht gerne gehört wird: Sie taten genau das, was sie uns übrigen Frauen so gerne abgewöhnen möchten, und haben sogar in diesem ureigensten Bereich männliche Wertvorstellungen übernommen. Anstatt die Situation unseres Geschlechtes selbst zu prüfen und aus einer weiblichen Perspektive über weibliches Befinden zu berichten, liefen sie in die Bibliotheken und studierten jene Bücher, die vorher mitleidvolle Männer über uns geschrieben hatten. Deren Schlußfolgerungen gaben sie anschließend für ihre eigenen aus: Der Feminismus, den wir heute kennen, ist nicht auf Großmütterchens Mist gewachsen – Großväterchen hat ihn sich ausgedacht.

Denn auch wenn das heute niemand mehr wissen möchte: Es waren Männer, die das »Komplott des Patriarchats« entlarvten. Männer wie Karl Marx, Friedrich Engels, August Bebel, Sigmund Freud, John Stuart Mill, Henrik Ibsen. Wir Frauen kamen später und haben unter ihre Schlußfolgerungen unsere Unterschrift gesetzt. Als Simone de Beauvoirs Wälzer »Das andere Geschlecht« erschien, bestand die Neuigkeit darin, daß die männliche Einschätzung der weiblichen Lage zum ersten Mal ausdrücklich – und vor allem ausführlich – von einer Frau gebilligt wurde.

Der publizistische Erfolg des gutgemeinten Mammutwerks hatte allerdings für das weibliche Ansehen verheerende Konsequenzen. Denn eine Lawine kam damit ins Rollen: Buch um Buch wurde die angelesene These von männlicher Brutalität und weiblichem Martyrium von anderen Autorinnen fortgeschrieben, in jedem neuen Oeuvre bekam man weitere Beweise für die Infamie des anderen Geschlechts geliefert. Und da zumindest zu Anfang so gut wie jedes dieser Bücher auch kommerziell erfolgreich war, wurde die Flut bald so enorm, daß die Buchhandlungen gezwungen waren, ganze Abteilungen mit Emanzipationsliteratur einzurichten. Dabei blieb der intellektuelle Aufwand der Schreiberinnen minimal. Ohne auch nur einmal nachzudenken, konnte man sich den Anstrich geben, eine »Vordenkerin« zu sein: Um als Frau ein Buch über Frauen zu schreiben, genügte es zu behaupten, daß wir besser, gescheiter, phantasievoller und sensibler seien als die anderen.

Und keine der selbstlosen Kämpferinnen für unsere Sache kam auch nur auf die Idee, uns übrige Frauen zu fragen, ob wir mit dem Stigma des Opferlamms einverstanden sind. Daß viele von denen, die uns aufriefen, den Kontakt mit den Brutalos abzubrechen, sich im gleichen Atemzug zum Lesbianismus bekannten, konnte ihrer Aussage ebenfalls nicht schaden. Würde ein Blinder versuchen, den Sehenden ihre Freude am Sternenhimmel auszureden, würde man ihn belächeln. Erklärten uns homosexuelle Frauen, der Beischlaf mit Männern sei demütigend, gebären Sklavendienst und Kinder hüten stupide, wurden diese Erkenntnisse in den Medien andächtig wiederholt. Doch bei allem Respekt vor den Angehörigen sexueller Minderheiten und deren oft bewundernswerter Zivilcourage: Handelt es sich in *diesem* Fall nicht um ein bewußtes Madigmachen der Konkurrenz? Sind die verteufelten Machos nicht auch ihre Rivalen beim Kampf um die sexuelle Gunst der zur Revolte aufgeforderten Schönen?

Der Vorwurf der Meinungsmanipulation ist natürlich auch denen zu machen, die am Anfang der gescheiterten Bewegung standen. Auch sie, die Männer mit den weißen Bärten, die Auslöser jener Kampagne, die man bis heute als Feminismus bezeichnet, hatten ja nicht die weibliche Wirklichkeit beschrieben: Sie machten sich lediglich ihren Reim auf das, was sie in ihrem bourgeoisen Elternhaus und bei ihren bourgeoisen Freunden beobachtet hatten. Wie man aber weiß, war die freiwillige Selbsterniedrigung der Frau von jeher deren wichtigstes Instrument bei der Verwertung der männlichen Arbeitskraft: Eine Frau, die die eigenen Fähigkeiten konsequent verleugnet und die ihres Partners in den Himmel lobt, Leistung mit sexueller Vergünstigung und mangelnden Einsatz mit Liebesentzug quittiert, kann einen Mann zum Geldverdienen abrichten wie einen Pawlowschen Hund.

Henrik Ibsen hat uns diese Methode bereits vor mehr als hundert Jahren in seinem Stück »Nora oder ein Puppenheim« szenisch vorgeführt: Sobald die kleine Nora sich noch ein bißchen kleiner macht und noch ein wenig dümmer stellt, bekommt sie von ihrem Bankdirektorsgatten alles, was sie will. Nur hat der Dramatiker dann groteskerweise die Dame im Puppenheim bemitleidet und nicht den Herrn, der jeden Morgen mit der Aktentasche in der Hand für sie anschaffen geht. Denn nach seiner andressierten (männlichen) Wertskala waren ja die Freuden des Geldverdienens über denen des Ausgebens angesiedelt, galt das überwachte Leben hinter Firmenmauern mehr als die Freiheit einer gutsituierten Bürgersfrau, war die Gesellschaft von Befehlsempfängern der von Kindern allemal vorzuziehen.

Schwäche als Unternehmertaktik – wie sollte ein auf Aggressivität abgerichteter Mann auch darauf kommen? Dabei ist es so einfach: Nur für jemand, der sich schutzlos und unterlegen gibt, geht man gerne zur Arbeit. Nur wenn man das Gefühl hat, etwas zu tun, was der zu Hause auf keinen Fall selber machen könnte, hat man an der täglichen Plackerei seine Freude. Hier und nur hier ist auch die Erklärung für weibliche Diskriminierung am Arbeitsplatz zu suchen – bringt doch jede Frau, die das gleiche leistet wie ihr männlicher Kollege, bei ihm das gesamte Kartenhaus seiner Existenz in Gefahr: Wenn auch Frauen ihre Familien ernähren können, wieso schufte ich dann für meine? Die männliche Reaktion auf weibliche Konkurrenz ist die von Menschen, die um den Sinn ihres Lebens bangen: Man versucht die weiblichen Aufsteiger aufzuhalten und findet für die,

die es trotzdem schaffen, eine neue Bezeichnung. Es sind Nichtfrauen: *Mannweiber*.

Denn es ist ja so gut wie jeder Mann ein Produkt weiblicher Programmierung, weil so gut wie jeder seine früheste Werteskala einer weiblichen Bezugsperson – der Mutter – verdankt: Wer Gesellschaft sagt, spricht von Frauen. Nur ein freiheitsliebender Vorgesetzter würde frohen Herzens weibliche Karrieren fördern – weiß er doch, daß jede gutverdienende Frau ihn und sein Geschlecht der Freiheit ein Stückchen näherbringt. Doch wie viele solcher Vorgesetzten kann es schon geben? Wie soll ein Mensch, den man von klein an auf das Leben in Hierarchien vorbereitet, später freiheitsliebend sein? »Wir Männer sind Idioten«, notiert Cesare Pavese in seinem berühmten Tagebuch, »das bißchen Freiheit, das die Regierung uns läßt, lassen wir uns von Frauen fressen.«

Auch die bärtigen Frauenrechtler waren dieser Gehirnwäsche ausgeliefert. Sie wurden von frühester Kindheit an Zeuge, wie ihre bourgeoisen Mütter ihre Väter durch Verleugnen und Vernachlässigen der eigenen Fähigkeiten zu Höchstleistungen motivierten, und blieben auch selbst meist bis zu ihrem Ende Objekte dieser weiblichen Art der Unternehmensführung. Denn ihre Ehefrauen waren nie berufstätig – nicht Frau Marx ernährte Herrn Marx, sondern Herr Engels – und ließen, wann immer möglich, sogar die Hausarbeit noch von Personal erledigen. So entstand das Phänomen, daß diese ersten feministischen Theoretiker nicht nur die Frauen der Arbeiterklasse bemitleideten – denen es zu

Beginn der Industrialisierung sicher oft ebenso dreckig ging wie ihren unter den unmenschlichen Bedingungen schuftenden Männern –, sondern auch und vor allem die aus der Mittel- und Oberschicht. So erklärt sich das Kuriosum, daß man das Erkennungszeichen des künftigen Arbeitssklaven, den Penis, zum neiderweckenden Emblem des künftigen Herrschers verklärte.

Und so kommt es auch, daß die Gedankengänge dieser Koryphäen, wenn man sie auf die Wirklichkeit heutiger Industrieländer übertragen will, sich ausnehmen wie ein Kursus im alogischen Denken: Die langlebigere, entweder gar nicht oder nur zeitweise erwerbstätige und insgesamt trotzdem vermögendere Mehrheit wird einem als Opfer der kurzlebigeren, immer erwerbstätigen und insgesamt trotzdem ärmeren Minderheit präsentiert. Doch gab und gibt es natürlich wenige Frauen, die sich über diese Art Männerlogik offen belustigen. Wer lacht schon über den Hahn, der ihm an jedem Monatsende so bereitwillig seine goldenen Eier auf das gemeinsame Konto legt?

OMAS FEMINISMUS IST

AM ENDE

Die Frauenbewegung

bewegt nur noch die Männer

natürlich ist es schon ein Unterschied, ob man sich vor oder nach der Einführung des Frauenwahlrechts als Feminist oder Feministin gebärdete. Auch wenn die Gesellschaft davor nicht wirklich frauenfeindlich war – wer ein Mädchen sitzenließ oder nicht für seine Familie sorgte, wurde auch früher schon von einer männlichen Justiz, Kirche und Verwandtschaft zur Rechenschaft gezogen –, gab es damals eine objektiv meßbare Benachteiligung, die jeden gerechtigkeitsliebenden Menschen dazu bringen mußte, auf die Barrikaden zu steigen. Doch selbst wenn an jenen Protesten dann viele Frauen beteiligt waren – den Anstoß zur politischen Gleichberechtigung gaben jene ersten männlichen Meinungsmacher, denen wir Frauen verdanken, daß wir nun in jedem demokratisch regierten Land über die Mehrheit der Wählerstimmen verfügen.

Doch wählen wir damit endlich Frauen in die Parlamente? Nein, warum sollten wir: Wir tun auch hier, was wir von jeher am besten können, und ernennen jene Männer zu unseren Vertretern, die dort am eifrigsten für uns zu arbeiten versprechen. Mit dem Instrument der Meinungsumfrage kann sich heute jede Partei diskret erkundigen, wie wir es gerne hätten, und dann ihr Angebot nach unseren Vorstellungen formulieren. Wir Frauen sind nicht an der Macht, das ist richtig, doch dank jener ersten Kämpfer haben wir nun die Macht über die Mächtigen im Lande. Die feministische Forderung nach einem Gesetz, das die Hälfte aller politischen Ämter für weibliche Kandidaten reserviert, ist ein Akt der Verzweiflung: Die wenigen an politischer Arbeit interessierten Frauen haben begriffen, daß jeder Appell an die Solidarität der weiblichen Wählermehrheit vergeblich wäre.

Auch ist es ein Unterschied, ob man das Leben einer Hausfrau und Mutter vor oder nach jener Revolution mitleiderregend fand, die die Empfängnisverhütung und die Automation im Haushalt bedeutete. Auch diesen Umschwung zu weiblichen Gunsten bewerkstelligten, wie gesagt, Männer: Deren außerhäusliches sich Abrackern für unseren und der Kinder Unterhalt brachte uns quasi als Nebenprodukt auch immer mehr Komfort für zu Hause. Daß wir heute nur noch so viele Kinder kriegen, wie wir wollen, daß wir im Haus weitgehend entbehrlich sind und wählen können, ob wir lieber daheim bleiben oder wie ein Mann zur Arbeit gehen, verdanken wir den Männern.

Doch warum bedanken wir uns dann nicht? Es ist ja nicht unsere Schuld, daß wir an allen diesen kleinen und großen Revolutionen so wenig beteiligt waren – wir saßen zu Hause, sie dort, wo man erfand. Warum mißbrauchen wir die viele Zeit, die sie uns damit schenkten, um nun sie, unsere Befreier, als Unterdrücker zu beschimpfen? Warum sagen wir, daß wir das Gebären verweigern, wenn sie uns die Medikamente verschafften, mit denen wir allerorts die Geburtenrate reduzieren; warum werfen wir ihnen (die sich damit um jegliche Mitsprache bei der eigenen Fortpflanzung brachten) gar vor, sie hätten diese Pillen nur darum für uns erfunden, weil sie die eigene Gesundheit schonen wollten? Warum geben wir Frauen uns als die Gefühlvolleren aus, wenn sich zweimal mehr Männer als Frauen aus Verzweiflung das Leben nehmen? Warum reklamieren wir die Kinderliebe für uns, wenn die überwältigende Mehrzahl der Fälle von Kindesmißhandlung auf unser Konto geht: Wie sollte ein kleiner Junge, der von seiner Mutter geohrfeigt wird, als Mann dann später wissen, daß man physische Überlegenheit nicht mißbraucht? Warum nennen wir uns das phantasievollere der beiden Geschlechter, wenn die meisten der großen Kunstwerke von Männern stammen, und tun so, als hätten sie, die Klavierbauer, uns, die klimpernden höheren Töchter, am Komponieren gehindert? Warum leisten wir Frauen uns nicht ein bißchen mehr Wahrhaftigkeit und wenigstens ein Minimum an Selbstironie?

Um die Wahrhaftigkeit zu fördern, hier eine Zusammenfassung der Punkte, in denen das andere Geschlecht in den meisten Ländern nach wie vor als benachteiligt zu betrachten ist:

1 Männer leisten Militärdienst, Frauen nicht.
2 Männer werden in den Krieg geschickt, Frauen nicht.
3 Männer, die nicht schießen wollen, müssen zur Strafe Ersatzdienst leisten. Frauen leisten keinerlei gesellschaftlichen Dienst.
4 Männer werden in den meisten westlichen Industriestaaten einige Jahre später pensioniert als Frauen (obwohl sie aufgrund ihrer kürzeren Lebenserwartung eher ein Recht auf frühere Pensionierung hätten).
5 Männer verdienen den Unterhalt von Frauen, Frauen so gut wie nie den von Männern.
6 Männer sind ein Leben lang ohne Unterbrechung berufstätig, Frauen nach der Heirat oft nur noch mit jahrelangen Pausen, in Teilzeitjobs oder überhaupt nicht.
7 Obwohl Männer in der Regel ein Leben lang berufstätig sind und Frauen nicht, sind sie insgesamt ärmer als diese. In allen westlichen Ländern liegt die Mehrheit des Privatvermögens in weiblicher Hand.
8 Männer bekommen ihre Kinder geliehen, Frauen dürfen sie behalten: Das Scheidungsrecht beraubt sie bei der Trennung von der Mutter automatisch der Kinder.
9 Männer bewohnen ihr Zuhause nur auf Abruf, Frauen können bleiben: Da man das gemeinsame Kind

bei der Scheidung der Mutter zuspricht, muß man ihr auch das gemeinsame Domizil überlassen.

10 Männer können politisch nur durchsetzen, was Frauen entweder nützt oder gleichgültig ist: Da Frauen streßärmer leben, haben sie auch die höhere Lebenserwartung und verfügen darum in allen demokratisch regierten Ländern über die Mehrheit der Wählerstimmen.

11 Männer können in der Öffentlichkeit nur Meinungen vertreten, die Frauen entweder angenehm oder gleichgültig sind: Da diese in neun von zehn Fällen das Familieneinkommen verwalten und achtzig Prozent der Kaufentscheide treffen, wendet sich auch die Werbung vorzüglich an sie. Deshalb sind sie in den Medien kaum kritisierbar: Wenn Frauen zum Beispiel eine Zeitschrift nicht mehr kaufen, weil ihnen mißfällt, wie dort über sie geschrieben wird, verliert diese automatisch auch ihre Anzeigenkunden und damit ihre wirtschaftliche Basis. Wenn sie eine Fernsehserie nicht mehr einschalten, weil man sie dort unvorteilhaft präsentiert, ziehen sich auch deren Sponsoren zurück.

Der letzte der hier angeführten Faktoren ist auch dafür verantwortlich, daß der klassische Feminismus trotz seines Mangels an Gefolgschaft an der weiblichen Basis in den Medien noch immer das Sagen hat: Omas Frauenbewegung liegt zwar im Sterben, aber tot ist sie noch nicht. Natürlich nennt sich diese nun *Neuer Feminismus* oder *Feminismus der zweiten* (oder gar dritten) *Welle*.

Gekocht wird jedoch mit den Rezepten von früher: Zwar ist Papi nicht mehr ganz so gemein wie damals, und auch Kinder darf man jetzt wieder kriegen – doch Mami ist immer noch die beste.

Und grotoskerweise ist es Papi, der den Abschied von Mamis Feminismus verzögert. Die Mehrheit der Frauen verhält sich heutzutage den Streiterinnen für ihre Sache gegenüber mehr oder weniger genauso wie seit jeher den Männern: Sie lassen sie für sich arbeiten, nehmen sie jedoch nicht weiter ernst. Wenn den Feministinnen überhaupt noch jemand zuhört, dann sind dies ihre Erzfeinde, die Patriarchen. So absurd es klingen mag: Angesichts des demütigenden Katalogs seiner Benachteiligungen braucht nun der verheiratete Mann die Feministin dringender als seine Ehefrau. Ist diese doch die letzte, die ihn noch so beschreibt, wie er sich selbst gern sähe: mächtig, rücksichtslos und ohne jede Hemmung, wenn es um die Befriedigung seiner animalischen Instinkte geht.

Gerade die aggressivsten Frauenrechtlerinnen arbeiten also der bestehenden Ordnung am unglückseligsten in die Hand – ohne ihre unermüdlichen Anklagen gäbe es den »Macho« höchstens noch im Kino. Falls unsere Presse sie nicht täglich in Millionenauflage zu reißenden Wölfen stilisierte, zögen die eigentlichen Opferlämmer dieser »Männergesellschaft«, die Männer selbst, des Morgens längst nicht mehr so ergeben in die Büros und Fabriken. Denn je mehr sie im Berufsleben an Souveränität verlieren – je automatisierter ihre Arbeit sich gestaltet, je kontrollierbarer sie der Computer macht, je mehr sie die steigende Arbeitslosigkeit zu Unterwürfigkeit gegenüber Kunden und Vorgesetzten zwingt –, desto mehr müssen sie ja auch ein Erkennen scheuen. Und desto unentbehrlicher wird ihnen die Illusion, nicht sie seien die am meisten Versklavten, sondern jene, um derentwillen sie ein solches Leben auf sich nehmen.

Großmütterchens Feminismus hat also nichts weiter gebracht als dieses: Er hat die Gefühle beider Geschlechter in die Irre geführt. Und was hätte er sonst auch bewirken können? Es handelte sich um eine von Männern gemachte Ideologie, und damit kann man die Probleme der Frauen nicht lösen.

Und darum sollte man es nun einmal mit einer etwas realistischeren und daher notgedrungen auch selbstkritischeren Taktik versuchen – mit einem von Frauen ausgedachten, *weiblichen Feminismus*. Die industrielle Revolution hat unsere Welt verändert. Auch wenn wir zuweilen mit dem Gedanken flirten: Die meisten von uns wollen nicht wirklich an den Elektroherd zurück. Doch stehenbleiben können wir auch nicht, dazu ist unsere jetzige Position zu unbequem. Der einzig mögliche Weg ist der nach vorn.

Und verzichten wir diesmal auf die Hilfe der Männer. Da in allen entscheidenden gesellschaftlichen Fragen die Frauen agieren und die Männer lediglich reagieren, fehlt ihnen auch in dieser Frage der Überblick. Dies ist vor allem unser Problem, und darum ist es auch unsere Aufgabe, eine Lösung zu suchen, zu finden und durchzusetzen. Wir Frauen sind heute zum Denken und Handeln ausgebildet und stellen die Mehrheit: Falls wir es *tatsächlich* wünschen, haben wir die Macht, ein anderes Leben zu führen.

AUSWEGE FÜR MÄNNER

Was kann man(n) tun?

nichts.

AUSWEGE FÜR FRAUEN

Eine Frau von Stil fälscht ihr Alter

frauen sind die treibende Kraft beim Heiraten, nur sie können daher die treibende Kraft zur Beendigung der Ehemisere sein. Wenn hier ein Geschlecht etwas verändern kann, ist es das weibliche. Und zwar nicht, indem es den Ehemännern Staubsauger, Spülbürsten und Babys in die Hände drückt, sondern grundlegend und für immer.

Am sinnvollsten wäre natürlich eine Radikaltherapie: die Abschaffung der gesamten Institution, doch für eine solche Initiative dürfte man kaum eine Mehrheit finden. Außerdem wird ja heute keiner mehr zur Ehe gezwungen – ein Umstand, den der oder die Heiratsunwillige nicht dankbar genug vermerken kann. Alles, was man realistischerweise verlangen kann, sind Umstände, die eine Vernunftehe überflüssig machen: das Herbeiführen von Bedingungen, die die Heirat aus *gegenseitigem* Begehren fördern und somit wenigstens etwas glücklichere Ehen ermöglichen.

Einer Frau, die hier etwas ändern möchte, stehen individuelle und kollektive Strategien zur Verfügung. Bei ersteren kann sie im Alleingang handeln – sie erfordern nichts weiter als weibliches Ehrgefühl, ein gewisses Maß an gutem Geschmack und ein bißchen Zivilcourage. Bei den kollektiven Maßnahmen ist sie auf die Solidarität der übrigen Frauen angewiesen: Hier geht es um eine grundsätzliche Umstrukturierung der heutigen Arbeitsmarktpolitik. Sie wird Thema des nächsten Kapitels sein.

Beginnen wir also bei den individuellen Strategien. Wie benimmt sich eine Frau von Stil am Ende des zweiten Jahrtausends in bezug auf Heirat und Ehe? Falls hier ein neuer weiblicher Ehrenkodex erforderlich wäre: Welche Richtlinien müßte er enthalten.

Es wären vielleicht folgende:

1 Eine Frau von Stil heiratet entweder gar nicht oder aus wirklich respektablem Grund: weil sie einem bestimmten Mann oder sich selbst durch diesen Vertrag zu einer vielleicht lebenswichtigen Staatsangehörigkeit, Arbeitserlaubnis oder politischem Asyl verhelfen kann. Sofern ihre Tat zugunsten des Mannes erfolgt, ist ihre Entscheidung zur Heirat um so ehrenvoller, je weniger sie diesen liebt.

2 Falls eine Frau von Stil sich trotz aller ihrer Bedenken zu einer Ehe aus Liebe entschließt, wird sie darauf achten, daß ihr Erwählter weder bedeutend älter, wohlhabender noch prominenter ist als sie

selbst. Sollte sie sich in einen Mann verlieben, bei dem einer oder mehrere dieser Umstände zutreffen, wird sie auf eine Legalisierung verzichten. Denn erstens ist dies die einzige Möglichkeit, ihrem Partner die Wahrhaftigkeit ihres Gefühls zu beweisen. Zweitens ist es der einzige Weg, Schaden von ihrem Geschlecht abzuwenden: Solange sie sich dieser Heirat verweigert, kann niemand behaupten, daß hier eine Frau ihre Jugend an alte, reiche oder berühmte Männer verhökert habe.

3 Falls eine Frau von Stil sich trotz ihrer Bedenken zu einer Ehe aus Liebe entscheidet, wird sie den entsprechenden Antrag nach Möglichkeit selbst machen. Wenn sie auf den Antrag des Mannes wartet, könnte dies den Eindruck erwecken, als habe er sie nach einer Heirat auszuhalten. Einen solchen Eindruck sucht eine Frau von Stil unter allen Umständen zu vermeiden. Ihre durch eine jahrhundertelange Tradition geprägten Hemmungen wird sie leicht überwinden: Einen Mann von einigem Selbstbewußtsein wird der Heiratsantrag einer Frau eher entzücken als erschrecken. Und einen anderen will die Frau von Stil ja ohnehin nicht zum Ehemann.

4 Eine Frau von Stil verschickt niemals Heiratsanzeigen. Falls sie sich schon zu einer Hochzeit entscheidet, wird sie diesen Ausrutscher weder öffentlich machen noch aufdringlich feiern. Außerdem handelt es sich bei der Heiratsanzeige letztlich um die Bekanntgabe eines erotischen Abkommens mit einer Person des anderen Geschlechts – und Mitteilungen

über sexuelle Gewohnheiten gehören für eine Frau dieser Art nicht an die Öffentlichkeit. Auch wird sie sich des Gangs zum Standesamt schon darum ein wenig genieren, weil er gleichbedeutend mit einem Mißtrauensantrag gegen den Geliebten ist: Als würde sie diesen verdächtigen, sie in den »schlechten Tagen« sitzenzulassen, wenn er ihr hier nicht vor Beamten und Zeugen das Gegenteil verspricht.

5 Eine Frau von Stil gibt bei der Eheschließung niemals den eigenen Namen auf. Auch wird sie sich unter keinen Umständen mit Titeln und Prädikaten des Gatten schmücken: Aus Gründen des guten Geschmacks hat sie ja längst auf das Tragen ihres eigenen akademischen Titels und des eigenen Adelsprädikats verzichtet. Sie betrachtet ihre Entscheidung zur Ehe als eine Anwandlung von Schwäche, die ein Namenswechsel nur noch betonen würde: Je rascher ihre Umgebung die Sache vergißt, desto besser. Eine Frau, die sich mit dem Namen ihres Mannes ansprechen läßt, ist in ihren Augen eine Verräterin der weiblichen Sache.

6 Eine Frau von Stil trägt niemals einen Ehering. Sie hat auch keine Freundinnen, die es tun. Wegen der kürzeren Lebenserwartung der Männer gibt es auf dieser Welt ein Heer von älteren Frauen, die unfreiwillig alleinstehend sind und sich darum minderwertig fühlen. Angesichts dieses Umstands ist das Tragen eines Eherings angeberisch, unsolidarisch und vulgär. Doch auch in der Anwesenheit eines derart beringten Mannes fühlt eine Frau von Stil sich

nicht wohl. Ist es doch, als wolle dieser sie warnen, sich mit ihm einzulassen. An der Hand eines Mannes ist der Ehering entweder ein Zeichen von Selbstüberschätzung oder Sexualangst. Beides kann einer Frau von Stil nur peinlich sein.

7 Eine Frau von Stil, die sich trotz aller Bedenken zur Ehe entschließt, wird mit dem Heiraten wenigstens warten, bis sie über Dreißig ist. Und wird sich dann, wegen der frühen Sterblichkeit und noch früher schwindenden Liebeskraft des anderen Geschlechts, nach Möglichkeit für einen um etliche Jahre jüngeren Mann entscheiden. Und falls dem materielle Probleme entgegenstehen, ist sie selbstverständlich auch bereit, diesen Mann »auszuhalten«.

8 Eine Frau von Stil reagiert niemals gekränkt, wenn man sie nach ihrem Alter fragt – sie wird diese Frage mit der größten Selbstverständlichkeit wahrheitsgemäß beantworten. Andernfalls muß der Eindruck entstehen, daß das Altern für sie eine »Wertminderung« bedeutet – und ein solcher Eindruck wäre eine Schädigung des weiblichen Ansehens. Das bei solchen Gelegenheiten übliche Kompliment, sie sähe jünger aus, wird eine solche Frau souverän ignorieren. Auf keinen Fall wird sie bei ihrem Gesprächspartner den Eindruck erwecken, daß das »jüngere Aussehen« für Frauen von Bedeutung sei.

9 Falls eine Frau von Stil ihr Alter fälscht, fälscht sie es niemals *nach unten*. Da dies früher oder später ohnehin auffliegt, entsteht zwangsläufig der Eindruck, als würden die Frauen selbst ihren Wert an der Fri-

sche ihres Fleisches messen. Eine solche Taktik wäre mithin so etwas wie Hochverrat an der weiblichen Sache, wozu sich eine Frau von Stil nie verstünde: Ein weibliches Verfallsdatum gibt es nicht.

10 Eine Frau von besonders erlesenem Stil fälscht ihr Alter *nach oben*. Und zwar geht sie dabei bis zur äußersten Grenze – so an die zehn Jahre mehr würden bei den meisten Frauen noch glaubhaft wirken. Und je attraktiver die Fälscherin ist, desto nachhaltiger bringt sie die männlichen Maßstäbe durcheinander. Das Heraufschwindeln des eigenen Alters wäre derzeit die spektakulärste feministische Tat. Gerade für schöne Frauen sollte sie zur Selbstverständlichkeit werden.

11 Eine Frau von Stil wird einem Mann niemals vorwerfen, sie habe ihm »die besten Jahre ihres Lebens« geschenkt. Sie macht damit sich und alle anderen Frauen zu einer Ware, für die das Altern eine Wertminderung bedeutet. Wer sagt, daß die besten Jahre die sein müssen, in denen sie jung ist? Von einer älteren Frau, die sie attraktiv findet, wird eine Frau niemals sagen, sie sehe »noch immer« gut aus. Wenn hier die Frauen nicht auf die Sprache achten, können sie nicht erwarten, daß die Männer es tun: Für die Attraktivität eines Menschen gibt es keine Altersgrenze. Die Begeisterung junger Damen für ältere Herren ist nur darum so unglaubwürdig, weil dieses Phänomen so selten mit umgekehrten Vorzeichen auftritt. (Und weil es sich bei dem Alten, für den die Junge sich begeistert – wie gesagt – *nie, nie, nie* um einen armen Rentner handelt.)

12 Eine Frau von Stil wird eine Auskunft über ihren Zivilstand nach Möglichkeit verweigern. Denn letztlich handelt es sich dabei um die Frage, ob sie regelmäßig oder unregelmäßig Geschlechtsverkehr betreibt, stets mit dem gleichen Mann oder mit verschiedenen, und ob sie gegebenenfalls auch dem Fragenden zur Verfügung stünde. Es handelt sich also entweder um eine indiskrete oder eine anzügliche Frage, auf die man die Antwort guten Gewissens verwehren kann.

13 Bei der Frage nach ihren Kindern wird eine Frau von Stil niemals erwähnen, ob diese »ehelich« geboren wurden oder nicht. Sie kann ja kein Interesse daran haben, die unehelich geborenen Kinder anderer Frauen zu diskriminieren.

14 Eine Frau von Stil schläft niemals mit einem Mann, den sie nicht wirklich begehrt, und fingiert niemals einen sexuellen Höhepunkt, den sie nicht empfindet. Abgesehen davon, daß sie sich damit selbst um die Lust betrügt, könnte dies ihre Partner dazu verleiten, in diesem Punkt ehrliche Frauen für verklemmt zu halten und weibliche Wahrheitsliebe mit Frigidität gleichzusetzen.

15 So sehr sie sich auch ein Kind von ihm wünschen mag: Eine Frau von Stil schwängert einen Mann nur mit seinem ausdrücklichen Einverständnis.

16 Bevor sie sich zur Mutterschaft entschließt, wird eine Frau von Stil mit dem künftigen Vater die Frage klären, wer von beiden – so sich keine andere Lösung findet – nach der Geburt des Kindes zu Hause

bleibt. Wenn sie es ist, wird sie sich über die selbstgewählte Rolle dann später niemals beklagen. Falls er es ist, wird sie klaglos für ihn und das Baby zur Arbeit gehen und sich nach einer eventuellen Scheidung klaglos mit Alimentenzahlung, Räumung des Domizils und stundenweisem Besuchsrecht abfinden.

17 Eine Frau von Stil wird einen Mann auch dann nicht schwängern, wenn sie beabsichtigt, das ohne seine Einwilligung gezeugte Kind dann später als ledige Mutter auf eigene Kosten zu erziehen und zu versorgen. Sie ist nicht Gott – und wird darum ihren Beischläfer schon aus Bescheidenheit fragen, ob er bereit ist, mit ihr einen neuen Menschen zu erschaffen.

18 Im Fall einer Scheidung mißbraucht eine Frau von Stil ihr Kind niemals als Geisel gegen den Vater. Auch wird sie sich an einer Scheidung niemals zu bereichern versuchen. Unterhaltszahlungen beansprucht sie nur in dem Maße, wie sie darauf angewiesen ist. Vor allem wenn in erster Linie sie es war, die das Kind wollte.

19 Eine Frau von Stil liebt die Gesellschaft galanter Männer, ist zu diesen aber auch selbst galant. Wenn es sich so ergibt, wird auch sie einem Mann die Autotür öffnen, ihm in den Mantel helfen oder im Restaurant die Rechnung an sich nehmen. Letzteres gilt natürlich nicht in Gegenwart wohlhabender Männer, doch mit solchen läßt sie sich in der Öffentlichkeit ohnehin nicht gern blicken: Vor allem wenn sie jung ist und er schon älter (und das ist ein wohl-

habender Mann in der Regel), wird man sie automatisch der Käuflichkeit verdächtigen. Und dies fällt dann wiederum auf die anderen Frauen zurück.

20 Eine Frau von Stil interessiert sich für Politik: Wer das Wahlrecht genießt, hat nach ihrer Meinung die Pflicht, über seine Wahlmöglichkeiten informiert zu sein.

21 Eine Frau von Stil setzt sich für die Gleichberechtigung des Mannes ein: Militärpflicht und Ersatzdienst, die nur für Männer gelten, lehnt sie ebenso ab wie ein unterschiedliches Pensionsalter oder den Ruf »Frauen und Kinder zuerst!« Nach ihrer Meinung ist nicht nur die Freude am Sex, sondern auch die Angst vor dem Sterben bei Männern und Frauen gleich stark. Auf keinen Fall akzeptiert eine Frau von Stil für ihr Geschlecht das Privileg, eine Militärkarriere zu machen, solange die Einberufung zu Wehr- und Kriegsdienst nicht für beide Geschlechter gilt.

22 So sie einen Beruf ausübt, ist es für eine Frau von Stil selbstverständlich, sich auch an der Arbeit ihrer Gewerkschaft zu beteiligen und sich persönlich dafür zu engagieren, daß das Recht auf gleichen Lohn für gleiche Arbeit von ihrem Arbeitgeber respektiert wird. Auf keinen Fall erwartet sie von ihren männlichen Kollegen, daß sie auch auf diesem Gebiet noch für die weiblichen Belange kämpfen.

23 Eine Frau von Stil läßt sich und ihr Geschlecht niemals öffentlich bemitleiden – vor allem nicht von Männern. Normalerweise will der Politiker mit die-

ser Taktik nur ihre Stimme fangen, und der Journalist will indirekt beweisen, daß sein Geschlecht dem ihren zumindest an Macht überlegen ist. Von Männern kommender Feminismus ist in der Regel verkappter Sexismus.

24 Eine Frau von Stil findet die Forderung nach Frauenquoten bei der Besetzung politischer Ämter blamabel. Andererseits weiß sie aber auch, daß die darauf bestehenden Damen mit diesem Trick in erster Linie den *weiblichen* Widerstand gegen weibliche Politiker brechen wollen. Denn die weibliche Wählermehrheit wählt nun einmal lieber Männer: Wenn dies anders wäre, würden die Parteien selbstverständlich weibliche Kandidaten aufstellen. Es handelt sich also bei der Forderung nach Frauenquoten um einen Akt weiblicher Notwehr gegen die Diskriminierung durch das eigene Geschlecht. Und es wäre stilvoller, wenn die weiblichen Politaspiranten dies öffentlich eingestünden.

25 Falls eine Frau von Stil sich so sehr vor dem Sterben fürchtet, daß sie Mitglied einer *Überlebensversicherungsgesellschaft* (Kirche, Sekte, Kultgemeinschaft) wird, gibt sie nicht eher Ruhe, bis ihre Firma auch weibliche Makler (Prediger, Bischöfe, Päpste) beschäftigt. Dieses Ziel erreicht sie durch einen konsequenten Boykott der sonntäglichen Mitgliederversammlung. Und da sie auch hier in der Überzahl war (in den christlichen Kirchen stellen Frauen siebzig Prozent der Kirchgänger), erreicht sie es schnell: Wie könnte ein Verein, der sein Geld mit der Ver-

heißung des ewigen Lebens macht, auf die Mehrheit seiner Anhänger verzichten?

26 Falls ihr Mann sie wegen einer jüngeren Frau verläßt, hält sich die Eifersucht einer stilvollen Frau in Grenzen. Als ältere Frau weiß sie, was der jüngeren Frau eine Ehe mit einem älteren Mann wie dem ihren erträglich macht. Und daß sich hinter einem späten Glück wie diesem in der Regel so etwa das Gegenteil dessen verbirgt, was dieser damit beweisen möchte: Kein außergewöhnlich potenter Herr, sondern eine außergewöhnlich frigide Dame.

Doch sei die Nachfolgerin nun jünger oder nicht, sei es für sie selbst ein Drama oder eine Erleichterung, eine Frau von Stil kennt angesichts des Verlassenwerdens nur einen einzigen Kommentar: »Nun, er hat sich verliebt – was soll er denn machen?« Denn nur das ist ja tatsächlich vorgefallen.

Ist sie diejenige, die sich neu verliebt hat, wird eben dies ihr einziges Argument für den Abschied bleiben. Auf keinen Fall wird sie dem miesen Charakter des Verflossenen die Schuld am Scheitern der Ehe geben: Sie selbst hat sich diesen Mann seinerzeit ausgesucht, und sie ist eine Frau von Stil.

DER

ÖKONOMISCHE AUSWEG

Vorschläge

zur Entkriminalisierung

der Intimsphäre

d ieses Kapitel handelt hauptsächlich von wirtschaftlichen Fragen. Denn tatsächlich sind für das Elend, in dem die Geschlechter miteinander leben, auch (und vor allem) die ökonomischen Umstände verantwortlich, unter denen sie ihre Rollen angetreten haben. Und darum gilt es auch (und vor allem) diese umzustoßen.

Die Männer scheinen sich damit abgefunden zu haben, daß sie für Liebe zahlen müssen, in Monatsraten oder cash. Darum macht es ihnen beispielsweise auch nichts aus, die Dienste eines Callgirls oder einer Bordellhure in Anspruch zu nehmen. Und obwohl das sexuelle Verlangen der Frau sicher nicht geringer ist, würde diese sich normalerweise lieber erhängen, bevor sie die Liebesdienste eines Mannes mit einem Barscheck quittiert. Was dem Mann Bestätigung seiner Männlichkeit ist (Frauen muß man sich leisten können, und er kann es!), wäre für die Frau eine Bankrotterklärung ihrer gesamten Existenz. In ihren Augen hat die Hure hundertmal mehr Würde als der Freier: Diese wird dafür bezahlt, daß man sie anfassen darf, jener muß dafür zahlen, daß man ihn anfaßt. Daß Männer mit ihren Bordellbesuchen sogar noch renommieren, erscheint ihr als Gipfel der Absurdität.

Diese diametral entgegengesetzten Ehrbegriffe der Geschlechter sind die Basis der alltäglichen Misere unserer Ehen. In der Veränderung dieser Ehrbegriffe – in der Veränderung der wirtschaftlichen Faktoren, die sie prägen – liegt der Schlüssel zur Sanierung des Geschlechterverhältnisses. Nicht daß die Paare miteinander jemals hundertprozentig glücklich wären – das können und sollen sie ja gar nicht sein. Die Hölle wäre der Ort, an dem alle Probleme gelöst sind: Ein paar Gründe zum Streiten müssen uns schon darum bleiben, damit dies der Himmel auf Erden wird.

Die Lösung des Problems Ehe besteht darin, den Handel mit der Liebe abzuschaffen. Und dafür hat es nie bessere Zeiten gegeben. Durch eine immer umfassendere Automatisierung der Hausarbeit und eine immer perfektere Handhabung der Geburtenkontrolle hat sich in den letzten Jahrzehnten die Zahl der zur Verfügung stehenden Arbeitskräfte praktisch verdoppelt: Nicht nur Männer, auch Frauen können jetzt außerhalb des Hauses arbeiten. Aus dieser wohl größten sozialen Veränderung unserer Geschichte müssen nun endlich die praktischen Konsequenzen gezogen und beide Geschlechter gleichmäßig am Erwerbsleben beteiligt werden.

Die Liebe kann und muß ihren Warencharakter verlieren. Doch das ist nur möglich, wenn man den Arbeitsmarkt so verändert daß

a) der Mann so wenig Geld verdient, daß er Frauen nicht mehr kaufen kann,
b) die Frau so viel Geld verdient, daß sie für Männer nicht mehr käuflich ist.

Um dies herbeizuführen, gibt es – abgesehen von einem Appell an das Ehrgefühl beider Seiten – nur einen einzigen Weg: die *schrittweise Verkürzung der Arbeitszeit von durchschnittlich acht Stunden auf fünf Stunden täglich* (Einführung der 25-Stunden-Woche), die von folgenden Maßnahmen begleitet sein müßte:

o Gehaltskürzung, die der Kürzung der Arbeitszeit entspricht;
o Einführung eines Kindergehalts, das – unabhängig vom Einkommen der Eltern – vom Tag der Geburt an alle Grundbedürfnisse eines Kindes deckt;
o Einführung eines staatlich garantierten zweijährigen, vollbezahlten Urlaubs für Mutter oder Vater nach der Geburt eines Kindes sowie Einführung des Rechts auf Sonderurlaub bei dessen Erkrankung (falls kein Elternteil die Berufstätigkeit unterbrechen will, könnten die beiden in verschiedenen Schichten tätig sein, es bestünde ein Arbeitszeitwahlrecht für Eltern von Kleinkindern);
o Abschaffung von Kinderkrippen, Horten und Ganz-

tagsschulen zugunsten von Fünf-Stunden-Kinder-
gärten und Fünf-Stunden-Unterricht an sämtlichen
Schulen;

o Abschaffung des Pensionierungszwangs zugunsten
selbstgewählter Pensionierungsgrenzen.

In der Praxis würde diese Reform den Bürgern eines
Landes folgende Vorteile bringen:

1 Jeder hätte seinen eigenen Beruf, sein eigenes Einkommen und später dann seine eigene Rente.

2 Jeder hätte sowohl Arbeit als auch Zeit zum Leben.

3 Alte Menschen könnten bei so kurzen und weniger
belastenden Arbeitszeiten selbst entscheiden, ob
und wann sie sich zur Ruhe setzen, sie *müßten* sich
nicht mehr pensionieren lassen.

4 Kinder hätten erstmals nicht nur Mütter, sondern
auch Väter. Sie müßten auch bei Berufstätigkeit beider Eltern nicht in Ganztags-Krippen und –Kinder-
gärten kaserniert werden und sich nach der Schule
nicht mehr auf der Straße herumtreiben. Zumindest
einer der beiden Elternteile würde daheim auf sie
warten.

5 Männer hätten nicht mehr die Hauptverantwortung
für Wohlergehen und Status der Familie. Sie würden
sich also im Beruf weniger verausgaben, was wiederum eine Steigerung ihrer Lebenserwartung zur
Folge hätte. Frauen wären im Alter nicht mehr so
einsam, wie sie es heute sind.

6 Die weibliche Berufsausbildung wäre nicht mehr die

gigantische wirtschaftliche Fehlinvestition, die sie heute darstellt: Welchen Sinn hat es, Frauen mit dem gleichen Aufwand auf Berufe vorzubereiten, wenn die meisten während der langen Jahre des Hausfrauendaseins alles Erlernte wieder vergessen und später bestenfalls in Halbtagsstellen ohne Verantwortung tätig sind?

7 Die Ehescheidung, heute ein Privileg der besser verdienenden Schichten, wäre dann für alle erschwinglich. Nicht nur die Reichen, auch die Armen könnten – sooft sie wollten – heiraten oder sich scheiden lassen. Und auch die Scheidungsprozedur selbst hätte mit dem heutigen Massaker nur noch entfernte Ähnlichkeit. Denn die Familienstruktur wäre dann absolut variabel: Wie bei einem Baukastensystem könnten sich zwei oder mehr Menschen zusammentun und wieder trennen, ohne daß es dabei mehr als emotionale Komplikationen gäbe. Da in den meisten Ehen beide Erwachsene einen Beruf ausüben würden und auch die Kinder ein selbständiges Einkommen bezögen, müßte man sich im Fall einer Scheidung weder um Unterhaltszahlungen noch um Abfindungen streiten. Und auch eine Aufsplitterung der Rentenansprüche wäre überflüssig, denn jeder der beiden Berufstätigen hätte ja automatisch seine eigene Altersversorgung.

Doch auch die Kinder müßten nach der Reform keinem vorenthalten werden. Da beide Eltern Zeit für sie hätten, könnten sie sich entscheiden, bei wem sie sich jeweils aufhalten wollen. Die »elterliche Gewalt« müßte nur noch dann auf einen der Partner übertragen werden, wenn das Kind zu klein für eine Entscheidung wäre und die Eltern sich über seinen Hauptwohnsitz nicht außergerichtlich einigen könnten. Allerdings käme es aus diesem Grund häufiger zu Auseinandersetzungen als heute. Während sich jetzt nur Männer, die nach ihrer Scheidung nicht arbeiten müssen, um das Sorgerecht für ihre Kinder bewerben können – also vermögende Männer –, könnte dann praktisch jeder Vater einen solchen Antrag stellen, denn jeder hätte ja für die Versorgung seiner Kinder ebenso günstige Voraussetzungen anzubieten wie die Mutter. Doch auch der Verlierer dieses Kampfes müßte nicht mehr so untröstlich sein wie heute. Während dies jetzt unmöglich ist, bliebe ihm in der Fünf-Stunden-Gesellschaft – vorausgesetzt, er lebte am gleichen Ort – genug Zeit, um seine Kinder aus früheren Ehen so häufig zu sehen, wie er es wünscht.

Wahrscheinlich wäre dieser »Verlierer« jedoch auch nach der Reform meist der Mann. Mit der gleichen Selbstverständlichkeit, mit der man erwarten würde, daß die Mutter und nicht der Vater das Kind während seiner beiden ersten Lebensjahre betreut, würde man auch der Mutter und nicht dem Vater im Streitfall das Sorgerecht übertragen. Da man sich an irgendeinem Gesichtspunkt orientieren müßte, würde die Rechtsprechung diese »Dienstleistung« im Kleinkindalter vielleicht sogar zur Richtschnur nehmen. Frauen, die sich benachteiligt fühlten, weil es auch nach der Reform zur Rollenerwartung gehörte, daß sie und nicht ihre Männer das Füttern, Baden und Wickeln eines Neugeborenen übernehmen, könnten sich damit trösten, daß ihnen aus genau dem gleichen Grund im Fall einer Scheidung das Kind viel sicherer wäre.

Das alles mag sich so anhören, als würde sich unsere Gesellschaft nach der hier vorgeschlagenen Reform in ein Sodom und Gomorrha verwandeln: Jeder wäre frei, seinen Mann oder seine Frau jederzeit zu verlassen und sich mit jedem beliebigen anderen zusammenzutun. Diese Sorge ist jedoch völlig unbegründet: Sicher käme es zunächst zu einem Anstieg der Scheidungsziffern – doch nach einigen Jahren oder Jahrzehnten würde die Zahl der Scheidungen vielleicht sogar zurückgehen. Denn es gäbe dann in den Ehen wohl mehr Freiheit als heute – aber gerade deswegen auch mehr Liebe. All die Frauen, die sich jetzt bei der Partnerwahl mehr oder weniger nach ökonomischen Gesichtspunkten entscheiden, würden dann Männer nehmen, die sie lieben und mit denen sie folglich auch aufregendere Ehen führen würden.

Doch nicht nur das erotische, auch das intellektuelle Bündnis zwischen Ehepartnern stünde auf einer solideren Basis. Während sich jetzt Mann und Frau nach einigen Ehejahren oft durch einen Abgrund voneinander getrennt fühlen (sie durfte alles vergessen, er mußte immer mehr dazulernen), würden sie dann in ihrer intellektuellen Entwicklung miteinander Schritt halten, denn dank des beruflichen Wettbewerbs könnte sich keiner den Luxus des Verdummens leisten.

Damit genösse die Familie, deren Interessen man heute durch komplizierte Gesetze zu wahren versucht, den umfassendsten und zuverlässigsten Schutz, den man sich denken kann. Die Liebe und das Verständnis, das die Erwachsenen füreinander empfänden, wären der beste Garant für das Wohlergehen der Kinder. Und auch die Tatsache, daß Väter zu ihren Kindern einen viel innigeren Kontakt hätten, würde die Stabilität der Gemeinschaft festigen. Ein Kind, das man täglich mehrere Stunden lang um sich hat, kann man noch weniger verletzen als eines, das man nur am Wochenende erlebt. Falls aber die Trennung einer Ehe trotz allem unausweichlich würde, wären die Kinder gerade dadurch, daß diese möglich ist, am besten abgesichert. Ein ruhiges Leben mit Vater oder Mutter wäre für sie auf jeden Fall weniger schlimm als der ewige Streit zwischen zwei Menschen, die sich gegen ihren Willen aneinandergekettet fühlen. Denn Ehen sind ja nicht schon deshalb ein Erfolg, weil die Kontrahenten am Ende das gleiche Grab belegen. Manche Ehe läßt sich gerade dadurch »retten«, daß man sie rechtzeitig abbricht.

Dank dieser Reform (der Erleichterung der Ehescheidung, die eine Folge der ökonomischen Selbständigkeit der Frauen wäre), könnte man also – wenn es schon sein soll – die Institution Ehe beibehalten. Dies käme allen zustatten: denen, die verheiratet sind; denen, die sowieso heiraten würden; denen, die heute aus Angst vor den Folgen nicht zu heiraten wagen; und denen, die nicht heiraten können, weil ihr Partner bereits mit einem anderen verheiratet ist.

Trotz der Vorteile, die sie uns allen brächte, dürfte eine Unterstützung dieser Reform jedoch nur von den jüngeren Männern zu erwarten sein: Wie Umfragen in westlichen Industrieländern zeigen, wäre hier mehr als die Hälfte der unter Fünfundzwanzigjährigen bereit, auf einen Teil ihres Einkommens zu verzichten, wenn sie dafür mehr Freizeit hätten. Sie haben vom Leben ihrer Väter genug gesehen, um zu wissen, daß sie für sich selbst etwas anderes wünschen. Es sind diese Väter, die einer solchen Reform erbitterten Widerstand entgegensetzen werden: Von uns Frauen dazu abgerichtet, ihren Selbstwert an der Berufskarriere zu messen, werden sie fürchten, ohne unsere Abhängigkeit von ihrem Geld auch nicht mehr in den Genuß unserer Liebe zu kommen. Diese Befürchtung ist zwar so abwegig wie nur etwas, weil mit dem Ende dieser Abhängigkeit unsere Liebe für sie überhaupt erst *entstehen* kann. Doch diese Ethik werden gerade die Männer über Vierzig – die in den wirtschaftlichen und politischen Schlüsselpositionen – nicht begreifen. Wenn sie Sex nicht mehr mit Geld und Status kriegen – womit dann? Sollen sie jetzt vielleicht auch in die Fitneßstudios rennen?

Mit anderen Worten: Die zum Beenden der Misere absolut unverzichtbare Revolution bei der Lebensarbeitszeit ist nur von weiblicher Seite und bestenfalls mit Hilfe der Söhne durchzusetzen. Doch da wir Frauen die Mehrheit der Wähler stellen, können wir natürlich auch die Politik bestimmen. Wenn sie unsere Stimmen anders nicht bekommen, werden die Partei- und Gewerkschaftsfunktionäre auch ihre Programme ändern.

Doch die Zeit arbeitet ohnehin für die von uns gewünschte Richtung. Während die Experten früher ein solches Konzept als Phantasterei abtun konnten (und es taten), ist dies heute nicht mehr möglich. Denn da ist nun diese hohe Arbeitslosigkeit, die Arbeitszeitverkürzungen ohnehin unumgänglich macht. Wie gut die Wirtschaft der einzelnen Länder sich auch erholen mag – die fortschreitende Automatisierung wird in jedem Fall weiterhin Arbeitsplätze vernichten. Als das Volkswagenwerk 1993 zwecks Vermeidung von Massenentlassungen die Viertagewoche mit entsprechend gekürztem Gehalt einführte, kam es kaum noch zu Protesten: Die Arbeiter hatten eingesehen, daß es besser ist, weniger zu arbeiten, als gar keine Arbeit zu haben. Doch diese Maßnahme war lediglich ein Vorgeschmack auf das, was uns hier erwartet: Die Arbeitszeit muß so lange verkürzt werden, bis das, was uns die Automaten an Beschäftigung übriglassen, für alle Erwerbswilligen reicht. Wenn der eine Teil der Bevölkerung sich zu Tode arbeitet, während der andere sich zu Tode langweilt, ist der soziale Frieden nicht zu halten.

Daß das Gros der Wirtschaftsfachleute das alles noch belächelt, sollte man als gutes Zeichen nehmen. Denn das taten sie auch in früheren Fällen – 1870 zum Beispiel, bei der Arbeitszeitverkürzung von siebzehn auf zwölf Stunden, oder 1919, als man von zwölf auf acht Stunden kürzte, und dann 1957, als die Umstellung auf die Fünftagewoche eine weitere Arbeitszeitverkür-

zung um vier Stunden brachte. Stets hatten sie prophezeit, daß die Maßnahme die Wirtschaft ruinieren
würde, und stets ging es dieser hinterher besser. Den
einzig handfesten Einwand, der gegen die Reform her-
vorzubringen wäre, übersehen sie konsequent: daß
nämlich jede Verkürzung der (männlichen) Arbeitszeit
das Heer jener mobilisiert, die im Augenblick noch
nicht einmal an Erwerbstätigkeit denken. Da sieben
Stunden Arbeit bereits attraktiver sind als acht, hätte
eine solche Reform nolens volens die Bewerbung eines
Teils der in ihren automatisierten Kleinsthaushalten
mehr und mehr gelangweilten Hausfrauen zur Folge.
Wenn nach einer einstündigen Arbeitszeitverkürzung
auch nur ein kleiner Prozentsatz dieser Automatisie-
rungsopfer – denn das sind sie ja tatsächlich – eine bezahlte Beschäftigung verlangte, hätte man wieder die
gleiche Arbeitslosenquote wie zuvor.

Wie für den berühmten Zauberlehrling läge es also
in der Dynamik der Sache, daß man nach einem solchen
Start die Entwicklung nicht mehr aufhalten könnte.
Jede Verkürzung der Arbeitszeit eines Mannes verändert automatisch das Erwerbsverhalten seiner Frau.
Und die einmal losgetretene Lawine rollt dann mit
jedem weiteren Schritt nur noch schneller: Da sechs
Stunden Arbeit noch attraktiver sind als sieben, wäre
der Zulauf weiblicher Arbeitssuchender bereits enorm.
Abgesehen davon, daß eine Lohnreduzierung im männlichen Lager die weibliche Berufstätigkeit oft auch aus
rein materiellen Gründen notwendig machen würde.

Der Prozeß der Arbeitszeitverkürzung könnte also

logischerweise erst dann zum Stillstand kommen, wenn *alle* Männer und *alle* Frauen eine bezahlte Tätigkeit hätten. Und wenn man die heutigen Wirtschaftsdaten als Berechnungsgrundlage nimmt, läge diese definitive Arbeitszeit bei etwa *fünf Stunden täglich*.

Auf *einen* Kompromiß dürften sich die Frauen bei einem Kampf um dieses Konzept nicht einlassen: Zu erwarten wäre ein Angebot der Männer, die weibliche Nachfrage nach Arbeit durch die Schaffung von Teilzeitarbeitsplätzen zu befriedigen. Doch das könnte man höchstens für die Jahre des Übergangs akzeptieren. Solange es Ganz- und Teilzeitarbeit gibt, wird ein Unternehmen die wichtigen Positionen immer mit einer Kraft besetzen, die ihm während der gesamten Arbeitszeit zur Verfügung steht. Und das wäre dann in der Regel eben ein Mann. Gleiche Aufstiegschancen, gleiches Einkommen und gleiche Verantwortung für Männer und Frauen kann es erst dann geben, wenn beide Geschlechter die gleiche Anzahl von Stunden erwerbstätig sind und wenn diese Erwerbsarbeitszeit so kurz ist, daß Frauen weder ihren Beruf noch ihre Kinder vernachlässigen müssen.*

* Es würde den Rahmen dieses Buches sprengen, hier auf weitere Details des Modells einzugehen. Leser, die sich dafür interessieren, in welchem Rhythmus und mit welchen Übergangsmaßnahmen die neuen Arbeitszeiten eingeführt werden könnten, welche Regelungen etwa für Büros und Dienstleistungsbetriebe, Ausschöpfung der Produktionskapazitäten in Fabriken oder die Finanzierung des Kindergehalts vorgeschlagen werden, seien auf eine ausführlichere Arbeit zu diesem Thema hingewiesen: Esther Vilar, *Die 25-Stunden-Woche. Arbeit und Freizeit in einem Europa der Zukunft.* Mit einem Vorwort von Oskar Lafontaine, Düsseldorf, Wien, New York: Econ 1990.

HEIRATEN

Es geht weiter

man könne die Welt interpretieren, aber nicht verändern, heißt es seit dem Fall der Berliner Mauer bei der schreibenden Zunft. War damit doch der Bankrott der würdigsten Idee besiegelt, die je von einem Schriftsteller verbreitet wurde – die vom geschwisterlichen Teilen, das nicht mit dem ewigen Leben belohnt wird, die von der Menschlichkeit um der Menschlichkeit willen. Dieser sozialistische Traum ist an unserer Habgier zerschellt. Denn wenn wir schon lieb zu unserem Nächsten sind, verlangen wir dafür zumindest ein Weiterleben im Paradies.

Wie sollte man da erst die Idee von der Liebe um der Liebe willen propagieren können, wo es beim Verzicht auf Heirat und Ehe doch nicht nur um die Überwindung der menschlichen Habgier, sondern gleich von einem Dutzend solch wundervoller Eigenschaften ginge? Man kann vielleicht die Rahmenbedingungen der Ehe so verändern, daß es die Liebe ein wenig leichter hat. Man kann vielleicht erreichen, daß sich der eine oder andere beim Heiraten ein bißchen diskreter verhält und diese oder jene ihr güldenes Ringlein in der Schatulle läßt. Doch Abschaffen kann man die Ehe nicht.

Dafür bedient diese zu viele unserer Instinkte zu gut, die ja, wie wir wissen, nicht gerade die edelsten sind. Doch da wir das alles unter festlichem Getue, der Zeugenschaft entsprechend gestimmter Gäste und mit Hilfe der Tricks unserer Muttersprache in gute Taten umfrisieren, scheint es längst niemand mehr zu merken. Außerdem sind die Heiratsversessenen in der Mehrheit, und die Mehrheit hat sowieso immer recht.

Die allgemeine Verlogenheit hat stattliche Ausmaße angenommen, und dabei ist ein ganz eigener Code entstanden, den wir hier einmal rückübersetzen wollen.

Ausrede	*Heiratsgrund*
Wir möchten der ganzen Welt zeigen, daß wir zusammengehören.	Exhibitionismus
Wir erbitten für diese Verbindung den Segen des Herrn.	Gespensterglaube
Wir haben geheiratet, weil wir einander grenzenlos vertrauen.	Mißtrauen
In Zukunft wollen wir alles miteinander teilen.	Gewinnsucht

Ausrede	Heiratsgrund
Die Ehe ist ein Risiko, aber wir haben es gewagt.	Sicherheitsdenken
Er soll wissen, daß ich immer für ihn dasein werde.	Vertragliche Regelung von Unterhalt und Rente
Dieser Ring ist das Symbol unserer Liebe und Treue.	Mitteilung über ein erotisches Dauerabkommen
Ich habe einfach gewartet, bis der Richtige kommt.	Torschlußpanik
All diese einsamen Frauen – als Frau bricht es einem das Herz!	Mangel an Solidarität
Ich will nur noch ihm gehören.	Sklavendenken
Ohne sie wäre mein Leben sinnlos.	Freiheitsangst
Wir leben ja sowieso zusammen – sollen wir dem Staat die Steuervergünstigung schenken?	Geiz
Es ist die Gesellschaft, die einen zum Heiraten zwingt.	Mangel an Zivilcourage
Ich wollte ihr eben eine Freude machen.	Angst, verlassen zu werden

Ausrede	Heiratsgrund
Warum nicht?	Zynismus
Wir haben geheiratet!	Pornographische Selbstanzeige

»Die Ehe ist genau so viel wert als die, die sie schließen«, sagte Friedrich Nietzsche. »Also ist sie durchschnittlich, wenig wert.« Das kann man nur bestätigen. Denn so wie die Ehe sind auch wir selbst: exhibitionistisch, indiskret, mißtrauisch, unsolidarisch, geizig… Und darum wird es die Ehe auch immer geben. Sie abschaffen hieße den menschlichen Charakter ändern – doch ausgerechnet der scheint auf unserer Welt das einzig Stabile zu sein. Und da die Verheirateten in der überwältigenden Mehrzahl sind, halten sie auch die Außenseiter in Schach und geben nicht eher Ruhe, bis deren Dasein so trostlos ist wie ihr eigenes: »Du lieber Himmel, kannst du denn nicht endlich ein bißchen Ordnung in dein Privatleben bringen? Wenn du so weitermachst, bist du am Ende ein einsames altes Weib!«

Wie dieses Buch gezeigt hat, ist das Heiraten eine zutiefst unelegante Handlung, die Ehe eine erschreckend reaktionäre Institution. Es gibt – eindeutig altruistische Motive (»Green-card-Ehe«) ausgenommen – für eine Eheschließung keinen einzig moralisch vertretbaren Grund. Und auch als Medizin gegen die von uns allen so gefürchtete Einsamkeit wird sie letztlich nicht taugen. Jeder Verheiratete weiß, daß es sich hier um die grausamste Form des Alleinseins handelt: Obwohl die Partner laut Statistik nach ein paar Ehejahren nur noch zehn Minuten am Tag miteinander reden, reagieren sie hysterisch, wenn der Angetraute sich mit einem anderen besser zu unterhalten scheint. Und so läßt man es dann eben irgendwann bleiben.

Wegen eines Kindes sollte man, wie gesagt, schon darum nicht heiraten, weil es eine Unterstützung der Diskriminierung der unehelich Geborenen bedeutet – hier wird die Eheschließung zu einem kinderfeindlichen Akt. Und hedonistische Gründe kann es fürs Heiraten erst recht nicht geben: Der Sex wird durch die Ehe nicht aufregender, und auch das Vergnügen des Ehebruchs ist wohl letztlich den Aufwand nicht wert.

Von den sogenannt romantischen Gründen überzeugt eigentlich nur ein einziger, und dieser bleibt den nun wirklich wahnsinnig Verliebten vorbehalten: Falls einen der angebetete Mensch dann eines Tages doch verlassen sollte, wird man ihm wenigstens beim Scheidungstermin noch einmal begegnen und ihn so ein allerletztes Mal ansehen dürfen. Das macht den Heiratsentschluß zwar zu einer herzzerreißend rührenden Sache, doch moralisch macht sie ihn nicht. Und die Chance, den Angebeteten zu halten, wäre bei einem Verzicht auf die Legalisierung vielleicht ebenfalls größer gewesen.

NACHWORT

Wenn ich in diesem Buch immer wieder einmal Gedanken aus früheren Arbeiten aufgreife, liegt dies auch daran, daß es sich um den letzten Text zu einem Themenzyklus handelt, an dem ich vor etwa zwanzig Jahren zu schreiben begann. Dieses Thema ist die Freiheit, beziehungsweise unsere Unfähigkeit, mit ihr fertigzuwerden: Unsere stetige Sehnsucht nach »freiwilliger Knechtschaft«, wie Étienne de la Boétie diese unselige Veranlagung nennt, die uns nach jeder »Befreiung« immer wieder in die nächste Bindung flüchten läßt. Auch im vorliegenden Band konnte sie nicht unerwähnt bleiben.

Wie dieses Verhängnis funktioniert, versuchte ich in der Vergangenheit in immer anderen Bereichen aufzuzeigen: Religion (»Die Antrittsrede der amerikanischen Päpstin«, »Die Erziehung der Engel«), Psychologie (»Die Lust an der Unfreiheit«), Machtpolitik (»Der betörende Glanz der Dummheit«), Liebe (»Die Mathematik der

Nina Gluckstein«) und eben auch, ganz zu Anfang meines Schriftstellerlebens, am Beispiel des geschlechtsspezifischen Rollenverhaltens (»Der dressierte Mann«, »Das polygame Geschlecht«).

Mit diesem Buch soll das gesamte Thema als abgeschlossen gelten.

Esther Vilar

VERZEICHNIS

DER VERÖFFENTLICHUNGEN

VON ESTHER VILAR

Prosa
Der dressierte Mann (Streitschrift).
München: Bertelsmann 1971.
Die Lust an der Unfreiheit (Essay).
München: Caann 1971.
Das polygame Geschlecht (Essay).
München: Caann 1974.
Das Ende der Dressur (Essay).
München: Droemer 1977.
Die Fünf-Stunden-Gesellschaft (Wirtschaftsmodell).
München: Langen Müller/Herbig 1978.
ALT. Manifest gegen die Herrschaft der Jungen
(Streitschrift). München: Langen Müller/Herbig 1980.
Bitte keinen Mozart (Wirtschaftsbuch für Kinder).
München: Langen Müller/Herbig 1981.
Die Antrittsrede der amerikanischen Päpstin (Religious
fiction). München: Langen Müller/Herbig 1982.
Die Mathematik der Nina Gluckstein (Novelle).
München: Scherz 1985.

Der betörende Glanz der Dummheit (Essay).
Düsseldorf, Wien, New York: Econ 1987.
Rositas Haut (Roman). Düsseldorf, Wien, New York:
Econ 1990.
Die 25-Stunden-Woche. Arbeit und Freizeit in einem
Europa der Zukunft. Düsseldorf, Wien, New York:
Econ 1990.
Die Erziehung der Engel (Essay; Bühnenstück).
Düsseldorf, Wien, New York: Econ 1992.

Bühnenstücke
Helmer im Puppenheim
Der Tangotänzer
Liebeslied für einen ruhelosen Mann
Die amerikanische Päpstin
Die Mathematik der Liebe
Die Strategie der Schmetterlinge
Rothschilds Nachbar
Der fliegende Holländer
Stundenplan einer Rache
Die Erziehung der Engel
Mein deutscher Sommer
Der Moskito
Das Lächeln des Barrakuda
Tee in Richmond

(sämtlich im Bühnenverlag Per H. Lauke, München).

Esther Vilar
Alt heißt schön

Manifest gegen den Jugendkult

Band 60401

Esther Vilar
Alt heißt schön

In einer Gesellschaft, die Geld, Erfolg, Macht und vor allem Jugendlichkeit zu ihren Götzen erkoren hat, haben alte Menschen keinen Platz mehr. Man steckt sie in Altersheime, entreißt sie ihrer Heimat, beraubt sie ihrer Eigenständigkeit - kurz: Man empfindet sie als lästiges Übel. Alter stellt für uns keinen Wert mehr dar: Der dritte Lebensabschnitt ist eine Zeit, die zunehmend negativ definiert wird; nicht mehr berufstätig zu sein, keine Aufgabe mehr zu haben, keine Lebensfreude zu empfinden, eben nicht mehr jung zu sein.
Esther Vilars Manifest richtet sich gegen den Kult der Jugendlichkeit und ermutigt alte Menschen, endlich wieder selbstbewußt zu ihren eigenen Qualitäten zu stehen: Lebenserfahrung, Kompetenz und Würde.

BASTEI LÜBBE

Esther Vilar

Wie lebenswert wäre das Ewige Leben?

Band 60414

Esther Vilar
Wie lebenswert wäre das Ewige Leben?

Ungefähr 95 Prozent der Weltbevölkerung glauben an ein Leben nach dem Tod. Die Menschen finden die Aussicht auf das Ewige Leben so verlockend, daß sie – oft mit beträchtlichem Zeit- und Energieaufwand – alles Erdenkliche tun, um den Aufenthalt im Jenseits möglichst angenehm zu gestalten. Aber ist der Wunsch nach dem Ewigen Leben nicht eher ein Sympton für die Angst vor dem Tod? Esther Vilar denkt die verbreiteten Jenseitsvorstellungen konsequent zu Ende und entwirft mit erfrischender Respektlosigkeit das Szenario eines Paradieses, angesichts dessen man nur beschließen kann, alle Energien auf eine Steigerung der irdischen Lebensqualität zu konzentrieren und sich von der Vision himmlischer Seligkeit ein für allemal zu verabschieden. Dieses Buch ist nicht nur eine Streitschrift, sondern zugleich eine Liebeserklärung an das einzige Leben, das uns sicher ist.

BASTEI
LÜBBE